21世纪 全国高职高专国际商务专业规划教材

韩玉珍◎总主编

报关实务

BAOGUAN SHIWU

陈丕西 等◎编著

北京大学出版社
PEKING UNIVERSITY PRESS

图书在版编目(CIP)数据

报关实务/陈丕西等编著. —北京：北京大学出版社，2006.10
(21世纪全国高职高专国际商务专业规划教材)
ISBN 978-7-301-11142-0

Ⅰ．报… Ⅱ．陈… Ⅲ．报关实务－中国－高等学校：技术学校－教材 Ⅳ．F752.5

中国版本图书馆CIP数据核字（2006）第123043号

书　　　　名：	报关实务
著作责任者：	陈丕西　等编著
责 任 编 辑：	石会敏　魏杰
标 准 书 号：	ISBN 978-7-301-11142-0/F · 1479
出 版 发 行：	北京大学出版社
地　　　　址：	北京市海淀区成府路205号　100871
网　　　　址：	http://www.pup.cn　电子邮箱：em@pup.pku.edu.cn
电　　　　话：	邮购部 62752015　发行部 62750672　编辑部 62752926　出版部 62754962
印　　刷　者：	北京宏伟双华印刷有限公司
经　　销　者：	新华书店
	730毫米×980毫米　16开本　16.25印张　288千字
	2006年10月第1版　2011年5月第6次印刷
印　　　　数：	20001—23000册
定　　　　价：	23.00元

未经许可，不得以任何方式复制或抄袭本书之部分或全部内容。

版权所有，翻版必究

举报电话：010-62752024　　电子邮箱：fd@pup.pku.edu.cn

内容简介

本书全面系统地讲授了报关业务中所涉及的知识和技能，是高等院校外贸类专业的重要基础课程之一。本教材适合高等职业教育国际贸易和国际商务专业的教学。鉴于高等职业教育的特点，本教材在阐述海关各种法律法规的基础上，着重介绍了各种不同情况下的报关程序，及相关的知识和技能。同时书中也安排了一定数量的思考题和案例分析，有利于学生更好地理解和掌握课程的内容。

本书共分为六章，内容包括海关管理与报关概述，中国对外贸易管制制度，各种进出口货物的报关程序，进出口商品归类，进出口税费，进出口货物报关单的填制。

作者简介

陈丕西，男，1954年8月生，副教授，1988年毕业于中国社会科学院研究生院，获历史学硕士学位。1992年起任教于北京市经济管理干部学院，从事成人教育、国民教育、干部培训等各种层次的教学和培训工作。主要讲授的课程和研究的方向为国际贸易实务和报关理论与实务。出版和发表的主要教材和著作有《国际贸易与国际金融》、《国际贸易实务教程》、《金融病毒——人民币何去何从》，以及一些相关论文和译著。

编写说明

高等职业教育是我国高等教育体系的重要组成部分。深化高职教育改革，以服务为宗旨，以就业为导向，以培养高技能人才为目标，是满足社会发展和经济建设需要、促进高职教育持续健康发展的关键环节。为此，教育部启动了"新世纪高等教育教学改革工程"，在高职高专教育中开展专业教学改革试点工作，并分两批组织实施了《新世纪高职高专人才培养模式和教学内容体系改革与建设项目计划》。北京市经济管理干部学院的国际商务专业是北京市高职高专教育教学改革试点专业，也是教育部《新世纪高职高专教育人才培养模式和教学内容体系改革与建设项目计划》第二批批准立项的《高职高专教育财经类专业人才培养规格和课程体系改革、建设的研究与实践》（Ⅱ15—1）项目中重点研究和推广的优秀专业。《21世纪全国高职高专国际商务专业规划教材》正是几年来该试点专业根据高职教育培养目标的要求，在实践中进行教学内容和课程体系改革的成果。

《21世纪全国高职高专国际商务专业规划教材》的编写，坚持以就业为导向，以职业能力为本位，按照岗位要求设置课程、整合教学内容的指导思想，力求在建立完善的基本理论知识体系的同时，强化智能结构、知识结构对开发学生潜能的影响。该系列教材涵盖了国际商务及相关专业的骨干课程，旨在构建以核心职业能力培养为主线、理论与实务相结合的特色鲜明的课程教材体系。该系列教材在体例上力图新颖，各章前设"导读"，中间设"思一思"、"议一议"，章后设"本章小结"、"案例分析"、"思考与练习"、"技能实训"；在内容上，充分反映时代特点及国外同类教材之优点，并将学习、探究、实训、拓展有机结合起来，使大学生在学习知识的同时，自主学习能力也得以提高。

《21世纪全国高职高专国际商务专业规划教材》是身处教学改革第一线的教师们，在深入研究高职教育思想、广泛汲取国内外优秀教材精华的基础上，以创新的意识和大胆改革、勇于实践的精神，经过集体研讨、反复试验而编写完成的。我们期待着这一成果能为推动高职教改作出贡献！我们国际商务高职试点专业的教学改革还在不断深入地进行，这一系列教材能否得到广大老师和学生的认可，还有待实践检验。我们真诚地欢迎老师和同学们提出宝贵意见。

本系列教材不仅可作为高职高专财经类专业的教材，也可以作为高职高专财经类大学生的自学用书。

教材编委会
2006年7月

前言

随着经济全球化和我国对外开放的扩大，我国的对外贸易正处于一个飞速发展的阶段，进出口额连年高速增长，对外贸易已成为我国经济发展的重要组成部分。与此同时，社会对于外贸和报关方面的人才需求也在迅速扩大。为此，我们在多年教学的基础上，总结经验，编写了这本《报关实务》，以适应对于国际商务专业高等职业学生教学的需求。

报关业务是进出口贸易中的重要环节，也是从事国际贸易、报关业务人员需要掌握的必备知识。报关业务又是一门政策性强、知识面广、不断变化、实用性突出的知识。因此，我们在此书的编写中尽量突出了内容的丰富性、实用性和变化性。该书不仅能适应在校学生报考报关员的需要，也适合有关报关人员、外贸人员提高业务知识水平的需求。我们在编写此书时，不仅参阅了大量的教材和现有资料，注意反映了这一行业的最新内容，而且也根据教学的实践安排了练习题和案例分析，以利于在教学过程中培养学生的思维能力和动手能力。同时，因为大量引用资料无从具体考证来源，在此一并表示衷心的感谢！

本书具体的分工是：第一章、第四章由王铮编写；第二章由王惠敏编写；第三章由陈丕西编写；第五章、第六章由魏彩惠编写；安徽和韩玉珍也参加了编写工作；全书由陈丕西最后统稿。

鉴于我们的水平所限和该行业知识的不断变化与更新，本书难免会存在着一定的缺点和不足之外，恳请各位读者批评指正。

编著者
2006.6

目录

第一章 海关管理与报关概述　1
第一节 海关与报关制度　3
一、海关的基本任务及其设置　3
二、报关与报关管理制度　6
第二节 海关对报关单位的管理　10
一、报关注册登记　11
二、报关单位的资格延续　13
三、报关单位的变更、注销登记　13
四、报关单位的义务和法律责任　14
第三节 海关对报关员的管理　15
一、报关员资格考试制度　15
二、报关员注册制度　17
三、报关员年审制度　17
四、报关员的权利、义务和法律责任　18
五、报关员执业考核制度　19
第四节 报关行业的自律管理　20
一、报关协会的性质　20
二、报关协会的自律管理　21
三、外国的报关协会　21

第二章 中国对外贸易管制制度　27
第一节 对外贸易管制概述　29
一、对外贸易管制的目的及特点　29
二、对外贸易管制目标的实现　30
三、我国对外贸易管制的基本框架与法律体系　31
第二节 我国货物、技术进出口许可管理制度　33
一、禁止进出口管理　34

二、限制进出口管理 · 36
　　三、自由进出口管理 · 39
第三节　其他贸易管制制度 · 40
　　一、对外贸易经营者管理制度 · 40
　　二、出入境检验检疫制度 · 41
　　三、进出口货物收付汇管理制度 · 42
　　四、对外贸易救济措施 · 43
第四节　我国贸易管制的主要管理措施及报关规范 · 45
　　一、进出口许可证管理 · 45
　　二、自动进口许可证管理 · 47
　　三、纺织品出口自动许可管理 · 48
　　四、进口废物管理 · 49
　　五、濒危物种进出口管理 · 50
　　六、进出口药品管理 · 52
　　七、黄金制品进出口管理 · 55
　　八、两用物项和技术进出口管制 · 56
　　九、出入境检验检疫管理 · 57
　　十、其他货物进出口管理 · 58

第三章　各种进出口货物的报关程序　69
第一节　一般进出口货物的报关 · 71
　　一、一般进出口货物概述 · 71
　　二、一般进出口货物的报关程序 · 72
第二节　保税进出口货物的报关 · 79
　　一、保税进出口货物概述 · 79
　　二、加工贸易保税货物 · 84
　　三、加工贸易进口料件银行保证金台账制度 · 90
　　四、保税仓库货物 · 93
　　五、区域保税货物 · 95

第三节　特定减免税货物的报关 ·····································99
　　一、特定减免税货物概述 ···99
　　二、特定减免税货物的报关程序 ·······························100
第四节　暂准进出口货物的报关 ···································103
　　一、暂准进出口货物概述 ··103
　　二、暂准进出口货物的报关 ·····································105
第五节　其他进出境货物的报关程序和海关事务担保 ·······109
　　一、过境、转运、通运货物 ·····································109
　　二、无代价抵偿货物 ···111
　　三、溢卸或误卸的进境货物 ·····································112
　　四、海关事务担保 ··113
第六节　进出口货物的转关运输 ···································115
　　一、转关运输货物概述 ··115
　　二、转关运输货物的报关 ·······································116

第四章　进出口商品归类　　123

第一节　商品名称及编码协调制度 ·······························125
　　一、协调制度的来源 ···125
　　二、协调制度的总体结构和分类方法 ·························127
　　三、协调制度的特点 ···129
第二节　协调制度归类总规则 ······································130
　　一、规则一 ···130
　　二、规则二 ···131
　　三、规则三 ···131
　　四、规则四 ···132
　　五、规则五 ···133
　　六、规则六 ···133
第三节　我国海关的进出口商品分类 ····························134
　　一、HS在中国的应用 ···134
　　二、进出口商品预归类 ··136

第五章　进出口税费　141

第一节　进出口税费概述 ············143
一、关税 ············143
二、消费税、增值税、船舶吨税 ············145
三、滞纳金、滞报金 ············147

第二节　进出口货物完税价格的审定 ············150
一、一般进口货物的完税价格 ············150
二、特殊进口货物的完税价格 ············154
三、出口货物的完税价格 ············155
四、进出口货物完税价格中的运输及其相关费用、保险费的计算 ············156
五、完税价格的审定过程中海关、进出口收发货人的权利和义务 ············156

第三节　适用的税率及进口货物原产地的确定 ············158
一、适用的税率 ············158
二、货物原产地的确定 ············159

第四节　进出口税费的计算 ············161
一、进出口关税的计算 ············161
二、进口环节消费税的计算 ············164
三、进口环节增值税的计算 ············166
四、船舶吨税的计算 ············168
五、滞纳金的计算 ············168
六、滞报金的计算 ············169

第五节　进出口货物税款的减征与免征 ············169
一、进出口货物税款的减免 ············169
二、滞纳金、滞报金的减免 ············171

第六节　进出口税费的缴纳与退补 ············171
一、进出口货物税费的缴纳 ············171
二、进出口货物税费的退还与补征 ············173

第六章　进出口货物报关单的填制　181

第一节　进出口货物报关单及填写的基本要求 ············183

一、进出口货物报关单的含义 ················183
　　二、进出口报关单的类别 ····················183
　　三、填制报关单的一般要求 ··················186
第二节　进出口货物报关单填制的规范 ···············187
　　一、预录入编号 ··························187
　　二、海关编号 ····························187
　　三、进口口岸/出口口岸 ····················187
　　四、备案号 ······························194
　　五、进口日期/出口日期 ····················195
　　六、申报日期 ····························195
　　七、经营单位 ····························196
　　八、运输方式 ····························196
　　九、运输工具名称 ························197
　　十、提运单号 ····························198
　　十一、收货单位/发货单位 ··················198
　　十二、贸易方式(监管方式) ················198
　　十三、征免性质 ··························203
　　十四、征免比例/结汇方式 ··················203
　　十五、许可证号 ··························204
　　十六、起运国(地区)/运抵国(地区) ··········204
　　十七、装货港/指运港 ······················209
　　十八、境内目的地/境内货源地 ··············210
　　十九、批准文号 ··························218
　　二十、成交方式 ··························218
　　二十一、运费 ····························219
　　二十二、保费 ····························220
　　二十三、杂费 ····························220
　　二十四、合同协议号 ······················220
　　二十五、件数 ····························220
　　二十六、包装种类 ························220

二十七、毛重(公斤) ·················221
二十八、净重(公斤) ·················221
二十九、集装箱号 ··················221
三十、随附单据 ····················221
三十一、用途/生产厂家 ···············222
三十二、标记唛码及备注 ··············223
三十三、项号 ·····················223
三十四、商品编号 ··················224
三十五、商品名称、规格型号 ············224
三十六、数量及单位 ·················224
三十七、原产国(地区)/最终目的国(地区)·····225
三十八、单价 ·····················225
三十九、总价 ·····················225
四十、币制 ······················225
四十一、征免 ·····················225
四十二、税费征收情况 ················226
四十三、录入员 ····················226
四十四、录入单位 ··················226
四十五、申报单位 ··················226
四十六、填制日期 ··················226
四十七、海关审单批注栏 ··············226

第三节 进出口报关单的修改和撤销·········227
  一、进出口货物报关单修改或者撤销的前提条件·····227
  二、进出口货物报关单修改或者撤销需提交的单证····227
  三、申请修改或者撤销进出口货物报关单的办理程序···229

附录 协调制度的类章目录·············239
参考资料·······················245

第一章 海关管理与报关概述

【导读】 随着经济全球化趋势的增强，伴随着交通运输、通讯工具的日新月异，各国之间的交流日趋频繁，因而使人员、货物、物品及运输工具流动的国际性越来越显著。而这些针对特定关境而发生的流动，不可避免地会对一国既定的政治、经济、法律体系造成一定的影响，因而各国政府都对相关进出本国关境的各类行为进行管理，要求从事相关行为的主体向有关管理部门说明情况，以便有关部门根据不同情况进行管理。而报关正是这一要求的体现，即要求人员、货物、物品及运输工具在进出关境行为发生时向有关管理部门办理相应手续。为便于对报关专业知识的理解和掌握，本章将首先就报关的相关基本知识加以介绍。

第一节 海关与报关制度

一、海关的基本任务及其设置

(一)海关的产生

海关是国家发展到一定阶段的产物。在一个国家的国家机器和政治制度比较完备、对外经济交往日益增多的情况下,管理进出境人员与货物的关卡机构便开始建立,这些关卡就是海关的雏形。我国这种海关产生于西周。最初各国设关的目的是出于军事和国防需要,并征收税费。资本主义初期,海关成了各国实行保护贸易政策的工具,通过征收高额关税来保护本国工业和市场。第二次世界大战后海关管理的主要作用转向促进对外贸易的发展和本国经济的发展。

海关一般设在沿海一带,内陆国家则设在陆路边境线上。沿海国家也常在内地特别是在首都和大城市设立海关。海关的中央行政管理机构,各国按照海关法或政府组织法设立,其职权和名称各不相同。如英国叫关税及消费局,法国叫关税及间接税总局,美国叫海关总署,加拿大叫国税部,日本叫税关。

2000年修订的《中华人民共和国海关法》(以下简称《海关法》)第二条规定:"中华人民共和国海关是国家的进出关境监督管理机关。海关依照本法和其他有关法律、行政法规,监管进出境的运输工具、货物、行李物品、邮递物品和其他物品,征收关税和其他税费,查缉走私,并编制海关统计和办理其他海关业务。"这一规定表明海关的权力授自国家,是代表国家在进出关境环节实施监督管理的机关。其基本任务是根据国家法令,对进出关境的运输工具、货物、行李物品、邮递物品和其他物品进行监督管理(以下简称"监管");征收关税和其他税费(以下简称"征税");查缉走私和编制海关统计。

(二)海关的基本任务

根据《海关法》的规定,海关有监管、征税、查缉走私和编制海关统计四项基本任务。

1. 监管

海关监管是海关的最基本任务,其他任务都是由此派生出来的。海关监管不是海关监督管理的简称,后者是海关全部行政执法活动的统称,而海关监管则是指海关运用国家赋予的权力,通过一系列管理制度与管理程序,依法对进出境运输工具、货物、物品及相关人员的进出境活动,使用不同管理制度而采取的一种行政管理行为。海关监管是一项国家职能,其目的在于保证一切进出境活动符合国家政策和法律的规范,维护国家主权和利益。

根据监管对象的不同,海关监管分为货物监管、物品监管和运输工具监管三大体系，每个体系都有一整套规范的管理程序与方法。进出境货物和物品的区别在于进出境时是否具有贸易交换性质，具有贸易性质的称之为货物，非贸易性质的称为物品。进出境运输工具是指用以载运人员、货物、物品进出我国关境，在国际间运营的各种境内或境外船舶、车辆、航空器和驮畜等。

除了通过审单、查验、核销、放行等方式对进出境运输工具、货物、物品的进出境活动实施监管外，海关监管还要执行或监督国家其他对外贸易管理制度的实施，如进出口许可制度、外汇管理制度、进出口商品检验检疫制度、文物出口管理制度等，从而在政治、经济、文化道德、公众健康等方面维护国家利益。

2．征税

征收关税和其他税费是海关的重要任务之一。其中"关税"是指由海关代表国家，按照《海关法》和进出口税则，对准许进出口的货物、进出境的物品征收的一种间接税。"其他税费"指海关在货物进出口环节，依法征收的有关国内税费，目前主要有增值税、消费税、船舶吨税及海关监管手续费等。其中增值税、消费税、船舶吨税属于海关代征的进口环节税。

3．查缉走私

走私是指违反《海关法》及有关法律、行政法规，逃避海关监管，偷逃应纳税款，逃避国家有关进出境的禁止性或者限制性管理，非法运输、携带、邮寄国家禁止、限制进出口或者依法应当缴纳税款的货物、物品进出境，或者未经海关许可并且未缴应纳税款、交验有关许可证件，擅自将保税货物、特定减免税货物以及其他海关监管货物、物品、进境的境外运输工具在境内销售的行为。走私是伴随着进出关境活动的发展和国家管理上的限制而产生的一种非法行为。由于我国的社会、经济、文化、道德等方面的原因，走私的形势严峻，查缉走私成为当前海关的主要任务之一。

《海关法》第五条规定："国家实行联合缉私、统一处理、综合治理的缉私体制。海关负责组织、协调、管理查缉走私工作。"这从法律上明确了海关在打击走私中的主导地位以及在打击走私工作中不同部门的地位和作用。海关是打击走私的主管机关。为了强化海关查缉走私的职能，《海关法》第四条规定："国家在海关总署设立专门侦查走私犯罪的公安机构，配备专职缉私警察，负责对其管辖的走私犯罪案件的侦查、拘留、执行逮捕、预审。"据此，海关侦查走私犯罪公安机构可专司打击走私犯罪，依法查缉涉税走私案和走私武器、弹药、核材料、伪币、文物、贵金属、珍稀动植物及其制品、淫秽物品、毒品等非涉税走私犯罪案件。

4．编制海关统计

海关统计是《海关法》赋予海关的重要任务之一，更是国民经济统计的重要组成部分。海关统计是以实际进出口货物作为统计和分析的对象，通过搜集、整理、加工处理进出口货物报关单或经海关核准的其他申报单证,对进出口货物的不同指标分别进行统计和分析,全面准确地反映对外贸易的运行态势,及时提供统计信息和咨询,实施有效的统计监督并开展国际贸易统计的交流和合作,为国家制定对外经济贸易政策和进行宏观调控提供重要的依据。海关总署按月向社会发布我国对外贸易基本统计数据,定期向联合国统计局、国际货币基金组织、世界贸易组织(WTO)及其他有关国际机构报送中国对外贸易的月度和年度统计数据。目前我国海关总署数据发布的及时性,居世界领先地位。

随着国际贸易的不断发展,各国政府越来越重视海关统计。为了加强各国编制的贸易统计资料的可比性,联合国对海关统计的范围划分为列入贸易统计的货物、不列入贸易统计的货物以及可列入或可不列入统计,但应单独记录的货物三种情况。我国从1995年1月1日起对海关统计制度作了修订,海关统计范围分为列入贸易统计的货物、不列入贸易统计的货物和单项统计货物三大类。我国海关统计流程由海关统计设计、海关统计调查、海关统计整理和海关统计分析四个基本环节组成。

(三)海关的设置

新中国的海关在建国前夕就开始筹备,1949年10月25日,在周恩来总理直接领导下,中华人民共和国海关总署正式成立。20世纪50—70年代,我国海关以沿海省市及一些边界为布设重点,内陆省区不设海关。1987年《中华人民共和国海关法》开始实施后,在凡有外贸业务活动,有国际航空、国际联运、国际邮包邮件交换业务的内地都设立了海关。

目前,我国设立海关的基本原则是:国家在对外开放的口岸和海关监管业务集中的地点设立海关(《海关法》第三条)。依据《海关法》,我国在下列地方设立海关机构:

(1)对外开放港口、口岸和进出口业务集中的地点;
(2)边境火车站、汽车站及主要国际联运火车站;
(3)边境地区陆路和江河上准许货物、人员进出的地点;
(4)国际航空港;
(5)国际邮件互换局(交换站);
(6)其他需要设立海关的地点。

海关机构的设立、撤销,由国务院或者国务院授权海关总署决定。我国海关组织机构经过了多次变更与调整:1949年10月25日设立海关总署统一管理全国海关;1953年海关总署与对外贸易管理总局合并,归对外贸易部领导;1960年又改由外贸部的职能司——海关管理局领导;1980年,全国海关建制重新收归中央,恢复成立海关总署,直属国务院。

根据《海关法》的规定,目前海关机构的设置分为海关总署、直属海关和隶属海关三级,形成了以海关总署为最高领导机构,各地海关依法独立行使职权的垂直领导体制,即隶属海关由直属海关领导,向直属海关负责;直属海关由海关总署领导,向海关总署负责。1998年,根据党中央、国务院的决定,由海关总署、公安部联合组建走私犯罪侦察局,设在海关总署。

按照《海关法》和国家有关法律、法规,海关在国家赋予的职权范围内自主地、全权地行使海关监督管理权,不受地方政府(包括同级党政机构)和有关部门的干预。海关事务属于中央立法事权,立法者为全国人大及其常委会以及国家最高权力机关的执行机关——国务院。除此以外,海关总署可以根据法律和国务院的法规、决定、命令,制定规章,作为执法依据的补充。但省、自治区、直辖市人民代表大会和人民政府不得制定海关法律规范,其制定的地方法规、地方规章也不是海关执法的依据。

二、报关与报关管理制度

(一)报关与报关管理制度的含义

报关是指进出境货物的收发货人或其代理人、进出境物品的所有人以及进出境运输工具的负责人,在货物、物品、运输工具通过海关监管口岸时,按照海关规定进行申报并办理有关进出境手续的过程。它包括:填写进出口货物报关单,并随附有关单证向海关申报;接受海关审核、查验;缴纳税费;提取或装运货物。

报关管理制度是指海关依法对报关单位及代表报关单位报关的报关员报关资格审定、批准及对其报关行为进行规范和有效管理的业务制度。报关管理制度是实现海关职能的基础业务制度。海关作为国家进出境的监督管理机关,其监督、征税、统计、查私任务的完成,离不开对进出境运输工具、货物、物品的报关管理。报关管理制度也是国家进出口政策得以正确贯彻执行的保证,海关通过对报关的行政管理,确保进出货物的快速通关,维护进出口贸易活动的正常秩序。

(二)我国报关制度的形成和发展

旧中国的主权长期被外国侵略者攫取,因此实行的是具有殖民地色彩的"洋关"制度。除了少数较大的洋行自行报关以外,绝大多数报关事务由报关行或海关事务经纪人来完成。新中国成立后,海关管理主权收归人民所有,新的海关管理体制确立,海关对报关的管理也发生了很大变化。

1. 中国报关管理制度的形成

为了维护国家主权,新中国建立伊始,我国海关就制定了进出口货物应向海关申报的报关制度,统一使用新的报关单。在一段时期内,由于国有经济、合作社经济、农民和手工业者个体经济、私人资本主义经济和国家资本主义经济五种经济成分并存,因此解放前遗留下来的报关行在口岸的报关业务中仍然发挥着重要作用。但随着国有进出口公司在对外贸易中逐步占据主导地位，专业外贸公司自行报关开始在报关业务中占据主导。特别是从1951年开始，随着国家对外贸易管制政策的实行和《中华人民共和国暂行海关法》的实施，在以许可证为依据的进出口货物海关监管制度下，报关行逐步退出报关业务，报关主要由国有外贸公司自行办理。由于国有外贸公司的经营主要采用有计划、有组织和大量集中的方式进行海关报关，因此报关手续较为简单。海关在坚持必要制度的前提下，逐步实行凭合同或协定灵活快速验放、有重点开验的办法办理货物进出口手续。1956年，我国社会主义改造基本完成，中国的对外贸易由多种成分转为单一的国有经济，海关对进出口货物的监管手续进一步简化。由于对外贸易都是经国家批准的国有对外贸易专业公司来经营，进出口货物全部都是在外贸部统一领导下，有组织、有计划地进行，报关均由各外贸公司直接办理。报关管理对象较为单一，报关管理不是海关工作的重点。

"文化大革命"期间，海关的报关管理工作几乎陷于停滞状态。特别是在"文化大革命"初期，报关制度被完全取消。海关对进出口货物不再办理接受申报、查验和放行等手续，而是由国有外贸运输公司结合备货、储运环节，按国家规定收取有关货物的进出口单证，并凭以核对验放货物，这种做法严重削弱了海关监管职能。1972年，海关部分恢复了对进出口货物要求申报查验的职能，重新开始了对报关申报环节的管理。

总之，从新中国成立之初到改革开放前，在高度计划经济体制下，对外贸易计划由国家统一下达，材料由国家统一调拨，产品统一分配，财务国家统收统支，海关监管只是国家对外经济活动实现计划的一种监督形式。海关管理以许可证管理为主，企业获得了对外贸易进出口经营权，就顺理成章地取得了进出口报关资格。海关的报关管理只是一种形式上的管理，没有充分体现海关是报关单位的资格审查批准和管理机关这一应有的职能。

党的十一届三中全会以来，随着全党工作重心的转移和对外政策的调整，海关在进出境监督管理领域的职能作用越来越突出。1980年，海关恢复和实行对外贸易公司进出口货物全国统一的报关制度，开始启用新的"进口货物报关单"和"出口货物报关单"。要求所有进出口货物，无论采取何种经营方式，都必须向海关申报。申报的单据必须齐全、正确、有效，所报货物的品名、品质、规格、数量、价格、贸易国别和原产国别或地区，必须与实际货物相符，加大了企业报关的法律责任。考虑到国有专业进出口贸易公司在进出口活动中仍占有较大比例和过去的报关现状，允许存在两种报关形式：一是对地方外贸公司以及其后成立的工贸公司，规定它们的货物在地方进出口口岸海关申报；二是各外贸进出口总公司采用集中报关纳税的方式报关，由北京海关派员驻在各总公司，公司负责将每天统一编号的国内收款结算凭证和国外发标送交海关驻公司人员，作为申报计税的凭证。海关按公司开出的结算证，计征税款。

随着对外开放政策不断深入和外贸体制改革的迅速发展,我国对外经济贸易活动的经营成分和贸易方式发生了很大的变化。工贸、农贸、商贸和科贸等公司或企业异军突起,加上积极引进外资后成立的外商独资、中外合资、中外合作企业,打破了原有国有外贸专业公司一统天下的局面。除了一般贸易外,"三来一补"贸易、易货贸易等有利于我国对外贸易发展的各种贸易方式在我国对外贸易进出口总量中占有越来越大的比重。外贸总公司进口的贸易额也大幅度减少。大批的非外贸专业公司、企业及其报关人员加入到进出口报关业务行列,形成了一支多经营成分、多贸易方式企业组成的报关队伍。20 世纪 80 年代中期,我国加快了改革开放的步伐,对经济特区、沿海开放城市、经济技术开发区、沿海经济开放区等实行关税优惠政策。在这些地区,越来越多的海关业务机构开始设立,报关业务急剧增加。面对众多初涉报关业务的企业及报关员,为了提高报关质量和效率,加大打击违规、走私、偷逃税款的不法行为,海关开始重视加强对企业报关资格审批以及报关人员的培训、考核和发证工作。1985年 2 月,海关总署制定了《中华人民共和国海关对报关单位实施注册登记制度的管理规定》,这一规定明确了所有报关企业必须到海关注册登记,未注册登记的,无报关权。该规定是我国海关第一个较为完善的全国统一的报关管理制度,它的出台,是我国海关报关制度基本形成的一个重要标志。

2. 中国报关制度的发展和完善

1987 年 7 月 1 日,《中华人民共和国海关法》颁布实施,该法首次以国家法律的形式对报关注册登记、报关单位、报关员的管理作了规定,为我国报关管理制度的发展和完善提供了坚实的法律基础,使我国海关报关管理制度逐步走向规范化、法制化轨道。

随着我国对外开放的继续深化和外贸体制的进一步改革,海关总署在 1988 年报关自动化系统工程(H883)试点成功和 1992 年《商品名称及编码协调制度》顺利实施的基础上,为更好地适应改革开放的形势并加强对进出口货物报关单位和报关员的管理,于 1992 年 9 月制定了《中华人民共和国海关对报关单位和报关员管理规定》。该规定进一步明确了报关企业或者有权经营进出口业务的企业必须由海关注册登记后才能具有向海关办理报关纳税手续的资格,并将报关单位分为代理报关单位(包括专业报关企业和代理报关企业)和自理报关单位两大类,对其申请注册登记的条件资格作了明确的规定;明确了报关员的资格条件以及报关员的报关行为规则、义务和法律责任;首次明确了经电子计算机传送数据的报关单与手工填写的报关单具有同等的法律效力,规定在实现计算机报关的口岸,代理和自理报关单位或报关员应当负责将报关单上的申报数据录入计算机,不具备自行录入报关数据条件的可委托数据录入服务单位代为录入;明确提出报关管理制度改革方向是报关专业化、社会化和网络化,支持鼓励专业报关企业的发展。

> **资料卡**
>
> "H883"与"H2000"
>
> "H883"是中国1986年开始试行的报关自动化系统工程的代号。它是海关利用电子计算机辅助决策技术对进出口货物的全过程，包括前期管理、现场管理及后续管理，进行全面监管控制及处理的综合性应用项目。H883从1984年就开始酝酿，1986年正式进行需求调查和原型试验，由九龙、上海、天津三个海关进行前期试点，1988年在三海关试点基础上编写出《报关自动化系统标准化规范》，并由海关总署批准试行，标志着H883试点的成功。
>
> "H2000"是H883的升级换代系统，是为适应我国海关业务量的不断增长，不断提高通关效率，适应不断变化发展的业务要求，运用现代信息技术建设的海关新一代通关业务系统。2003年4月H2000正式通过国家验收，主要完成海关内部自身信息化、海关有关部门交换电子底账数据以及海关接受企业和个人网上办公各种手续，是海关最核心和最基本的业务信息系统。

随着中国对外贸易的不断发展，企业对报关单位和报关员的素质要求不断提高，为此，海关总署开始加强对报关企业和报关员的分别管理。1994年和1995年，海关总署专门针对专业报关企业和代理报关企业两类企业分别颁布了《中华人民共和国海关对专业报关企业的管理规定》和《中华人民共和国海关对代理报关企业的管理规定》，1997年4月8日，又专门针对报关员的管理颁布了《中华人民共和国海关对报关员管理规定》。这些规定明确了专业和代理报关企业的性质、开办的法定程序及其主要业务范围，明确报关员的资格考试审定、注册和年审制度以及报关员的权利义务，使我国报关管理制度进一步规范化。至此，我国报关业务形成了专业报关、代理报关、自理报关三位一体的报关经营格局和报关市场。

2000年7月8日，第九届全国人民代表大会常务委员会第十六次会议通过并颁布了新修订的《中华人民共和国海关法》。新《海关法》以法律的形式明确规定了向海关办理报关纳税手续的单位及人员的主体资格；报关企业及其委托人的法律地位和法律责任；报关单位的报关注册登记、报关从业人员资格、报关单位和报关人员的业务守则等内容。

2003年3月海关总署又专门针对报关员资格考试颁布了《中华人民共和国海关关于报关员资格考试的管理规定》。为加强对报关员执业情况的考核，2004年11月海关总署又出台了《中华人民共和国海关对报关员记分考核管理办法》。

2005年3月，为了加强对不同报关企业的统一管理，海关总署重新颁布了《中华人民共和国海关对报关单位注册登记管理规定》，废止了 1994 年的《中华人民共和国海关对专业报关企业的管理规定》和 1995 年的《中华人民共和国海关对代理报关企业的管理规定》，将我国的报关管理制度进一步规范化，使我国的报关管理更加适应外贸体制改革的需要与中国加入 WTO 的要求，标志着我国报关管理制度逐步走向完善。

(三) 国际报关制度

第二次世界大战后在关贸总协定和世界贸易组织的作用下，国际贸易规则逐步趋向开放和统一，在海关制度及其报关管理方面则体现为《京都公约》的诞生。

《京都公约》是原海关合作理事会(1995 年更名为"世界海关组织")于 1973 年 5 月在日本京都制定的，全称是"关于简化和协调海关业务制度的国际公约"，它是目前世界上唯一全面阐述海关制度的国际公约。海关合作理事会于 1994 年开始对其进行全面的修订工作，1999 年，经修订的法律文本获得通过。修改后的《京都公约》包括主约、总附约和专项附约三部分。公约全面阐明了简化和协调海关业务制度的标准和建设。该公约的目的是推动各国简化和协调海关业务制度，不至于因海关业务制度的纷繁复杂阻碍国际贸易及国际交流，从而在世界范围内营造宽松而有序的海关进出境管理的国际环境。

《京都公约》总附约第三章《通关与其他海关手续》对申报人的资格、责任和权利作了规定，第八章《海关与第三方的关系》对代理报关作了规定。如关于申报人的资格，第三章第六条、第七条规定，国家立法应规定有权成为申报人的人应具备的条件，任何有权处置货物的人均应有权成为申报人；关于申报人的责任，第八条规定，申报人应对货物申报内容的准确性和税费的缴纳向海关承担责任；关于申报人的权利，第九条、第十条规定，应准许申报人在作出货物申报前，根据海关规定的条件，查看货物和提取货样，对在海关监管下获准提取的货样，如果有关的货物申报已列明，海关不应再要求另行申报；关于海关与第三方的关系，公约第八章第一条、第二条规定，有关的人既可选择直接向海关办理业务，也可指定第三方作为代理，国家立法应规定一个人代表另一个人向海关办理业务的条件，并且应规定第三方向海关承担纳税义务和违法责任。

第二节　海关对报关单位的管理

海关对报关单位的管理是报关管理制度中的重要内容。海关对报关单位的管理主要包括报关单位注册登记许可、注册登记、年审、变更及注销登记、法律责任等内容。2005 年 3 月，中华人民共和国海关总署颁布了《中华人民共和国海关对报关单位注册登记管理规定》(以下简称《报关单位管理规定》)，该规定自 2005 年 6 月 1 日起施行。

自实施日起,海关总署原颁布的《中华人民共和国海关对报关单位和报关员的管理规定》(1992年)、《中华人民共和国海关对专业报关企业的管理规定》(1994年)、《中华人民共和国海关对代理报关企业的管理规定》(1995年)、《海关总署关于对外贸易经营者办理报关注册登记事项的公告》(2004年)、《海关总署关于办理报关企业注册登记事项的公告》(2004年)同时废止。

一、报关注册登记

《报关单位管理规定》第二条规定:"中华人民共和国海关是报关单位注册登记管理的主管机关。"

报关注册登记制度,又称海关注册登记制度,是指进口货物的收货人、出口货物的发货人或他们的代理人向海关提供规定的法律文书,申请报关资格,经海关审查核实,准予办理报关业务的管理制度。《报关单位管理规定》第四条规定:"除法律、行政法规或者海关规章另有规定外,办理报关业务的报关单位,应当按照本规定到海关办理注册登记。"《海关法》第九条、第十一条规定:"进出口货物,除另有规定的外,可以由进出口货物收发货人自行办理报关纳税手续,也可以由进出口货物收发货人委托海关准予注册登记的报关企业办理报关纳税手续。进出口货物收发货人、报关企业办理报关手续,必须依法经海关注册登记。"可见,向海关办理注册登记手续是企业取得报关资格的法定条件。

(一)报关注册登记的范围及基本条件

1. 报关注册登记的范围

根据《报关单位管理规定》,可以向海关办理报关注册登记的单位有两类:一是报关企业,二是进出口货物的收发货人(也称自理报关单位)。报关企业,是指按照《报关单位管理规定》经海关准予注册登记,接受进出口货物收发货人的委托,以进出口货物收发货人名义或者以自己的名义,向海关办理代理报关业务,从事报关服务的境内企业法人。进出口货物收发货人,是指依法直接进口或者出口货物的中华人民共和国关境内的法人、其他组织或者个人。因此,报关单位注册登记分为报关企业注册登记和进出口货物收发货人注册登记,前者应当经直属海关注册登记许可后,方能办理注册登记,后者可以直接到所在地海关办理注册登记。

2. 报关注册登记的基本条件

根据两类报关单位的不同性质,海关对其规定了不同的报关注册登记条件。

对于报关企业,海关要求企业必须具备:(1)境内企业法人资格条件;(2)企业注册资本不低于人民币150万元;(3)健全的组织机构和财务管理制度;(4)报关员人数不少于5名;(5)投资者、报关业务负责人、报关员无走私记录;(6)报关业务负责人具有 5 年以上从事对外贸易工作经验或者报关工作经验；（7）无因走私违法行为被海关撤销注册登记许可记录；（8）有符合从事报关服务所必需的固定经营场所和设施。申请报关企业注册登记许可，须提交下列文件材料：（1）报关企业注册登记许可申请书；（2）《企业法人营业执照》副本或者《企业名称预先核准通知书》复印件；（3）企业章程；（4）出资证明文件复印件；（5）所聘报关从业人员的《报关员资格证》复印件；（6）从事报关服务业可行性研究报告；（7）报关业务负责人工作简历；（8）报关服务营业场所所有权证明、租赁证明。

报关企业如需要在注册登记许可区域以外从事报关服务，根据《报关单位管理规定》应当依法设立分支机构，即跨关区分支机构，并且向拟注册登记地海关递交报关企业分支机构注册登记许可申请。报关企业对其分支机构的行为承担法律责任。报关企业每申请一项跨关区分支机构注册登记许可，应当增加注册资本人民币 50 万元。《报关单位管理规定》对跨关区分支机构取得注册登记许可也规定了相应条件。

对于进出口货物的收发货人，其注册登记条件比报关企业简单。凡是依照《对外贸易法》经对外经济贸易主管部门批准，从事对外贸易经营活动的境内法人或者其他组织、自然人均可直接向海关办理注册登记，不需办理注册登记许可申请。

（二）报关注册登记的程序

报关注册登记一般包括申请、审查、发证三个步骤。

1. 申请

符合海关规定条件的企业，向海关办理报关注册登记，应当向海关提出书面申请，并递交规定的文件资料，包括工商行政管理部门颁发的营业执照以及海关规定的其他文件。

报关企业申请人经直属海关注册登记许可后，应当到工商行政管理部门办理许可经营项目登记，并且自工商行政管理部门登记之日起 90 日内到企业所在地海关办理注册登记手续，逾期海关不予注册登记。报关企业申请办理注册登记应当提交的文件材料包括：直属海关注册登记许可文件复印件；《企业法人营业执照》副本复印件（分支机构提交营业执照）；税务登记证书副本复印件；银行开户证明复印件；组织机构代码证书副本复印件；《报关单位情况登记表》、《报关单位管理人员情况登记表》；报关企业与所聘报关员签订的用工劳动合同复印件等。

进出口货物收发货人应当按照规定到所在地海关办理报关单位注册登记手续，注册登记后可以在中华人民共和国关境内各个口岸地或者海关监管业务集中的地点办理本企业的报关业务。

进出口货物收发货人申请办理注册登记应当提交下列文件材料：企业法人营业执照副本复印件（个人独资、合伙企业或者个体工商户提交营业执照）；对外贸易经营者登记备案表复印件(法律、行政法规或者商务部规定不需要备案登记的除外)；企业章程复印件(非企业法人免提交)等。

2．审查

审查即海关对申请单位的资格条件进行审核检查。审查的内容包括对申请注册登记材料是否齐全、是否符合法定形式进行核对。申请材料齐全是指海关按照《报关单位管理规定》公布的条件要求申请人提交的全部材料完备。申请材料符合法定形式是指申请材料符合法定时限、记载事项符合法定要求、文书格式符合规范。

3．发证

申请材料齐全、符合法定形式的申请人由注册地海关核发《中华人民共和国海关报关企业报关注册登记证书》(以下简称《报关企业报关注册登记证书》)或者《中华人民共和国海关进出口货物收发货人报关注册登记证书》(以下简称《进出口货物收发货人报关注册登记证书》)，报关单位凭以办理报关业务。

二、报关单位的资格延续

根据《报关单位管理规定》，《报关企业报关注册登记证书》有效期限为2年，《进出口货物收发货人报关注册登记证书》有效期限为3年。报关单位若要在有效期后继续享有报关资格，须办理延续手续和换证手续。报关企业及其跨关区分支机构注册登记许可期限均为2年。被许可人需要延续注册登记许可有效期的，应当办理注册登记许可延续手续。海关规定，报关企业办理注册登记许可延续手续，应当在有效期届满40日前向海关提出申请并递交有关材料，同时办理换领《报关企业报关注册登记证书》手续。进出口货物收发货人应当在有效期届满前30日内到注册地海关办理换证手续。逾期未到海关办理换证手续的，《报关企业报关注册登记证书》或者《进出口货物收发货人报关注册登记证书》自动失效。

三、报关单位的变更、注销登记

(一)变更登记制度

变更登记是指已办理报关注册登记的单位，有关登记事项，如企业名称、法定代表人、注册地址、企业性质、注册资金、联系电话、办公地址、经营服务范围等在海关注册登记内容发生变更时，应到海关办理变更登记手续。

《报关单位管理规定》第二十三条规定，报关企业及其跨关区分支机构注册登记许可中有下列内容变更的，应当持《报关企业报关注册登记证书》、企业变更决议等材料原件及复印件以书面形式到注册地海关申请变更注册登记许可：(1)企业及其分支机构名称；(2)企业注册资本；(3)法定代表人(负责人)。对被许可人提出的变更注册登记许可申请，注册地海关应当按照注册登记许可程序进行初审，并且上报直属海关决定。直属海关应当依法进行审查，对符合法定条件、标准的，应当准予变更，并且作出准予变更决定。报关企业及其跨关区分支机构取得变更注册登记许可后，应当到相关管理部门办理变更手续，报关企业应当自批准变更之日起 30 日内，向注册地海关提交变更后的工商营业执照或者其他批准文件及复印件。进出口货物收发货人的单位名称、企业性质、企业住所、法定代表人（负责人）等海关注册登记内容发生变更时，不需要像报关企业那样向注册地海关申请变更注册登记许可，但应当自批准变更之日起 30 日内，向注册地海关提交变更后的工商营业执照或者其他批准文件及复印件，办理变更手续。

（二）注销登记制度

《报关单位管理规定》第四十六条规定，报关单位有下列情形之一的，应当以书面形式向注册地海关报告。海关在办结有关手续后，应当依法办理注销注册登记手续：(1) 破产、解散、自行放弃报关权或者分立成两个以上新企业的；(2) 被工商行政管理机关注销登记或者吊销营业执照的；(3) 丧失独立承担责任能力的；(4) 报关企业丧失注册登记许可的；(5) 进出口货物收发货人的对外贸易经营者备案登记表或者外商投资企业批准证书失效的；(6) 其他依法应当注销注册登记的情形。

四、报关单位的义务和法律责任

《报关单位管理规定》第五章规定了报关单位应尽的职责和义务。

（一）妥善保管注册登记证书等相关证明文件

报关单位应当妥善保管海关核发的注册登记证书等相关证明文件。发生遗失的，报关单位应当及时书面向海关说明情况，并在报刊上声明作废。海关自收到情况说明和报刊声明证明之日起三十日内应当予以补发。在补办期间，报关单位可以办理报关业务。

（二）严格按规定使用报关专用章

报关单位向海关递交的纸质进出口货物报关单必须加盖本单位的报关专用章。报关专用章启用前应当向海关备案。报关专用章要按照海关总署统一规定的要求刻制。报关企业的报关专用章仅限在其标明的口岸地或者海关监管业务集中地使用，每一口岸地或者海关监管业务集中地报关专用章应当只有一枚。进出口货物收发货人的报关专用章可以在全国各口岸地或者海关监管业务集中地通用，有多枚报关专用章的，应当按照次序注明编号。

（三）及时报送报关员情况

报关单位所属的报关员离职，应当自报关员离职之日起 7 日内向海关报告并将报关员证件交注册地海关予以注销。报关员未向报关单位交还报关员证件的,报关单位应当在报刊上声明作废,并向注册地海关办理注销手续。

根据《报关单位管理规定》,报关单位如有下列情形之一,海关将予以警告,责令其改正,并可以处人民币1 000元以上5 000元以下罚款:(1)报关企业取得变更注册登记许可后或者进出口货物收发货人单位名称、企业性质、企业住所、法定代表人(负责人)等海关注册登记内容发生变更,未按照规定向海关办理变更手续的;(2)未向海关备案,擅自变更或者启用"报关专用章"的;(3)所属报关员离职,未按照规定向海关报告并办理相关手续的。

> **资料卡**
>
> **日本的报关资格管理**
>
> 日本报关行的审批由税关总务部负责,审批内容主要包括其经营基础、业务能力、有无违法前科、企业的资产状况等。报关行必须经关长的许可并取得经营执照才能办理业务。开办之后,每年要向税关做一次业务情况的汇报。

第三节 海关对报关员的管理

海关对报关员的管理主要包括报关员考试制度、报关员注册制度和报关员考核制度。具体管理办法主要依据下列三个海关总署令。

2004年11月16日,海关总署发布第119号令,《中华人民共和国海关对报关员记分考核管理办法》(以下简称《报关员考核管理办法》)。该办法自2005年1月1日起施行。

2005年9月30日,海关总署发布第135号令,《中华人民共和国海关关于报关员资格考试及资格证书管理办法》(以下简称《报关员考试管理办法》)。该办法自2006年1月1日起施行,自实施日起,2003年3月18日发布的《中华人民共和国海关关于报关员资格考试的管理规定》同时废止。

2006年3月20日,海关总署颁布第146号令,《中华人民共和国海关报关员执业管理办法》(以下简称《报关员执业管理办法》)。该办法自2006年6月1日起施行,自实施日起,海关总署原颁布的《中华人民共和国海关对报关单位和报关员管理规定》(1992年海关总署令第36号)、《中华人民共和国海关对报关员管理规定》(1997年海关总署令第62号)同时废止。

一、报关员资格考试制度

我国《海关法》第十一条规定,"未依法取得报关从业资格的人员,不得从事报关业务",以法律形式明确了从事报关员工作的资格制度。取得报关职业资格的方式是通过海关总署组织的全国报关员资格统一考试，获取《报关员资格证书》。

（一）报关员资格考试的组织和安排

海关实行报关员资格全国统一考试制度。报关员资格全国统一考试工作由海关总署组织和领导。海关总署负责确定考试原则；制定考试大纲、规则；审定考试命题；指导监督各地海关组织实施考试；处理考试工作中的重大问题。各地海关根据海关总署授权，负责承办报名、资格审查、组织考试和颁发资格证书工作。

报关员资格考试实行公开、平等、竞争的原则，采取全国统一报名日期、统一命题、统一时间闭卷笔试、统一评分标准、统一阅卷和统一录取的方式进行。海关总署在统一考试前3个月对外公告考试办法。

报关员资格考试主要测试从事报关工作必备的业务知识水平和能力。考试科目包括报关业务基础、外贸业务基础和基础英语。

2001年以前，报关员考试是每年进行两次。从2001年起，原来每年两次的报关员资格考试改为每年一次，时间安排在上半年。申请报名参加考试的人员可以就近报名参加考试，报名时应按规定交纳有关费用。海关对符合条件者准予报名并发放准考证，考生凭准考证参加资格考试。各地海关根据海关总署制定的考试要求和评分标准组织考试和阅卷工作，考试分数由海关总署统一对外公布或委托考试地海关对外公布。

海关总署核定并公布全国统一合格分数线。考试地海关公布成绩合格者名单，对成绩合格者颁发《报关员资格证书》，并报海关总署备案。自2000年开始，每份考卷为200分，一般按120分为合格分数段，如有变化，按有关通知文件为准。

（二）参加报关员资格考试的条件

2003年海关总署颁布的《中华人民共和国海关关于报关员资格考试的管理规定》（以下简称《报关员资格考试管理规定》）第七条规定："报关员资格全国统一考试面向全社会。符合下列条件的人员，可以报名申请参加资格考试：（1）具有中华人民共和国国籍；（2）遵纪守法，品行端正；（3）年满18周岁，具有完全民事行为能力；（4）具有高中或中等专业学校毕业及以上学历。"但下列人员不得报名参加考试：（1）因触犯刑法受到刑事处罚，刑罚执行完毕不满5年的；（2）因在报关活动中发生走私或严重违反海关规定行为，被海关吊销报关员证不满5年的；（3）因向海关工作人员行贿构成犯罪的。

（三）对违反考试规定的处罚

报关员资格考试严禁弄虚作假和徇私舞弊行为。《报关员资格考试管理规定》第十三条规定，考生以伪造文件、冒名代考或其他欺骗行为参加考试或取得报关员资格证书的，经海关查实，应当宣布成绩无效或注销其资格证书，并于3年内不得参加资格考试；已持有资格证书者冒名代替他人考试的，经海关查实，应当宣布被代考人成绩无效,同时注销代考人的资格证书,被代考人及代考人3年内均不得参加资格考试;海关工作人员有泄露考题、纵容作弊、篡改考分等行为的,将给予行政处分。

《报关员资格证书》是从事报关工作的专业资格证明,由海关总署统一制定,在全国范围内有效,持有资格证书者可按规定向海关申请注册成为报关员。但有下列情况之一者,《报关员资格证书》自动失效:(1)自资格证书签发之日起3年内未注册成报关员的;(2)连续2年脱离报关员岗位的。

二、报关员注册制度

《报关员资格考试管理规定》第十二条规定,《报关员资格证书》由海关总署统一制定,在全国范围内有效,持有资格证书者可按规定向海关申请注册成为报关员。《中华人民共和国海关对报关员管理规定》(以下简称《报关员管理规定》)第九条规定,报关员注册,应由已在海关注册登记的企业向所在地海关提出申请,并提交下列文件:(1)《报关员注册申请书》;(2)报关企业注册登记证书;(3)申请注册人所属企业的人事证明或用工劳动合同;(4)申请注册人有效的身份证件;(5)报关员资格证书;(6)海关需要的其他文件。对符合规定者海关予以注册,制发报关员证件,报关有效期为1年。有关人员获得报关员证件后,始可办理报关业务。

海关根据企业的申请以及企业进出口报关业务的需要,决定是否给予注册。同意注册的,海关制发报关员证件。报关员证件是报关员办理本企业报关业务的身份凭证,不得转借、涂改。报关员证件在签发年度内有效,跨年度使用必须履行年审手续。为了加强对报关员的管理,海关对报关员证件实行条码管理,核发报关员卡。报关员在报关时,除交验报关单及有关单据外,应同时交验报关员卡,如果报关员卡显示的身份与报关单的有关数据不符,海关将不接受报关。

报关员遗失报关员证件(即报关员卡),应自证件遗失之日起15日内向海关递交情况说明书,并登报声明作废。海关于声明作废之日起3个月内予以补发,在此期间该报关员不得办理报关业务。

报关员调动工作单位,应持调出、调入双方企业的证明文件向所在地海关重新办理注册手续。《报关员管理规定》第十三条规定,有下列情形之一的,应由所在企业收回其报关员证件,交回所在地海关,并以书面形式申请办理报关员证件注销手续:(1)脱离报关员工作岗位的;(2)企业因解散、破产等原因停止报关业务的;(3)企业解聘报关员的。因未办理注销手续而发生的法律责任由企业自行承担。

三、报关员年审制度

海关对报关员实行年度审查制度。报关员必须随所在企业每年按期参加年审,填报《报关员年审报告书》，说明办理报关业务和遵守海关法规等情况。海关结合该报关员的日常报关记录考核报关员业务水平，重新确认报关资格。通过年审者，准予延长一年的报关有效期，报关员可在此期限内继续办理报关业务。但有下列情形之一的，海关将不予延长报关有效期：(1) 经常出现报关差错等不负责任行为，屡纠不改的；(2) 领取报关员证件之日起1年内或连续1年未报关的；(3) 未经海关同意，逾期1个月以上不参加年审的；(4) 未经企业授权擅自招揽报关业务的；(5) 不履行本规定第十九条（见下文"四、报关员的权利、义务和法律责任"中相关内容）所列报关员义务，情节严重的。

经年审不合格的报关员，向海关书面申请获得同意者，可参加海关组织的报关业务培训，培训时间不得少于四十小时，经考试合格后，海关准予继续从事报关业务。不参加培训者，视为自动放弃报关资格，报关资格证件自动失效。

四、报关员的权利、义务和法律责任

报关员的权利体现在《报关员管理规定》的第十七、十八条规定，报关员有权拒绝办理所属企业交办的单证不真实、手续不齐全的报关业务。报关员持有效的报关员证件办理报关业务，其签字在海关应有备案。向海关递交的报关单，应有报关员和所属企业的法定代表人（或其授权委托的报关业务负责人）的签字。否则，海关不接受申报。

《报关员管理规定》第十九条规定："报关员在办理报关业务时，应对本企业负责，接受海关的指导和监督，并履行以下义务：(1) 遵守国家有关法律、法规和海关规章，熟悉所申报货物的基本情况；(2) 提供齐全、正确、有效的单证，准确、清楚填制进(出)口货物报关单，并按有关规定向海关提交办理进出口货物的报关手续；(3) 海关查验进出口货物时，应按时到场，负责搬移货物、开拆和重封货物的包装；(4) 负责在规定的时间内办理缴纳所报进出口货物的各项税费的手续，海关罚款手续和销案手续；(5) 配合海关对走私违规案件的调查；(6) 协助本企业完整保存各种原始报关单证、票据、函电等资料；(7) 参加海关召集的有关报关业务会议或培训；(8) 承担海关规定报关员办理的与报关业务有关的工作。

报关员如有违反《中华人民共和国海关法》行为，海关按照《中华人民共和国海关法行政处罚实施细则》规定可吊销其报关员证件，三年内不得重新申请报关员注册。若有下列情形之一者，海关可处以1 000元以下罚款：(1) 违反本规定第十条[①]的；(2) 未经海关同意，逾期1个月以内不参加年审的；(3) 未经企业授权擅自招揽报关业务的；

---

① 《中华人民共和国海关法行政处罚实施细则》第十条 报关员证件是报关员办理本企业报关业务的身份凭证，不得转借、涂改。报关员证件在签发年度内有效。跨年度使用必须履行年审手续。

(4) 不履行《报关员管理规定》第十九条所列报关员义务的；(5) 因其他原因需处以罚款的。

报关员对海关处罚不服的，可以自在处罚通知书送达之日起30日内，向作出处罚决定的海关或者上一级海关书面申请复议；有关海关应当在收到复议申请书的90日内作出复议决定，并制发复议决定书送达当事人。当事人对复议决定不服的，可以自复议决定书送达之日起30日内，向人民法院起诉。当事人也可以自处罚通知书送达之日起30日内，直接向人民法院起诉，当事人选择直接向人民法院起诉的，不得向海关申请复议。

五、报关员执业考核制度

为维护报关秩序、提高报关质量、规范报关员报关行为、保证通关效率，2004年11月30日，海关总署出台了《中华人民共和国海关对报关员记分考核管理办法》(以下简称《考核管理办法》)，并于2005年1月1日起正式施行。

这一管理制度适用于已取得报关从业资格，并按照规定程序在海关注册登记，持有报关员证件的报关员。《考核管理办法》对报关员的记分考核，是依据其报关单填制不规范、报关行为不规范的程度和行为性质进行记分，一次记分的分值分为1分、2分、5分、10分、20分和30分六个档次，报关单填制和报关行为不规范以及违反海关监管规定或有走私行为未被海关暂停执业、撤销报关从业资格的，报关员将被海关扣分。

该管理办法对记分、考核的范围和标准都作了详实的界定，记分具体项目在《考核管理办法》中的附件(《报关员记分对照表》)中被列明，如"未加盖报关专用章及其他印章，或者使用印章不规范的，记1分；拒不解释、说明或补充材料，导致海关退单的记2分；将报关员证件出借使用或借用他人报关员证件或涂改报关员证件内容的，记10分；因为违反海关监管规定行为被海关予以行政处罚，但未被暂停执业、取消报关从业资格的，记20分"。一个记分周期期满后，记分达到30分的报关员，海关中止其报关员证效力，不再接受其办理报关手续。报关员应当参加注册登记地海关的报关业务岗位考核，经岗位考核合格之后，方可重新上岗。岗位考核由直属海关或者直属海关委托的单位负责组织，对需要参加岗位考核的报关员，海关提前通知其岗位考核的时间、地点等相关事宜。报关员经岗位考核合格的，可以向注册登记地海关申请将原记分分值予以消除。岗位考核不合格的，应当继续参加下一次考核。

按照规定，记分周期从每年1月1日至12月31日止，报关员在海关注册登记之日起至当年12月31日不足1年的，按一个记分周期计算。

报关是一种知识性广、技能性强、具有丰富实践经验的综合性智力劳动。报关员需要熟悉掌握海关的基本法规、海关监管制度、海关操作程序、进出口贸易估算、进出口公司、外贸运输保险以及英文知识。国际上报关员对海关业务相当熟悉，甚至比海关基层职员更熟悉海关的运作以及外贸条例，因此报关员的薪金也比较高。随着我国加入WTO以及法律法规的完善，国际贸易秩序更规范，对报关员的素质要求也在不断提高。

资料卡

报关员资格考试通过率

首次报关员资格全国统一考试于1997年12月21日在全国40个考区进行，参加考试的考生6万多人。由于1997—2000年期间，海关采取了只对行业内从业人员开放的原则，需报关企业向海关提出培训考试申请，经海关核准者方能参加考试，所以在此期间报名人数和通过人数并不多，但通过率相对比较高。自2001年起，海关向社会开放了报关员考试市场，只要符合海关要求的社会人员、从业人员均可参加考试。近几年全国每年的参考人数大约在12万人，考试通过率为10%左右，如2002年全国考试通过率为10%、2003年为11%、2004年为11.4%。这一水平与国际上许多国家如日本、韩国的报关员资格考试合格率水平类似。

第四节　报关行业的自律管理

随着我国对外贸易的不断发展，作为与对外贸易直接相关的报关行业也取得了较大发展。在报关行业发展的过程中，为了规范报关单位和报关员的经营行为和业务行为，不仅需要出台相关的法律、法规，采取相关的行政手段加以规范，还应当建立报关企业自己的行业管理协会，加强行业自律。中国加入WTO时关于"在4年内开放报关和运输行业"的承诺，更使中国成立报关协会、规范报关市场变得十分紧迫。为此，报关协会应运而生。

一、报关协会的性质

报关协会是报关单位和相关的社会团体及个人自愿组成的自律性的行业组织，是非营利性的社会团体法人。自1999年2月，上海成立全国第一个地方性报关行业协会以来，全国已先后成立了十多家地方性报关协会。2002年12月11日由海关总署等7家单位发起筹备的中国报关协会成立，首批入会的有435个报关企业和社会团体，它们来自全国23个省、市、自治区。

新成立的中国报关协会由地方报关协会、报关企业和相关社会团体及个人自愿组成。中国报关协会是经海关总署审核同意，报国家民政部批准成立，并接受海关总署和民政部的业务指导和监督管理的机构。其宗旨是配合政府部门加强对我国报关行业的管理；维护、改善报关市场的经营秩序；促进会员间的交流与合作；依法代表本行业利益，保护会员的合法权益；促进我国报关服务行业的健康发展。

二、报关协会的自律管理

（一）指导监督

报关协会负责指导本行业贯彻落实国家和海关有关法律、法规和规定；指导报关企业的经营管理；监督报关企业合法经营，揭露制止非法经营和不正当竞争。这种指导监督是在市场经济的行为规则下进行的，有着政府管理部门不可替代的作用。

（二）协调配合

报关协会的协调配合管理包括两个方面：一是桥梁纽带作用，即沟通海关和报关企业的关系，配合海关的工作和反馈报关企业的要求，代表本行业协调与有关部门和进出口企业的关系；二是通过市场运行机制，调整企业之间的利益关系，保证报关市场的运行秩序和竞争的公平性，维护企业合法权益。

（三）管理服务

报关协会的管理服务包括提供诸如政策、法律、业务的咨询服务；建立全国报关服务市场的网络；接受海关总署的委托提供各项管理服务等。

（四）培训交流

报关协会还负责组织培训交流，以优化行业队伍素质，全面提高服务水平和服务的技术含量，为进出口企业提供优质、高效的服务。

三、外国的报关协会

（一）美国报关协会

美国的报关管理很大程度上依靠的是行业自管。早在1897年，在美国就成立了纽约港海关代办协会，1933年，该协会在纽约正式成立了纽约报关行协会，后于1962年6月正式建立了全美报关运输协会。它是美国报关和运输企业的行业联合体，其会员单位为专业报关企业、国际货运代理企业和国际空运代理企业。该协会总部设在纽约，实行自愿参加、自愿交纳会费的原则。到1994年底，该协会已有558家全国性会员单位、1 521家地区性会员单位、103家全国性非正式会员单位和329家境外会员单位。

协会作为全美经济交流活动中的一个重要成员，提供报关、运输和有关信息和管理服务。协会对会员单位的政策执行、工作程序和日常工作进行监督、检查、指导和帮助，并聘请海关、运输和法律方面的专家为会员单位提供业务和法律咨询服务。该协会作为美国海关与报关企业之间的中介机构，一方面维护报关企业的共同利益，代表报关企业与海关交涉；另一方面，还要向会员单位介绍和解释美国政府的有关法令法规，帮助和督促会员单位理解和执行政府的法令、法规。同时，协会还会将会员单位对美国政府有关法令法规的意见和建议反馈给政府有关部门。

（二）日本的报关协会

早在1947年7月，日本成立了第一个有组织的报关团体——进出口货代协会，1968年7月货代协会改名为日本报关协会。随后的1968年8月1日，《报关行法》颁布实施。目前的日本报关协会组建于1994年4月1日，由日本财政部主办，是经法律认可的日本报关行业组织。该报关协会是由获得税关报关员执照的人及地区协会（按关区划分的与日本税关总局保持联系的中介组织）组成，总部设在东京。其主要工作范围是：完善税关报关及体制改革的调研；对报关员行为、咨询服务、委托人争议等课题进行研究；承办通关业务和报关员考试培训班；收集、分发通关业务情报；提供报关咨询及提供标准、规范的海关单证表格；宣传有关法规；出版、宣传《海关报关业务》杂志，发布有关公告；在调查研究的基础上，向主管税关当局汇报有关意见，加强联络工作等。

（三）国际报关协会同盟

为鼓励和加强各国报关协会之间的合作，加深各国对报关协会在促进国际贸易中的作用的理解，为报关协会及其委托人改善企业经营环境，影响贸易决策，加强合作交流，提高报关质量，1990年11月28日国际报关协会同盟成立。目前，该同盟共有28个国家的正式会员，遍布五大洲，其中包括美国、加拿大、日本、意大利、韩国、印度等国的报关协会。这些会员分为两种，一种是正式会员，必须是国家报关协会组织或对联盟的宗旨有兴趣的社团法人；另一种是联系会员，对国际贸易有兴趣的企业愿意入会，并经批准，可成为联系会员。全体会员大会每两年召开一次，理事会每年召开一次。目前该同盟已与世界贸易组织、世界海关组织、亚太经合组织、美洲自由贸易区等国际组织建立了密切关系，积极参与国际组织活动，为各国海关所重视，因此具有影响国际贸易环境的能力。同盟内部定期以E-MAIL、传真以及专用网页IFCBA的形式向会员国提供各国海关的第一手信息，使会员及时取得最新资料，为本国企业服务。

本章小结

报关是指进出境货物的收发货人或其代理人、进出境物品的所有人以及进出境运输工具的负责人，在货物、物品、运输工具通过海关监管口岸时，按照海关规定进行申报并办理有关进出境手续的过程。

根据《海关法》的规定，国家在对外开放的口岸和海关监管业务集中的地点设立海关。监管、征税、查缉走私和编制海关统计是海关的基本任务和基本职能。报关管理制度是实现海关职能的基础业务制度，它是海关依法对报关单位及代表报关单位报关的报关员报关资格审定、批准及对其报关行为进行规范和有效管理的业务制度。

海关对报关单位的管理主要依据中华人民共和国海关总署2005年3月颁布的《报关单位管理规定》；海关对报关员的管理主要依据1997年海关总署颁布的《报关员管理规定》和2003年海关总署颁布的《报关员资格考试管理规定》以及2004年11月海关总署出台的《报关员记分考核管理办法》。

报关协会是报关单位和相关的社会团体及个人自愿组成的自律性的行业组织。其宗旨是配合政府部门加强对我国报关行业的管理；维护、改善报关市场的经营秩序；促进会员间的交流与合作；依法代表本行业利益，保护会员的合法权益；促进我国报关服务行业的健康发展。2002年12月中国报关协会成立。

案例分析

《海关法》对监管对象的有关规定

关于对进出境运输工具的监管，《海关法》第十四条规定：进出境运输工具到达或者驶离设立海关的地点时，运输工具负责人应当向海关如实申报，交验单证，并接受海关监管和检查。停留在设立海关的地点的进出境运输工具，未经海关同意，不得擅自驶离。进出境运输工具从一个设立海关的地点驶往另一个设立海关的地点的，应当符合海关监管要求，办理海关手续，未办结海关手续的，不得改驶境外。

关于对进出口货物的监管，《海关法》第二十四条规定：进口货物的收货人、出口货物的发货人应当向海关如实申报，交验进出口许可证件和有关单证。国家限制进出口的货物，没有进出口许可证件的，不予放行，具体处理办法由国务院规定。进口货物的收货人应当自运输工具申报进境之日起14日内，出口货物的发货人除海关特准的外，应当在货物运抵海关监管区后、装货的24小时以前，向海关申报。进口货物的收货人超过前款规定期限向海关申报的，由海关征收滞报金。第三十条规定：进口货物的收货人自运输工具申报进境之日起超过3个月未向海关申报的，其进口货物由海关提取依法变卖处理，所得价款在扣除运输、装卸、储存等费用和税款后，尚有余款的，自货物依法变卖之日起一年内，经收货人申请，予以发还；其中属于国家对进口有限制性规定，应当提交许可证件而不能提供的，不予发还。逾期无人申请或者不予发还的，上缴国库。第四十五条规定：自进出口货物放行之日起三年内或者在保税货物、减免税进口货物的海关监管期限内及其后的 3 年内，海关可以对与进出口货物直接有关的企业、单位的会计账簿、会计凭证、报关单证以及其他有关资料和有关进出口货物实施稽查。具体办法由国务院规定。

关于对进出境物品的监管，《海关法》第四十六条至第四十九条规定：个人携带进出境的行李物品、邮寄进出境的物品，应当以自用、合理数量为限，并接受海关监管；进出境物品的所有人应当向海关如实申报，并接受海关查验；进出境邮袋的装卸、转运和过境，应当接受海关监管；邮政企业应当将开拆及封发国际邮袋的时间事先通知海关，海关应当按时派员到场监管查验；邮运进出境的物品，经海关查验放行后，有关经营单位方可投递或者交付。

资料来源：参见《海关法》。

思考与练习

思考题

1．海关监管的进出境运输工具包括哪些？

2．《海关法》对进出口货物收发货人的申报时限的规定有何区别？为什么？

3．进出口货物与进出口物品有何区别？海关对邮寄进出境的物品，为何以自用、合理数量为限？

练习题

1．判断并改错

（1）省级人大可以指定与海关管理有关的法规。

（2）未依法经海关注册登记的企业和未依法取得报关从业资格的人员，不得从事报关业务。

（3）报关企业办理注册登记许可延续手续应当在有效期届满 30 日前向海关提出申请并递交有关材料。进出口货物收发货人应当在有效期届满后到注册地海关办理换证手续。

（4）报关单位的注册登记证书发生遗失的，报关单位可以口头向海关说明情况，并在报刊声明作废。海关自收到情况说明和报刊声明证明之日起 30 日内应当予以补发。

（5）报关单位向海关递交的纸质进出口货物报关单必须加盖本单位公章。报关单位公章启用前应当向海关备案。

（6）进出口货物收发货人的报关专用章在每一口岸地或者海关监管业务集中地应当只有一枚。报关企业的报关专用章可以有多枚，但应当按照次序注明编号。

2．选择题

（1）请指出下列正确的海关任务（　　）。

A．监督管理　　B．征税　　C．查缉走私　　D．编制海关统计

(2) 根据监管对象的不同，海关监管分为(　　)。

A．货物监管　　B．物品监管　　C．运输工具监管　　D．进出境人员监管

(3) 报关单位所属的报关员离职，应当自报关员离职之日起(　　)内向海关报告并将报关员证件交注册地海关予以注销。

A．30 日　　B．10 日　　C．7 日　　D．24 小时

(4) 海关实行报关员资格全国统一考试制度，采取全国(　　)。

A．统一考试时间　　B．统一阅卷　　C．统一录取　　D．统一命题

(5) 报关员资格考试科目包括(　　)。

A．报关业务基础　　B．外贸业务基础　　C．基础英语　　D．专业英语

(6) 出现下列(　　)情况者，《报关员资格证书》自动失效。

A．自资格证书签发之日起 3 年内未注册成报关员的

B．连续两年脱离报关员岗位的

C．企业因解散、破产等原因停止报关业务的

D．企业解聘报关员的

技能实训

1．仔细阅读《中华人民共和国海关法》，归纳其中有关报关管理的规定。

2．仔细阅读《中华人民共和国海关法行政处罚实施细则》，找出有关违反报关管理规定的处罚办法。

第二章 中国对外贸易管制制度

【导读】 为了维护对外贸易秩序，促进对外经济贸易和科技文化交往，保障社会主义现代化建设，我国颁布了一系列对外贸易管制的法律、行政法规、部门规章，确立了对外贸易经营者登记管理、出入境检验检疫、外汇管理等制度，制定了有关进出口禁止、限制、自动许可、反倾销、反补贴、进出口收付汇核销等措施。

对外贸易管制是政府的一种强制性行政管理行为。它所涉及的法律、行政法规、部门规章，是强制性的法律文件，不得随意改变。因此，对外贸易经营者或其代理人在报关活动中必须严格遵守这些法律、行政法规、部门规章，并按照相应的管理要求办理进出口手续，以维护国家利益不受侵害。

第一节 对外贸易管制概述

对外贸易管制是指一国政府为了国家的宏观经济利益、国内外政策需要以及履行所缔结或加入的国际条约的义务,确立实行各种管制制度、设立相应管制机构和规范对外贸易活动的总称。

对外贸易管制是各国政府为保护和促进国内生产、增加出口、限制进口而采取的鼓励或限制措施,或为政治目的对进出口采取禁止或限制的措施。目前国际上对外贸易管制通常有两种分类形式:一种是按管理目的分为进口贸易管制和出口贸易管制;另一种是按其管制手段分为关税措施和非关税措施。我国对外贸易则是按管制对象分为货物进出口贸易管制、技术进出口贸易管制和国际服务贸易管制。这里重点介绍我国对外贸易管制中有关货物和技术的管制制度、措施以及在执行这些贸易管制措施过程中所涉及的报关规范的相关内容。

一、对外贸易管制的目的及特点

对外贸易管制已成为各国不可或缺的一项重要政府职能,也是一个国家对外经济和外交政策的具体体现。尽管各国所实行的对外贸易管制措施在形式和内容上有许多差异,但其实行对外贸易管制的目的往往是相同的,主要表现为:

(一)保护本国经济利益,发展本国经济

发展中国家实行对外贸易管制的主要目的是为了保护本国的民族工业,建立与巩固本国的经济体系,通过对外贸易管制的各项措施,防止外国产品冲击本国市场而影响本国独立的经济结构的建立,同时,也是为了维护本国的国际收支平衡,使有限的外汇能有效地发挥最大的作用;发达国家实行对外贸易管制主要是为了确保本国在世界经济中的优势地位,避免国际贸易活动对本国经济产生不良影响,特别是要保持本国某些产品或技术的国际垄断地位,保证本国各项经济发展目标的实现。因此,各国的对外贸易管制措施都是与其经济利益相联系的。各国贸易管制措施是各国经济政策的重要体现。

(二)推行本国的外交政策

不论是发达国家还是发展中国家,往往出于政治或军事上的考虑,甚至不惜牺牲本国经济利益,在不同时期,对不同国家或不同商品实行不同的对外贸易管制措施,以达到其政治上的目的或军事上的目标。因此,贸易管制往往成为一国推行其外交政策的有效手段。

(三) 行使国家职能

作为主权国家，对其自然资源和经济行为享有排他性的永久主权，国家对外贸易管制制度和措施的强制性是国家为保护本国环境和自然资源、保障国民人身安全、调控本国经济而行使国家管理职能的一个重要保证。

从对外贸易管制的目的看，贸易管制政策是一国对外政策的体现，这是贸易管制的一个显著特点。正是为了实现上述目的，各国都要根据其不同时期的不同经济利益或军事和政治形势需要，随时调整对外贸易管制政策。因此，不同国家或同一国家的不同时期的贸易管制政策是各不相同的。贸易管制还会因时间形势的变化而变化，这是贸易管制的又一大特点。各国对外贸易管制的另一特点是以对进口的管制为重点。

二、对外贸易管制目标的实现

对外贸易管制是对外贸易的国家管制，任何从事对外贸易的活动者都必须无条件地予以遵守。国家对外贸易管制的目标是以对外贸易管制法律、法规为保障，依靠有效的政府行政管理手段来最终实现的。

(一) 海关监管是实现贸易管制的重要手段

海关执行国家贸易管制政策是通过对进出口货物的监管来实现的。我国《外贸法》将对外贸易划分为货物进出口、技术进出口和国际服务贸易，而这些贸易，尤其是货物进出口贸易以及以货物为表现形式的技术进出口贸易，都是最终要通过进出境行为来实现的。作为我国进出关境监督管理机关的海关，依据《海关法》所赋予的权力，代表国家在口岸行使进出境监督管理职能，这种特殊的管理职能决定了海关监管是实现贸易管制目标的有效行政管理手段。

对外贸易的国家管制作为一项综合制度，是需要建立在国家各行政管理部门之间合理分工的基础上，通过各尽其责的通力合作来实现的。我国《海关法》规定："中华人民共和国海关是国家的进出关境监督管理机关。海关依照本法和其他有关法律、行政法规，监管进出境的运输工具、货物、行李物品、邮递物品和其他物品，征收关税和其他税、费，查缉走私，并编制海关统计和办理其他海关业务。"国家贸易管制是通过国家对外贸易主管部门及其他行业主管部门依据国家贸易管制政策发放各类许可证件，最终由海关依据许可证件对实际进出口货物合法性的监督管理来实现的。缺少海关监管这一环节，任何对外贸易管制政策都不可能充分发挥其效力。

根据我国行政管理职责的分工，与对外贸易管制相关的法律、行政法规、部门规章分别由全国人大、国务院及其所属各部、委(局)负责制定、颁发，海关则是贸易管制政策在货物进出口环节的具体执行机关。因此，海关对进出口货物实施监管或制定有关监管程序时，必须以国家贸易管制政策所涉及的法律、法规为依据，充分重视这些法律、法规与海关实际工作之间的必然联系,以准确贯彻和执行政策作为海关开展各项管理工作的前提和原则,制定合法、高效的海关监督管理程序,充分利用《海关法》赋予的权力,确保国家各项贸易管制目标的实现。

由于国家进出口贸易管制政策是通过国家对外贸易主管部门及其他行业主管部门依据国家贸易管制政策发放各类许可证件,最终由海关依据许可证件及其他单证(提单、发票、合同等)对实际进出口货物合法性的监督管理来实现的,因此,执行贸易管制的海关管理活动也就离不开"单"(即包括报关单在内的各类报关单据及其电子数据)、"证"(即各类许可证件及其电子数据)、"货"(即实际进出口货物)这三大要素。"单"、"证"、"货"互为相符,是海关确认货物合法进出口的必要条件,也就是说对进出口受国家贸易管制的货物,只有在达到"单单相符"、"单货相符"、"单证相符"、"证货相符"的情况下,海关才可放行。

(二)报关是海关确认进出口货物合法性的先决条件

执行贸易管制政策的海关监管是通过对"单"、"证"、"货"这三要素来确认货物进出口的合法性的,而这三要素中的"单"、"证"正是通过报关环节中的申报手续向海关递交。从法律意义上说,申报意味着向海关报告进出口货物的情况,申请按其申报的内容放行进出口货物。《海关法》第二十四条规定:"进口货物的收货人、出口货物的发货人应当向海关如实申报,交验进出口许可证件和有关单证。国家限制进出口的货物,没有进出口许可证件的,不予放行。"该条款是关于收发货人在办理进出口货物海关手续时关于申报环节法律义务的规定,也是前文中所阐述的有关"单"、"证"、"货"互为相符是海关确认货物合法进出口的必要条件之法律依据。因此,报关不仅是进出口货物收发货人或其代理人必须履行的手续,也是海关确认进出口货物合法性的先决条件。

三、我国对外贸易管制的基本框架与法律体系

我国对外贸易管制制度是一种综合管理制度,主要由海关监管制度、关税制度、对外贸易经营者的资格管理制度、进出口许可制度、出入境检验检疫制度、进出口货物收付汇管理制度以及贸易救济制度等构成。为保障贸易管制各项制度的实施,我国已基本建立并逐步健全了以《外贸法》为核心的对外贸易管理与管制的法律体系,并依照这些法律、行政法规、部门规章和我国履行国际公约的有关规定,自主实行对外贸易管制。

由于贸易管制是一种国家管制,其法律渊源不包括地方性法规、规章及各民族自治区政府的地方条例和单行条例,贸易管制所涉及的法律渊源只限于宪法、法律、行政法规、部门规章以及相关的国际条约。

(一)法律

法律是指由国家最高权力机关全国人民代表大会或它的常务委员会制定，由国家主席颁布的规范性文件的总称。我国现有的与贸易管制相关的法律主要有：

(1)《中华人民共和国对外贸易法》

(2)《中华人民共和国海关法》

(3)《中华人民共和国进出口商品检验法》

(4)《中华人民共和国进出境动植物检疫法》

(5)《中华人民共和国固体废物污染环境防治法》

(6)《中华人民共和国国境卫生检疫法》

(7)《中华人民共和国野生动物保护法》

(8)《中华人民共和国药品管理法》

(9)《中华人民共和国文物保护法》

(10)《中华人民共和国食品卫生法》

(二)行政法规

行政法规是指国务院为了实施宪法和其他相关法律，在自己职权范围内，制定的基本行政管理规范性文件的综合。我国现行的与贸易管制有关的行政法规主要有：

(1)《中华人民共和国货物进出口管理条例》

(2)《中华人民共和国技术进出口管理条例》

(3)《中华人民共和国进出口关税条例》

(4)《中华人民共和国知识产权海关保护条例》

(5)《中华人民共和国核出口管理条例》

(6)《中华人民共和国野生植物保护条例》

(7)《中华人民共和国外汇管理条例》

(三)部门规章

部门规章是国务院各部门根据法律和国务院的行政法规、决定和命令，在本部门权限范围内发布的规范性文件总和。我国现行的与贸易管制有关的部门规章很多，例如：

(1)《货物进口许可证管理办法》

(2)《货物出口许可证管理办法》

(3)《货物自动进口许可管理办法》

(4)《出口收汇核销管理办法》

(5)《进口药品管理办法》

(6)《中华人民共和国精神药品管理办法》

(7)《中华人民共和国放射性药品管理办法》

(8)《纺织品出口自动许可暂行办法》

(四)国际条约

国际条约是指国家及其他国际法主体间所缔结的以国际法为准则,并确定其相互关系中权利和义务的一种国际书面协议,也是国际法主体间相互交往的一种最普遍的法律形式。

由于各国在通过国内立法实施本国进出口贸易管理和管制的各项措施的同时,必然要与其他国家协调立场,确定相互之间在国际贸易活动中的权利与义务关系,以实现其外交政策和对外贸易政策所确立的目标,因此,国际贸易条约与协定便成为各国之间确立国际贸易关系立场的重要法律形式。

我国目前所签订生效的各类国际条约,虽然不属于我国国内法的范畴,但就其效力而言可将其视为我国的法律渊源之一。

目前我国所加入或缔结的涉及贸易管制的国际条约主要有：

(1)我国加入世界贸易组织所签订的有关双边或多边的各类贸易协定

(2)《京都公约——关于简化和协调海关制度的国际公约》

(3)《濒危野生动植物种国际公约》

(4)《蒙特利尔议定书——关于消耗臭氧层物质的国际公约》

(5)《精神药物国际公约》

(6)《伦敦准则——关于化学品国际贸易资料交流的国际公约》

(7)《鹿特丹公约——关于在国际贸易中对某些危险化学品和农药采用事先知情同意程序的国际公约》

(8)《巴塞尔公约——关于控制危险货物越境转移及其处置的国际公约》

(9)《国际纺织品贸易协定》

(10)《建立世界知识产权组织公约》

第二节 我国货物、技术进出口许可管理制度

进出口许可制度作为一项非关税措施,是世界各国管理进出口贸易的一种常见手段,在国际贸易中运用广泛。进出口许可是国家对进出口的一种行政管理制度,既包括准许进出口有关证件的审批和管理制度本身的程序,也包括以国家各类许可为条件的其他行政管理手续。

货物、技术进出口许可管理制度是我国进出口许可管理制度的主体,是国家对外贸易管制中极其重要的管理制度。其管理范围包括禁止进出口货物和技术、限制进出

口货物和技术、自由进出口的技术以及自由进出口中部分实行自动许可管理的货物。

一、禁止进出口管理

为维护国家安全和社会公共利益、保护人民的生命健康、履行中华人民共和国所缔结或者参加的国际条约和协定，国务院对外贸易主管部门会同国务院有关部门，依照《外贸法》的有关规定，制定、调整并公布禁止进出口货物、技术目录。海关依据国家相关法律、法规，对禁止进出口目录商品实施监督管理。

（一）禁止进口

对列入国家公布的禁止进口目录以及其他法律、法规明令禁止或停止进口的货物、技术，任何对外贸易经营者不得经营进口。

1. 禁止进口货物管理规定

我国政府明令禁止进口的货物包括：列入由国务院对外贸易主管部门或由其会同国务院有关部门制定的《禁止进口货物目录》的商品，国家有关法律、法规明令禁止进口的商品以及其他各种原因停止进口的商品。主要包括：

（1）列入《禁止进口货物目录》的商品。

目前，我国公布的《禁止进口货物目录》共五批，其中：

①《禁止进口货物目录》（第一批）是从我国国情出发，为履行我国所缔结或者参加的与保护世界自然生态环境相关的一系列国际条约和协定而发布的，其目的是为了保护我国自然生态环境和生态资源。如国家禁止进口属破坏臭氧层物质的四氯化碳、禁止进口属世界濒危物种管理范畴的犀牛角和虎骨。

②《禁止进口货物目录》（第二批）均为旧机电产品类，是国家对涉及生产安全（压力容器类）、人身安全（电器、医疗设备类）和环境保护（汽车、工程及车船机械类）的旧机电产品所实施的禁止进口管理。

③《禁止进口货物目录》（第三、第四、第五批）所涉及的是对环境有污染的固体废物类，包括城市垃圾、医疗废物、含铅汽油淤渣等13个类别的货物。

（2）国家有关法律、法规明令禁止进口的商品。例如：

①依据《中华人民共和国固体废物污染环境防治法》，对未列入《国家限制进口的可用作原料的废物目录》以及《自动进口许可管理类可用作原料的废物目录》的废物、不符合环保规定的废物以及受放射性污染的废旧金属禁止进口。

②依据《中华人民共和国进出境动植物检疫法》，对来自疫区或不符合我国卫生标准的动物和动物产品禁止进口。

（3）其他。例如：

①停止进口以CFC-12为制冷工质的汽车及以CFC-12为制冷工质的汽车空调压

缩机(含汽车空调器);

②停止进口属右置方向盘的汽车。

③停止进口旧服装、Ⅷ因子制剂等血液制品、黑人牙膏("DARKLE"、"DARLIE")等。

④停止国产手表复进口。

2．禁止进口技术管理

根据《外贸法》、《技术进出口管理条例》以及《禁止进口、限制进口技术管理办法》的有关规定，国务院对外贸易主管部门会同国务院有关部门，制定、调整并公布禁止进口的技术目录。属于禁止进口的技术，不得进口。

目前《中国禁止进口限制进口技术目录》(第一批)所列明的禁止进口的技术涉及钢铁冶金技术、有色金属冶金技术、化工技术、石油炼制技术、石油化工技术、消防技术、电工技术、轻工技术、印刷技术、医药技术、建筑材料生产技术等11个技术领域的26项技术。

(二)禁止出口

对列入国家公布禁止出口目录的以及其他法律、法规明令禁止或停止出口的货物、技术，任何对外贸易经营者不得经营出口。

1．禁止出口货物管理规定

我国政府明令禁止出口的货物主要有列入《禁止出口货物目录》的商品、国家有关法律法规明令禁止出口的商品以及其他各种原因停止出口的商品。主要包括：

(1) 列入《禁止出口货物目录》的商品。目前，我国公布的禁止出口货物目录是指《禁止出口货物目录》(第一批)和《禁止出口货物目录》(第二批)：

①《禁止出口货物目录》(第一批)是从我国国情出发，为履行我国所缔结或者参加的与保护世界自然生态环境相关的一系列国际条约和协定而发布的，其目的是为了保护我国自然生态环境和生态资源。如国家禁止出口属破坏臭氧层物质的四氯化碳、禁止出口属世界濒危物种管理范畴的犀牛角和虎骨、禁止出口有防风固沙作用的发菜和麻黄草等植物。

②国家制定《禁止出口货物目录》(第二批)主要是为了保护我国匮乏的森林资源，防止乱砍滥伐。如禁止出口木炭。

(2) 国家有关法律、法规明令禁止出口的商品。例如依据《中华人民共和国野生植物保护条例》，禁止出口未定名的或者新发现并有重要价值的野生植物。

(3) 其他，如禁止出口劳改产品等。

2．禁止出口技术管理

根据《外贸法》、《技术进出口管理条例》以及《禁止出口限制出口技术管理办法》的有关规定,国务院对外贸易主管部门会同国务院有关部门,制定、调整并公布禁止出口的技术目录。属于禁止出口的技术,不得出口。

目前列入《中国禁止出口限制出口技术目录》禁止出口部分的技术涉及核技术、测绘技术、地质技术、药品生产技术、农业技术等25个技术领域的31项技术。

二、限制进出口管理

为维护国家安全和社会公共利益,保护人民的生命健康,履行中华人民共和国所缔结或者参加的国际条约和协定,国务院对外贸易主管部门会同国务院有关部门,依照《外贸法》的有关规定,制定、调整并公布限制进出口货物、技术目录。海关依据国家相关法律、法规对限制进出口目录货物、技术实施监督管理。

(一)限制进口管理

国家实行限制进口管理的货物、技术,必须依照国家有关规定取得国务院对外贸易主管部门或者由其会同国务院有关部门许可,方可进口。

国家对货物或技术实行限制进口管理的主要原因有:为维护国家安全、社会公共利益或者公共道德,需要限制进口的;为维护人的健康或者安全,保护动物、植物的生命或者健康,保护环境,需要限制进口的;为实施与黄金或者白银进出口有关的措施,需要限制进口的;为建立或者加快建立国内特定产业,需要限制进口的;对任何形式的农业、牧业、渔业产品有必要限制进口的;为保障国家国际金融地位和国际收支平衡,需要限制进口的;依照法律、行政法规、部门规章的规定,其他需要限制进口的;根据我国缔结或者参加的国际条约、协定的规定,其他需要限制进口的。

1. 限制进口货物管理

目前,我国限制进口货物管理按照其限制方式划分为许可证件管理和关税配额管理。

(1)许可证件管理:许可证件管理是指在一定时期内,根据国内政治、工业、农业、商业、军事、技术、卫生、环保、资源保护等领域的需要以及为履行我国所加入或缔结的有关国际条约的规定,以经国家各主管部门签发许可证件的方式来实现各类限制进口的措施。

许可证件管理主要包括对进口许可证、濒危物种进口、可利用废物进口、进口药品、进口音像制品、黄金及其制品进口等的管理。

国务院对外贸易主管部门或者国务院有关部门在各自的职责范围内,根据国家有关法律、法规及国际公约的有关规定,签发上述各项管理所涉及的各类许可证件。

(2)关税配额管理:关税配额管理是指一定时期内(一般是一年),国家对部分商品的进口制定关税配额税率并规定该商品进口数量总额,在限额内,经国家批准后允许按照关税配额税率征税进口,如超出限额则按照配额外税率征税进口。一般情况下,关税配额税率优惠幅度很大。国家通过这种行政管理手段对一些重要商品,以关税这个成本杠杆来实现限制进口的目的,因此关税配额管理是一种相对数量的限制。

2. 限制进口技术管理

限制进口技术实行目录管理。根据《外贸法》、《技术进出口管理条例》以及《禁止进口限制进口技术管理办法》的有关规定,国务院对外贸易主管部门会同国务院有关部门,制定、调整并公布限制进口的技术目录。属于目录范围内的限制进口的技术,实行许可证管理;未经国家许可,不得进口。

进口属于限制进口的技术,应当向国务院对外贸易主管部门提出技术进口申请,国务院对外贸易主管部门收到技术进口申请后,应当会同国务院有关部门对申请进行审查。技术进口申请经批准的,由国务院对外贸易主管部门发给"中华人民共和国技术进口许可意向书"。进口经营者取得技术进口许可意向书后,可以对外签订技术进口合同。进口经营者签订进口合同后,应当向国务院对外贸易主管部门申请技术进口许可证。经审核符合发证条件的,由国务院对外贸易主管部门颁发"中华人民共和国技术进口许可证",凭以向海关办理进口通关手续。

目前,列入《中国禁止进口限制进口技术目录》(第一批)中属限制进口的技术包括生物技术、化工技术、石油炼制技术、石油化工技术、生物化工技术和造币技术等6个技术领域的16项技术。

经营限制进口技术的经营者在向海关申报进口手续时必须主动提交技术进口许可证,否则经营者将承担为此而造成的一切法律责任。

(二) 限制出口管理

国家实行限制出口管理的货物、技术,必须依照国家有关规定取得国务院对外贸易主管部门或者由其会同国务院有关部门许可,方可出口。

国家对货物或技术实行限制出口管理的主要原因有:为维护国家安全、社会公共利益或者公共道德,需要限制出口的;为保护人的健康或者安全,保护动物、植物的生命或者健康,保护环境,需要限制出口的;为实施与黄金或者白银进出口有关的措施,需要限制出口的;输往国家或者地区的市场容量有限,需要限制出口的;出口经营秩序出现严重混乱,需要限制出口的;依照法律、行政法规、部门规章的规定,其他需要限制出口的;根据我国缔结或者参加的国际条约、协定的规定,其他需要限制出口的。

1. 限制出口货物管理

《货物进出口管理条例》规定:国家规定有数量限制的出口货物,实行配额管理;其他限制出口货物,实行许可证件管理;实行配额管理的限制出口货物,由国务院对外贸易主管部门和国务院有关经济管理部门按照国务院规定的职责划分进行管理。

目前，我国货物限制出口按照其限制方式划分为出口配额限制、出口非配额限制。

(1) 出口配额限制：出口配额限制是指在一定时期内为建立公平竞争机制、增强我国商品在国际市场的竞争力、保障最大限度的收汇，保护我国产品的国际市场利益，国家对部分商品的出口数量直接加以限制的措施。在我国出口配额限制有两种管理形式，即出口配额许可证管理和出口配额招标管理。

①出口配额许可证管理：出口配额许可证管理是国家对部分商品的出口，在一定时期内（一般是一年）规定数量总额，经国家批准获得配额的允许出口，否则不准出口的配额管理措施。出口配额许可证管理是国家通过行政管理手段，对一些重要商品以规定绝对数量的方式来实现限制出口的目的。

出口配额许可证管理是通过直接分配的方式，由国务院对外贸易主管部门或者国务院有关部门在各自的职责范围内，根据申请者需求并结合其进出口实绩、能力等条件，按照效益、公正、公开和公平竞争的原则进行分配。国家各配额主管部门对经申请有资格获得配额的申请者发放各类配额证明。

申请者取得配额证明后，到国务院对外贸易主管部门及其授权发证机关，凭配额证明申领出口许可证。

②出口配额招标管理：出口配额招标管理是国家对部分商品的出口，在一定时期内（一般是一年）规定数量总额，采取招标分配的原则，经招标获得配额的允许出口，否则不准出口的管理配额措施。出口配额招标管理是国家通过行政管理手段对一些重要商品以规定绝对数量的方式来实现限制出口目的的。

国家各配额主管部门对中标者发放各类配额证明。中标者取得配额证明后，到国务院对外贸易主管部门及其授权发证机关，凭配额证明申领出口许可证。

(2) 出口非配额限制：出口非配额限制是指在一定时期内根据国内政治、军事、技术、卫生、环保、资源保护等领域需要，以及为履行我国所加入或缔结的有关国际条约的规定，以经国家各主管部门签发许可证件的方式来实现的各类限制出口措施。目前，我国非配额限制管理主要包括出口许可证、濒危物种、敏感物项出口以及军品出口等许可管理。

2．限制出口技术管理

根据《外贸法》、《技术进出口管理条例》、《中华人民共和国生物两用品及相关设备和技术出口管制条例》、《中华人民共和国核两用品及相关技术出口管制条例》、《中华人民共和国导弹及相关物项和技术出口管制条例》、《中华人民共和国核出口管制条例》以及《禁止出口限制出口技术管理办法》等有关规定，限制出口技术实行目录管理，国务院对外贸易主管部门会同国务院有关部门，制定、调整并公布限制出口的技术目录。属于目录范围内的限制出口的技术，实行许可证管理；未经国家许可，不得出口。

我国目前限制出口技术目录主要是依据《核出口管制清单》、《生物两用品及相关设备和技术出口管制清单》、《导弹及相关物项和技术出口管制清单》等制定的《敏感物项和技术出口许可证管理目录》以及《中国禁止出口限制出口技术目录》。

出口属于上述限制出口的技术，应当向国务院对外贸易主管部门提出技术出口申请，经国务院对外贸易主管部门审核批准后取得技术出口许可证件，凭以向海关办理出口通关手续。

经营限制出口技术的经营者在向海关申报出口手续时必须主动提交相关技术出口许可证件，否则经营者将承担为此而造成的一切法律责任。

三、自由进出口管理

除上述国家禁止、限制进出口货物、技术外的其他货物、技术，均属于自由进出口范围。自由进出口货物、技术的进出口不受限制，但基于监测进出口情况的需要，国家对部分属于自由进出口的货物实行自动进出口许可管理，对自由进出口的技术实行技术进出口合同登记管理。

(一)货物自动进口许可管理

自动进口许可管理是在任何情况下对进口申请一律予以批准的进口许可制度。这种进口许可实际上是一种在进口前的自动登记性质的许可制度，通常用于国家对这类货物的统计和监督目的，是我国进出口许可管理制度中的重要组成部分，也是目前被各国普遍使用的一种进口管理制度。

进口属于自动进口许可管理的货物，进口经营者应当在办理海关报关手续前，向国务院对外贸易主管部门或者国务院有关经济管理部门提交自动进口许可申请；进口经营者凭国务院对外贸易主管部门或者国务院有关经济管理部门发放的自动进口许可证明，向海关办理报关手续。

(二)纺织品出口自动许可管理

自2005年3月1日起，我国自主对出口美国、欧盟以及中国香港特别行政区的部分纺织品实施纺织品出口自动许可管理。商务部经会商海关总署，公布了《纺织品出口自动许可暂行办法》及《纺织品出口自动许可目录》。配额许可证管理局及各地方商务主管部门为纺织品出口自动许可证发证机关，凡出口到上述国家和地区、列入《纺织品出口自动许可目录》的纺织品，出口经营者应凭纺织品出口自动许可证向海关办理报关手续。

(三)技术进出口合同登记管理

进出口属于自由进出口的技术,应当向国务院对外贸易主管部门或者其委托的机构办理合同备案登记。国务院对外贸易主管部门应当自收到规定的文件之日起三个工作日内,对技术进出口合同进行登记,颁发技术进出口合同登记证,申请人凭技术进出口合同登记证,办理外汇、银行、税务、海关等相关手续。

第三节 其他贸易管制制度

一、对外贸易经营者管理制度

为了鼓励对外经济贸易的发展,发挥各方面的积极性,保障对外贸易经营者的对外自主权,国务院对外贸易主管部门和相关部门制定了一系列法律、行政法规、部门规章,对对外贸易经营活动中涉及的相应内容作出了规范,对外贸易经营者在进出口经营活动中必须遵守相应的法律、行政法规、部门规章。这些法律、行政法规、部门规章的综合构成了我国对外贸易管理制度。对外贸易经营者管理制度是我国对外贸易管理制度之一。

目前,我国对对外贸易经营者的管理,实行备案登记制,也就是法人、其他组织或者个人在从事对外贸易经营前,必须按照国家的有关规定,依法定程序在国务院对外贸易主管部门备案登记,取得对外贸易经营资格后,方可在国家允许的范围内从事对外贸易经营活动。国务院对外贸易主管部门也可以对部分进出口商品实施国营贸易管理,或者在一定期限内对部分进出口商品实施国营贸易管理。

对外贸易经营者,是指依法办理工商登记或者其他执业手续,依照《外贸法》和其他有关法律、行政法规、部门规章的规定从事对外贸易经营活动的法人、其他组织或者个人。从事货物进出口或者技术进出口的对外贸易经营者,应当向国务院对外贸易主管部门或者其委托的机构办理备案登记;但是,法律、行政法规和国务院对外贸易主管部门规定不需要备案登记的除外。对外贸易经营者未按照规定办理备案登记的,海关不予办理进出口货物的报关验放手续;对外贸易经营者可以接受他人的委托,在经营范围内代为办理对外贸易业务。

为对关系国计民生的重要进出口商品实行有效的宏观管理,国家可以对部分货物的进出口实行国营贸易管理。实行国营贸易管理货物的进出口业务只能由经授权的企业经营;但是,国家允许部分数量的国营贸易管理货物的进出口业务由非授权企业经营的除外。实行国营贸易管理的货物和经授权经营企业的目录,由国务院对外贸易主管部门会同国务院其他有关部门确定、调整并公布。国营贸易企业应当根据正常的商业条件从事经营活动,不得以非商业因素选择供应商,不得以非商业因素拒绝其他企业。对未经批准擅自进出口实行国营贸易管理的货物的,海关不予放行。

二、出入境检验检疫制度

出入境检验检疫制度是指由国家出入境检验检疫部门依据我国有关法律和行政法规以及我国政府所缔结或者参加的国际条约、协定,对出入境的货物、物品及其包装物、交通运输工具、运输设备和出入境人员实施检验检疫监督管理的法律依据和行政手段的总和。其国家主管部门是国家质量监督检验检疫总局。

出入境检验检疫制度是我国贸易管制制度重要的组成部分,其目的是为了维护国家声誉和对外贸易有关当事人的合法权益,保证国内生产、促进对外贸易健康发展,保护我国的公共安全和人民生命财产安全等,是国家主权的具体体现。

(一)出入境检验检疫职责范围

我国出入境检验检疫制度实行目录管理,即国家质量监督检验检疫总局根据对外贸易需要,公布并调整《出入境检验检疫机构实施检验检疫的进出境商品目录》(简称《法定检验商品目录》)。该目录所列的商品称为法定检验商品,即国家规定实施强制性检验的进出境商品。

对于法定检验以外的进出境商品是否需要检验,由对外贸易当事人决定。对外贸易合同约定或者进出口商品的收发货人申请检验检疫时,检验检疫机构可以接受委托,实施检验检疫并制发证书。此外,检验检疫机构对法定检验以外的进出口商品,可以以抽查的方式予以监督管理。

对关系国计民生、价值较高、技术复杂或涉及环境及卫生、疫情标准的重要进出口商品,收货人应当在对外贸易合同中约定,在出口国装运前进行预检验、监造或监装,以及保留货到后最终检验和索赔的条款。

(二)出入境检验检疫制度的组成

我国出入境检验检疫制度内容包括:进出口商品检验制度、进出境动植物检疫制度以及国境卫生监督制度。

1. 进出口商品检验制度

进出口商品检验制度是根据《中华人民共和国进出口商品检验法》及其实施条例的规定,国家质量监督检验检疫总局及其口岸出入境检验检疫机构对进出口商品所进行的品质、质量检验和监督管理的制度。我国实行进出口商品检验制度的目的是为了保证进出口商品的质量,维护对外贸易有关各方的合法权益,促进对外经济贸易关系的顺利发展。

商品检验机构实施进出口商品检验的内容,包括商品的质量、规格、数量、重量、包装以及是否符合安全、卫生的要求。我国商品检验的种类分为四种，即法定检验、合同检验、公证鉴定和委托检验。对法律、行政法规、部门规章规定有强制性标准或者其他必须执行的检验标准的进出口商品，依照法律、行政法规、部门规章规定的检验标准检验；法律、行政法规未规定有强制性标准或其他必须执行的检验标准的，依照对外贸易合同约定的检验标准检验。

2．进出境动植物检疫制度

进出境动植物检疫制度是根据《中华人民共和国进出境动植物检疫法》及其实施条例的规定，国家质量监督检验检疫总局及其口岸出入境检验检疫机构对进出境动植物、动植物产品的生产、加工、存放过程实行动植物检疫的进出境的监督管理制度。

我国实行进出境动植物检疫制度的目的是为了防止动物传染病、寄生虫病和植物危险性病、虫、杂草以及其他有害生物传入和传出国境，保护农、林、牧、渔业生产和人体健康，促进对外经济贸易的发展。

口岸出入境检验检疫机构实施动植物检疫监督管理的方式有实行注册登记、疫情调查、检测和防疫指导等。其管理主要包括进境检疫、出境检疫、过境检疫、进出境携带和邮寄物检疫以及出入境运输工具检疫等。

3．国境卫生监督制度

国境卫生监督制度是指出入境检验检疫机构根据《中华人民共和国国境卫生检疫法》及其实施细则，以及国家其他的卫生法律、法规和卫生标准，在进出口岸对出入境的交通工具、货物、运输容器以及口岸辖区的公共场所、环境、生活设施、生产设备所进行的卫生检查、鉴定、评价和采样检验的制度。

我国实行国境卫生监督制度是为了防止传染病由国外传入或者由国内传出，实施国境卫生检疫，保护人体健康。其监督职能主要包括进出境检疫、国境传染病检测、进出境卫生监督等。

三、进出口货物收付汇管理制度

对外贸易经营者在对外贸易经营活动中，应当依照国家有关规定结汇、用汇。这里提到的国家有关规定就是我国的外汇管理制度，即国家外汇管理局、中国人民银行及国务院其他有关部门，依据国务院《外汇管理条例》及其他有关规定，对包括经营项目外汇业务、资本项目外汇业务、金融机构外汇业务、人民币汇率的生成机制和外汇市场等领域实施的监督管理。进出口货物收付汇管理是我国实施外汇管理的主要手段，也是我国外汇管理制度的重要组成部分。

(一)出口货物收汇管理

我国对出口收汇管理采取的是外汇核销形式。国家为了防止出口单位将外汇截留境外，提高收汇率，国家外汇管理局先后颁布了《出口收汇核销管理办法》和《出口收汇核销管理办法实施细则》，规定了出口外汇核销单管理的方式，对出口货物实施直接收汇控制。"出口外汇核销单"是跟踪、监督出口单位出口后收汇核销和出口单位办理货物出口手续的重要凭证之一。该控制方式的具体内容是：国家外汇管理局制发出口外汇核销单，由货物的发货人或其代理人填写，外汇管理部门凭海关签注的出口外汇核销单和出口货物报关单出口收汇核销联收汇核销。

(二)进口货物付汇管理

进口货物付汇管理与出口货物收汇管理均采取外汇核销形式，国家为了防止汇出外汇而实际不进口商品的逃汇行为的发生，通过海关对进口货物的实际监管来监督进口付汇情况。其具体程序为：进口企业在进口付汇前需向付汇银行申请国家外汇管理局统一制发的"贸易进口付汇核销单"，凭以办理付汇；货物进口后，进口单位或其代理人凭海关出具的进口货物报关单付汇证明联向国家外汇管理局指定银行办理付汇核销。

四、对外贸易救济措施

我国2001年底正式成为WTO成员国。WTO允许成员方在进口产品倾销、补贴和过激增长等给其国内产业造成损害的情况下，可以使用反倾销、反补贴和保障措施手段，以保护国内产业不受损害。

反补贴、反倾销和保障措施都属于贸易救济措施。反补贴和反倾销措施针对的是价格歧视这种不公平贸易行为，保障措施针对的则是进口产品激增的情况。

为充分利用WTO规则、维护国内市场的国内外商品的自由贸易和公平竞争秩序，我国依据WTO《反倾销协议》、《补贴与反补贴措施协议》和《保障措施协议》以及我国《对外贸易法》的有关规定，制定颁布了《中华人民共和国反补贴条例》、《中华人民共和国反倾销条例》以及有关针对保障措施的有关规定。

(一)反倾销措施

我国依据WTO关于《反倾销协议》以及《中华人民共和国反倾销条例》实施反倾销措施。反倾销措施包括临时反倾销措施和最终反倾销措施。

1. 临时反倾销措施

临时反倾销措施是指，进口方主管机构经过调查，初步认定被指控产品存在倾销，并对国内同类产业造成损害，据此可以依据WTO所规定的程序进行调查。在全部调查结束之前，采取临时性的反倾销措施，以防止在调查期间国内产业继续受到损害。

临时反倾销措施有两种形式：一是征收临时反倾销税；二是要求提供现金保证

金、保函或者其他形式的担保。

征收临时反倾销税，由商务部提出建议，国务院关税税则委员会根据其建议作出决定，由商务部予以公告。要求提供现金保证金、保函或者其他形式的担保，由商务部作出决定并予以公告。海关自公告规定实施之日起执行。

临时反倾销措施实施的期限，自临时反倾销措施决定公告规定实施之日起，不超过4个月；在特殊情形下，可以延长至9个月。

2．最终反倾销措施

对终裁决定确定倾销成立并由此对国内产业造成损害的，可以在正常海关税费之外征收反倾销税。征收反倾销税，由商务部提出建议，国务院关税税则委员会根据其建议作出决定，由商务部予以公告。海关自公告规定实施之日起执行。

(二)反补贴措施

反补贴与反倾销的措施相同，也分为临时反补贴措施和最终反补贴措施。

1．临时反补贴措施

初裁决定确定补贴成立并由此对国内产业造成损害的，可以采取临时反补贴措施。临时反补贴措施采取以担保(现金保证金或保函)或征收临时反补贴税的形式。

采取临时反补贴措施，由商务部提出建议，国务院关税税则委员会根据其建议作出决定，由商务部予以公告。海关自公告规定实施之日起执行。

临时反补贴措施实施的期限，自临时反补贴措施决定公告规定实施之日起，不超过4个月。

2．最终反补贴措施

在为完成磋商的努力没有取得效果的情况下，终裁决定确定补贴成立并由此对国内产业造成损害的，征收反补贴税。

征收反补贴税，由商务部提出建议，国务院关税税则委员会根据其建议作出决定，由商务部予以公告。海关自公告规定实施之日起实施。

(三)保障措施

根据WTO《保障措施协议》的有关规定，保障措施分为临时保障措施和最终保障措施。

1．临时保障措施

临时保障措施是指在紧急情况下，如果延迟会造成难以弥补的损失，进口国与成员国之间可不经磋商而采取临时性保障措施。临时保障措施的实施期限不得超过200天，并且此期限计入保障措施总期限。

临时保障措施应采取增加关税形式。如果事后调查不能证实进口激增对国内有关产业已经造成损害或损害威胁，则增收的关税应立即退还。

2. 最终保障措施

最终保障措施可以采取提高关税、纯粹的数量限制和关税配额形式。但保障措施仅在防止或救济严重损害的必要限度内实施。

保障措施的实施期限一般不超过 4 年，如果仍需以保障措施防止损害或救济损害的产业，或有证据表明该产业正在进行调整，则可延长实施期限。但保障措施全部实施期限（包括临时保障措施期限）不得超过 8 年。

第四节 我国贸易管制的主要管理措施及报关规范

对外贸易管制作为一项综合制度，所涉及的管理规定繁多。了解我国贸易管制各项措施所涉及的具体规定，是报关行业从业者应当具备的专业知识。本节介绍我国主要贸易管制的具体管理措施和报关规范。

一、进出口许可证管理

（一）含义

进出口许可证管理是指由商务部或者会同国务院其他有关部门，依法制定并调整进出口许可证管理目录，以签发进出口许可证的形式对该目录商品实行的行政许可管理。

（二）主管部门及办理程序

进出口许可证管理属于国家限制进出口管理范畴，分为进口许可证管理和出口许可证管理。商务部是全国进出口许可证的归口管理部门，负责制定进出口许可证管理办法及规章制度，监督、检查进出口许可证管理办法的执行情况，处罚违规行为。商务部会同海关总署制定、调整和发布年度《进口许可证管理货物目录》及《出口许可证管理货物目录》。

商务部授权配额许可证事务局（以下简称许可证局）统一管理、指导全国各发证机构的进出口许可证签发工作，许可证局对商务部负责；许可证局及商务部驻各地特派员办事处和各省、自治区、直辖市、计划单列市以及商务部授权的其他省会城市商务厅（局）、外经贸委（厅、局）为进出口许可证的发证机构，在许可证局统一管理下，负责授权范围内签发"中华人民共和国进口许可证"或"中华人民共和国出口许可证"。

进出口许可证是国家管理货物进出口的凭证，不得买卖、转让、涂改、伪造和变造。凡属于进出口许可证管理的货物，除国家另有规定外，对外贸易经营者应当在进口或出口前按规定向指定的发证机构申领进出口许可证，海关凭进出口许可证接受申报和验放。

(三)适用范围及报关规范

1. 进口许可证

进口许可证是我国进出口许可证管理制度中具有法律效力,用来证明对外贸易经营者经营列入国家进口许可证管理目录商品合法进口的证明文件,是海关验放该类货物的重要依据。

(1) 适用范围:

①2007 年实行进口许可证管理的货物仅为消耗臭氧层物质 1 类,总计 10 个 8 位 H．S．编码。

②凡属于进口许可证管理的货物,除国家另有规定外,对外贸易经营者应当在进口前按规定向指定的发证机构申领进口许可证,海关凭进口许可证接受申报和验放。

(2) 报关规范:

①进口许可证的有效期为 1 年,当年有效。特殊情况需要跨年度使用时,有效期最长不得超过次年 3 月 31 日,逾期自行失效,海关不予放行。

②进口许可证不得擅自更改证面内容。如需更改,经营者应当在许可证有效期内提出更改申请,并将许可证交回原发证机构,由原发证机构重新换发许可证。

③进口许可证管理实行"一证一关"("一证一关"指进口许可证只能在一个海关报关)管理。一般情况下,进口许可证为"一批一证"("一批一证"指进口许可证在有效期内一次报关使用)。如要实行"非一批一证"("非一批一证"指进口许可证在有效期内可多次报关使用),应当同时在进口许可证备注栏内打印"非一批一证"字样,但最多不超过 12 次,由海关在许可证背面"海关验放签注栏"内逐批签注核减进口数量。

④对进口实行许可证管理的大宗、散装货物,溢装数量按照国际贸易惯例办理,即报关进口的大宗、散装货物的溢装数量不得超过进口许可证所列进口数量的 5%。对不实行"一批一证"制的大宗、散装货物,在每批货物进口时,按其实际进口数量进行核扣,最后一批进口货物进口时,其溢装数量按该许可证实际剩余数量并在规定的溢装上限 5% 内计算。

2. 出口许可证

出口许可证是我国进出口许可证管理制度中具有法律效力,用来证明对外贸易经营者经营业员列入国家出口许可证管理目录商品合法出口的证明文件,是海关验放该类货物的重要依据。

(1) 适用范围:2007 年实行出口许可证管理的 41 种货物(379 个 8 位 H．S．编码),分别实行出口配额许可证、出口配额招标和出口许可证管理。其中,凡实行出口配额许可证管理和出口许可证管理的货物,除国家另有规定外,以对外贸易经营者应当在出口前按规定向指定的发证机构申领出口许可证,海关凭出口许可证接受申报和验放。

(2) 报关规范：

①出口许可证的有效期不得超过 6 个月。出口许可证需要跨年度使用时，出口许可证有效期的截止日期不得超过次年 2 月底。出口许可证应当在有效期内使用，逾期自行失效，海关不予放行。

②出口许可证不得擅自更改证面内容。如需更改，经营者应当在许可证有效期内提出更改申请，并将许可证交回原发证机构，由原发证机构重新换发许可证。

③出口许可证管理实行"一证一关"制、"一批一证"制和"非一批一证"制。实行"非一批一证"制的，签发出口许可证时应在备注栏内注明"非一批一证"，但最多不超过 12 次，由海关在许可证背面"海关验放签注栏"内逐批签注核减进口数量。实行"非一批一证"制的货物包括：外商投资企业出口许可证特定管理的货物；补偿贸易项下出口许可证管理货物。

④报关出口的大宗、散装货物的溢装数量不得超过出口许可证所列出口数量的 5%。对不实行"一批一证"制的大宗、散装货物，每批货物出口时，按其实出口数量进行核扣，最后一批出口货物出口时，其溢装数量按该许可证实际剩余数量并在规定的溢装上限 5% 内计算。

二、自动进口许可证管理

商务部根据监测货物进口情况的需要，对部分自由进口货物实行自动许可管理。商务部授权配额许可证事务局，商务部驻各地特派员办事处，各省、自治区、直辖市、计划单列市商务（外经贸）主管部门以及地方机电产品进出口机构负责自动进口许可货物管理和自动进口许可证的签发工作。目前涉及的管理目录是商务部公布的《自动许可管理货物目录》，对应的许可证件为"中华人民共和国自动进口许可证"（以下简称自动进口许可证）。

自动进口许可证是我国自动进口制度中具有法律效力，用来证明对外贸易经营者经营某些商品合法进口的证明文件，是海关验放该类货物的重要依据。

(一) 适用范围

1. 自动进口许可证管理的商品范围

2007 年实行自动进口许可是按一般商品、机电产品（包括旧机电产品）、重要工业品三个目录的形式分别进行管理的，目录一包括肉鸡、植物油、烟草、铜精矿、煤、对苯二甲酸、塑料原料、天然橡胶、废纸、二醋酸纤维丝束、废钢、铜、铝 13 种 153 个 10 位商品编码；目录二为机电产品，同样分为三个目录，目录（一）包括商务部发证的共 173 个 10 位编码商品、目录（二）包括地方或部门机电办发证的共 639 个 10 位编码商品、目录（三）包括商务部发证的旧机电产品共 10 个 10 位编码商品；目录三包括铁矿砂、铝土矿、天然气、原油、成品油、氧化铝、化肥、钢坯、钢材9种271个10位商品编码。

2. 自动进口许可证管理的贸易类别范围

进口列入《自动进口许可管理货物目录》的商品，在办理报关手续时须向海关提交自动进口许可证，但下列情形免交：

(1) 加工贸易项下进口并复出口的(原油、成品油除外)；

(2) 外商投资企业作为投资进口或者投资额内生产自用的(旧机电产品除外)；

(3) 货样广告品、实验品进口，每批次价值不超过5 000元人民币的；

(4) 暂时进口的海关监管货物；

(5) 进入中华人民共和国保税区、出口加工区等海关特殊监管区域及进入保税仓库、保税物流中心的属自动进口许可管理的货物；

(6) 国家法律法规规定其他免领自动进口许可证的。

(二) 报关规范

(1) 自动进口许可证有效期为6个月，但仅限公历年度内有效。

(2) 自动进口许可证项下货物原则上实行"一批一证"管理，对部分货物也可实行"非一批一证"管理。对实行"非一批一证"管理的，在有效期内可以分批次累计报关使用，但累计使用不得超过6次；海关在自动进口许可证原件"海关验放签注栏"内批注后，海关留存复印件，最后一次使用后，海关留存正本。同一进口合同项下，收货人可以申请并领取多份自动进口许可证。

(3) 海关对散装货物溢短装数量在货物总量正负5%以内的予以免证验放；对原油、成品油、化肥、钢材四种大宗货物的散装货物溢短装数量在货物总量正负3%以内予以免证验收。对"非一批一证"进口实行自动进口许可管理的大宗散装商品，每批货物进口时，按其实际进口数量核扣自动进口许可证额度数量；最后一批货物进口时，其溢装数量按该自动进口许可证实际剩余数量并在规定的允许溢装上限内计算。

三、纺织品出口自动许可管理

商务部是纺织品出口自动许可的管理机关，会同海关总署负责制定、调整《纺织品出口自动许可目录》，对列入目录的纺织品通过纺织品出口自动许可证实施纺织品出口许可管理。商务部授权配额许可证事务局统一管理、指导全国发证机构的纺织品出口自动许可证发证工作，并对商务部负责。

(一) 适用范围

(1) 列入商务部、海关总署颁布的《纺织品出口自动许可目录》的纺织品，目录涉及《进出口税则》第六十一章、第六十二章纺织制品10位商品编号共210项纺织品。

(2) 出口至美国、欧盟(25个成员国)以及中国香港特别行政区的。

(3) 纺织品出口自动许可管理适用所有贸易方式下对全球或者重点国家、地区。具体海关监管方式为一般贸易、易货贸易、来料加工、补偿贸易、进料加工、保税工厂、边境小额贸易和其他贸易。

(二) 报关规范

(1) 纺织品出口自动许可证在公历年度内有效，有效期为3个月，逾期作废。

(2) 纺织品出口自动许可证实行"一批一证"和"一证一关"管理。

(3) 纺织品出口自动许可证不得买卖、转让、涂改、伪造和变卖。

(4) 向海关交验的纺织品出口自动许可证应加盖已向海关备案的出口自动许可专用章。

四、进口废物管理

这里所称的废物系指《中华人民共和国固体废物污染环境防治法》管理范围内的废物，即在生产建设、日常生活和其他活动中产生的污染环境的固态、半固态废弃物质，包括工业固体废物(指在工业、交通等生产活动中产生的固体废物)、城市生活垃圾(指在城市日常生活中或者为城市日常生活提供服务产生的固体废物)、危险废物(指列入国家危险废物名录或者根据国家规定的危险废物鉴别标准和鉴别方法认定的具有危险特性的废物)以及液态废物和置于容器中的气态废物。

(一) 含义

进口废物管理是国务院环境保护行政主管部门根据《中华人民共和国固体废物污染环境防治法》和《废物进口环境保护管理暂行规定》等法律法规，对进口废物所实施的禁止、限制以及自动许可措施的总和。

(二) 主管部门及办理程序

为了防止固体废物污染环境、保障人体健康、促进社会主义现代化建设的发展，国家禁止进口不能用作原料的固体废物，对进口可以用作原料的固体废物实行限制管理。国家环境保护总局是进口废物的国家主管部门，会同国务院对外贸易主管部门制定、调整并公布《限制进口类可用作原料的废物目录》及《自动进口许可管理类可用作原料的废物目录》，对未列入上述两目录的固体废物禁止进口。

进口可用作原料的废物的办理程序：废物进口单位或者利用单位直接向国家环境保护总局提出废物进口申请，由国家环境保护总局审查批准，取得国家环境保护总局签发的"进口废物批准证书"后才可组织进口。进口废物运抵口岸后，口岸检验检疫机构凭国家环境保护总局签发的进口废物批准证书及其他必要单证受理报验，经审核未发现不符合环境保护要求的，向报验人出具入境货物通关单，海关凭有效进口废物批准证书及入境货物通关单办理通关手续。对不符合环境保护要求的，向报验人出具检验证书并及时以检验证书副本通知口岸海关和当地环保部门,海关会同地方环保部门对废物依法处理。

(三) 报关规范

进口废物批准证书是我国进出口许可管理制度中具有法律效力,用来证明对外贸易经营者经营列入《限制进口类可用作原料的废物目录》及《自动进口许可管理类可用作原料的废物目录》的废物合法进口的证明文件,是海关验放货物的重要依据。不论以何种方式进口列入上述管理范围的废物,均须事先申领进口废物批准证书。

(1) 列入国家《限制进口类可用作原料的废物目录》的废物,报关单位应主动向海关提交有效的、经国家环境保护总局签发并盖有"国家环境保护总局废物进口审批专用章"的"进口废物批准证书(第一联)"及口岸检疫机构出具的入境货物通关单及其他有关单据。

(2) 列入国家《自动进口许可管理类可用作原料的废物目录》的废物,报关单位应主动向海关提交有效的、经国家环境保护总局签发并盖有"国家环境保护总局废物进口审批专用章"的标注"自动进口许可"字样的"进口废物批准证书(第一联)"及口岸检验检疫机构出具的入境货物通关单及其他有关单据。

(3) 对未列入《限制进口类可用作原料的废物目录》及《自动进口许可管理类可用作原料的废物目录》或虽列入上述目录但未取得有效进口废物批准证书的废物一律不得进口和存入保税仓库。

(4) 进口废物批准证书实行"非一批一证"管理。

(5) 进口的废物不能转关(废纸除外),只能在口岸海关办理申报进境手续。

五、濒危物种进出口管理

野生动物是人类的宝贵自然财富。挽救珍稀濒危动植物种,保护、发展和合理利用野生动植物资源,对维护自然生态平衡,开展科学研究,发展经济、文化、教育、医药、卫生等事业有着极其重要的意义。为此,我国颁布了如《中华人民共和国森林法》、《中华人民共和国野生动物保护法》以及《中华人民共和国野生植物保护条例》等相关法律法规并颁布了我国物种保护目录。同时,我国也是《濒危野生动植物种国际贸易公约》的成员国。因此,我国进出口管理的濒危物种包括《濒危野生动植物种国际贸易公约》成员国(地区)应履行保护义务的物种以及为保护我国珍稀物种而自主保护的物种。我国依法对上述物种实施管理。

凡进出口列入《进出口野生动植物种商品目录》的野生动植物或其产品,必须严格按照有关法律、行政法规的程序进行申报和审批,并在进出口报关前取得国家濒管办或其授权的办事处签发的公约证明或非公约证明后,向海关办理进出口手续。

适用范围及报关规范

1. 非公约证明

非公约证明是我国进出口许可管理制度中具有法律效力,用来证明对外贸易经营者经营列入《进出口野生动植物种商品目录》中属于我国自主规定管理的野生动植物及其产品合法进出口的证明文件,是海关验放该类货物的重要依据。

(1) 适用范围:

①用于列入《进出口野生动植物种商品目录》中属于我国自主规定管理的野生动植物及其产品的进出口通关。

②不论以何种方式进出口列入上述管理范围的野生动植物及其产品,均须事先申领非公约证明。

(2) 报关规范:

①向海关申报进出口列入《进出口野生动植物种商品目录》中属于我国自主规定管理的野生动植物及其产品,报关单位应主动向海关提交有效的非公约证明及其他有关单据。

②非公约证明实行"一批一证"制度。

2. 公约证明

公约证明是我国进出口许可管理制度中具有法律效力,用来证明对外贸易经营者经营列入《进出口野生动植物种商品目录》中属于《濒危野生动植物种国际贸易公约》成员国(地区)应履行保护义务的物种合法进出口的证明文件,是海关验放该类货物的重要依据。

(1) 适用范围:

①用于列入《进出口野生动植物种商品目录》中属于《濒危野生动植物种国际贸易公约》成员国(地区)应履行保护义务的物种的进出口通关。

②不论以何种方式进出口列入上述管理范围的野生动植物及其产品,均须事先申领公约证明。

(2) 报关规范:

①向海关申报进出口列入《进出口野生动植物种商品目录》中属于《濒危野生动植物种国际贸易公约》成员国(地区)应履行保护义务的物种,报关单位应主动向海关提交有效的公约证明及其他有关单据。

②公约证明实行"一批一证"制度。

3. 非物种证明

由于受濒危管理的动植物种很多,认定工作的专业性很强,为使濒危物种进出口监管工作做到既准确又严密,海关总署和濒危物种进出口管理办公室共同商定,对海关无法认定的,由濒危物种进出口管理办公室指定机构进行认定并出具非物种证明,报关单位凭此办理报关手续。

(1) 适用范围：适用于未列入《进出口野生动植物种商品目录》的动植物物种的进出口以及列入该目录的非《濒危野生动植物种国际贸易公约》附录植物物种的进口。

(2) 报关规范：

①非物种证明按时效分为"当年使用"和"一次性使用"。

②"当年使用"的证明，用于未列入该目录的动植物物种的进出口以及列入该目录的非公约附录植物物种的进口。在不涉及目录调整时，证面注明的使用单位在本关区、本年度内（截至当年12月31日）进出口相同物种时有效。进出口企业使用"当年使用"的证明报关时，应向海关出具证明正本及复印件。海关接受报关后，将复印件连同报关单据一并存档，正本交还进出口企业报关使用，直至证明失效。

③"一次性使用"的证明，用于列入上述目录的非公约附录人工培植植物物种的出口。出口企业持"一次性使用"的证明正本向海关报关。

六、进出口药品管理

(一) 含义

进出口药品管理是指为加强对药品的监督管理，保证药品质量，保障人体用药安全，维护人民身体健康和用药合法权益，国家食品药品监督管理局依照《中华人民共和国药品管理法》、有关国际公约以及国家其他法规，对进出口药品实施监督管理的行政行为。

(二) 主管部门及管理形式

我国对进出口药品管理是我国进出口许可管理制度的重要组成部分，属于国家限制进出口管理范畴，实行分类和目录管理。进出口药品从管理角度可将其分为进出口麻醉药、进出口精神药品以及进口一般药品。国家食品药品监督管理会同国务院对外贸易主管部门对上述药品依法制定并调整管理目录，以签发许可证的形式对其进出口加以管制。

目前我国公布的药品进出口管理目录有：2004年1月1日起执行的新《进口药品目录》和《生物制品目录》、《精神药品管制品种目录》、《麻醉药品管制品种目录》，并且规定对列入《进口药品目录》中的药品的进口以及列入《精神药品管制品种目录》、《麻醉药品管制品种目录》中的药品的进出口，必须经由北京市、天津市、上海市、大连市、青岛市、成都市、武汉市、重庆市、厦门市、南京市、杭州市、宁波市、福州市、广州市、深圳市、珠海市、海口市、西安市等18个城市的指定口岸通关，对列入《生物制品目录》以及首次在中国境内销售的药品必须经由北京市、上海市和广州市3个口岸城市的指定口岸进口。

(三)适用范围及报关规范

1. 精神药品进出口准许证

精神药品进出口准许证是我国进出口精神药品管理批件,国家食品药品监督管理局依据《中华人民共和国药品管理法》和国务院《精神药品管理办法》以及有关国际条约,对进出口直接作用于中枢神经系统,使之兴奋或抑制,连续使用能产生依赖性的药品,制定和调整《精神药品管制品种目录》并以签发"精神药品进口准许证"及"精神药品出口准许证"的形式对该目录商品实行进出口限制管理。

精神药品进出口准许证是我国进出口许可管理制度中具有法律效力,用来证明对外贸易经营者经营列入《精神药品管制品种目录》管理药品合法进出口的证明文件,是海关验放该类货物的重要依据。

《精神药品管制品种目录》所列药品进出口时,货物所有人或其合法代理人在办理进出口报关手续前,均须取得国家食品药品监督管理局核发的精神药品进出口准许证向海关办理报关手续。海关凭上述单证办理验放手续。

(1) 适用范围:

①进出口列入《精神药品管制品种目录》的药品,包含精神药品标准品及对照品,涉及包括咖啡因、去氧麻黄碱及盐等在内的23个8位税号的49种药品。

②任何单位以任何贸易方式进出口列入《精神药品管制品种目录》的药品,不论用于何种用途,均须事先申领精神药品进、出口准许证。

(2) 报关规范:

①向海关申报进出口列入《精神药品管制品种目录》中的药品,报关单位应主动向海关提交有效的精神药品进出口准许证及其他有关单据。

②精神药品的进出口准许证实行"一批一证"制度,证面内容不得自行更改,如需更改,应到国家食品药品监督管理办理换证手续。

2. 麻醉药品进出口准许证

麻醉药品进出口准许证是我国进出口麻醉药品管理批件。国家药品监督管理部门依据《中华人民共和国药品管理法》和国务院《麻醉药品管理办法》以及有关国际条约,对进出口连续使用后易使身体产生依赖性、能成瘾癖的药品,制定和调整《麻醉药品管制品种目录》并以签发"麻醉药品进口准许证"或"麻醉药品出口准许证"的形式对该目录商品实行进出口限制管理。

麻醉药品进出口准许证是我国进出口许可管理制度中具有法律效力,用来证明对外贸易经营者经营列入《麻醉药品管制品种目录》管理药品合法进出口的证明文件,是海关验放该类货物的重要依据。

《麻醉药品管制品种目录》所列药品进出口时,货物所有人或其合法代理人在办理进出口报关手续前,均须取得国家食品药品监督管理局核发的麻醉药品进出口准许证向海关办理报关手续。海关凭上述单证办理验放手续。

(1)适用范围:

①进出口列入《麻醉药品管制品种目录》的麻醉药品,包括鸦片类、可卡因类、大麻类、合成麻醉药类及其他易成瘾癖的药品、药用原植物及其制剂等,涉及14个8位税号的23种药品。

②任何单位以任何贸易方式进出口列入《麻醉药品管制品种目录》的药品,不论用于何种用途,均须事先申领麻醉药品进出口准许证。

(2)报关规范:

①向海关申报进出口列入《麻醉药品管制品种目录》中的药品,报关单位应主动向海关提交有效的麻醉药品进出口准许证及其他有关单据。

②麻醉药品的进出口准许证实行"一批一证"制度,证面内容不得自行更改,如需更改,应到国家食品药品监督管理局办理换证手续。

3．进口药品通关单

进口药品通关单是国家针对一般药品,即除上述特殊用途药品外的其他药品的进口管理批件。

国家对一般药品的管理实行目录管理。国家食品药品监督管理局依据《中华人民共和国药品管理法》、《中华人民共和国药品管理法实施条例》制定和调整《进口药品目录》;国家食品药品监督管理局授权的口岸药品检验所以签发进口药品通关单位的形式对该目录商品实行进口限制管理。

进口药品通关单是我国进出口许可管理制度中具有法律效力,用来证明对外贸易经营者经营列入《进口药品目录》的药品合法进口的证明文件,是海关验放该类货物的重要依据。

(1) 适用范围:

①进口列入《进口药品目录》的药品,包括:用于预防、治疗、诊断人的疾病,有目的地调节人的生理机能并规定有适应症、用法和用量的物质,包括中药材、中药饮品、中成药、化学原料药及其制剂、抗生素、生化药品、血清疫苗、血液制品和诊断等药品。

②进口列入《生物制品目录》的药品,包括:疫苗类、血液制品类及血源筛查用诊断试剂等。

③首次在中国境内销售的药品。

④对进口暂未列入《进口药品目录》的原料药的单位,必须遵守《进口药品管理办法》中的各项有关规定,主动到各口岸药品检验所报验。

(2)报关规范：

①向海关申报进口列入《进口药品目录》中的药品，报关单位应主动向海关提交有效的进口药品通关单及其他有关单据。

②进口药品通关单仅限在该单注明的口岸海关使用，并实行"一批一证"制度，证面内容不得更改。

③任何单位以任何贸易方式进口列入《进口药品目录》的药品，不论用于何种用途，均须事先申领进口药品通关单。一般药品出口目前暂无特殊的管理要求。

七、黄金制品进出口管理

(一)含义

进出口黄金管理是指中国人民银行、商务部依据《中华人民共和国金银管理条例》等有关规定，对进出口黄金及其制品实施监督管理的行政行为。

(二)主管部门及管理方式

黄金及制品进出口管理属于我国进出口许可管理制度中限制进出口管理范畴，中国人民银行总行为黄金及制品进出口的管理机关，具体规定为：

(1)出口黄金及其制品，出口企业应事先向中国人民银行申领"黄金产品出口准许证"。

(2)进口黄金及其制品，进口企业应事先向中国人民银行申领批件，即"中国人民银行授权书"。

(三)适用范围及报关规范

1. 黄金产品出口准许证

黄金产品出口准许证是我国进出口许可管理制度中具有法律效力，用来证明对外贸易经营者经营黄金及其制品合法出口的证明文件，是海关验放该类货物的重要依据。

(1)适用范围：实施出口管理的黄金，包括黄金条、块、锭、粉、黄金铸币、黄金制品、黄金基合金制品，含黄金化工产品，含黄金废渣、废液、废料，包金制品，镶金制品等。

(2)报送规范：向海关申报出口上述范围的黄金及其制品，报送单位应主动向海关提交有效的黄金产品出口准许证。

2. 中国人民银行授权书

中国人民银行授权书是我国进出口许可管理制度中具有法律效力，用来证明对外贸易经营者经营黄金及其制品合法进口的证明文件，是海关验放该类货物的重要依据。

(1) 适用范围：实施进口管理的黄金，包括黄金条、块、锭、粉，黄金铸币，黄金制品，黄金基合金制品，含黄金化工产品，含黄金废液、废料，包金制品，镶嵌金制品等。

(2) 报关规范：

①向海关申报进口上述范围的黄金及其制品，报关单位应主动向海关提交有效的中国人民银行授权书。

②中国人民银行授权书当年有效，跨年度作废。

八、两用物项和技术进出口管制

两用物项和技术是指《中华人民共和国核出口管制条例》、《中华人民共和国核两用品及相关技术出口管制条例》、《中华人民共和国导弹及相关物项和技术出口管制条例》、《中华人民共和国生物两用品及相关设备和技术出口管制条例》、《中华人民共和国监控化学品管理条例》、《中华人民共和国易制毒化学品管理条例》和《有关化学品及相关设备和技术出口管制办法》所规定的相关物项及技术。

2006年1月1日，商务部、海关总署联合颁布的《两用物项和技术进出口许可证管理办法》(商务部、海关总署2005年第29号令，以下简称《管理办法》)正式实施，这是我国在社会经济全面发展、综合国力逐步增强的形势下，进一步规范两用物项和技术进出口管理的一部重要规章。《管理办法》同时废止了《敏感物项和技术出口许可证暂行管理办法》(商务部、海关总署2003年第9号令)等相关敏感物项和技术出口管理规定。

商务部是全国两用物项和技术进出口许可证的归口管理部门，负责制定两用物项和技术进出口许可证管理办法及规章制度，监督、检查两用物项和技术进出口许可证管理办法的执行情况，参与处罚违规行为。商务部委托商务部配额许可证事务局统一管理、指导全国各发证机构的两用物项和技术进出口许可证发证工作，许可证局对商务部负责。商务部会同海关总署制定、调整《两用物项和技术进出口许可证管理目录》(以下简称《管理目录》)，并以公告形式发布。

(一) 两用物项和技术进出口许可证的适用范围

1．以任何方式进口或出口，以及过境、转运、通运《管理目录》中的两用物项和技术；

2．通过对外交流、交换、合作、赠送、援助、服务等形式出口两用物项和技术；

3．出口经营者知道或者应当知道，或者得到国务院相关行政主管部门通知，其拟出口的物项和技术存在被用于大规模杀伤性武器及其运载工具风险，无论该物项和技术是否列入《管理目录》；

4．在境外与保税区、出口加工区等海关特殊监管区域、保税场所之间进出的两用物项和技术；

5．实施临时进出口管制的两用物项和技术；

6．赴境外参加或举办展览会运出境外的两用物项和技术展品(对于非卖展品，应在出口许可证备注栏内注明"非卖展品"字样并于参展结束后六个月内如数运回境内，特殊情况可向海关申请延期，但延期最长不得超过六个月)；

7．运出境外的两用物项和技术的货样或实验用样品。

(二) 报关规范

1．进出口经营者应当主动向海关出具两用物项和技术进出口许可证，海关凭两用物项和技术进出口许可证接受申报并办理验放手续。对进出口经营者未能出具两用物项和技术进出口许可证或者商务部相关证明的，海关不予办理有关手续。

2．海关有权对进出口经营者进口或者出口的商品是否属于两用物项和技术提出质疑，进出口经营者应按规定向相关行政主管部门申请进口或者出口许可，或者向商务主管部门申请办理不属于管制范围的相关证明。进出口经营者未向海关出具两用物项和技术进出口许可证而产生的相关法律责任由进出口经营者自行承担。

3．两用物项和技术进出口许可证必须在有效期内使用，逾期自动失效。两用物项和技术进出口许可证跨年度使用时，在有效期内只能使用到次年3月底，逾期发证机构将根据商务部两用物项和技术进出口批复单提示的许可证有效期换发相应两用物项和技术进出口许可证。

4．两用物项和技术进出口许可证实行"非一批一证"制和"一证一关"制，同时在许可证备注栏内打印"非一批一证"字样。可在有效期内多次报关使用，但最多不超过12次。两用物项和技术出口许可证实行"一批一证"制和"一证一关"制。每证只能报关使用一次且只能在一个海关报关使用。

5．"一批一证"制的大宗、散装两用物项的出口，溢装数量不超过许可证数量5%的，予以免证验收；"非一批一证"制的大宗、散装两用物项的进口，在最后一批报关时，以许可证实际剩余数量为基数计算，溢装数量在5%内的予以免证验放。

6．两用物项和技术进出口许可证一经签发，任何单位和个人不得更改证面内容。如需对证面内容进行更改，进出口经营者应当在许可证有效期内向相关行政主管部门重新申请进出口许可，并凭原许可证和新的批准文件重新向发证机构申领两用物项和技术进出口许可证。

九、出入境检验检疫管理

(一) 办理程序

对列入《出入境检验检疫机实施检验检疫的进出境商品目录》(以下简称《法检目录》)以及其他法律法规规定要检验检疫的货物进出口时，货物所有人或其合法代理人在办理进出口通关手续前，必须向口岸检验检疫机构报检。海关凭口岸出入境检验检疫机构签发的"中华人民共和国检验检疫入境货物通关单"（以下简称"入境货物通关单"）或"中华人民共和国检验检疫出境货物通关单"（以下简称"出境货物通关单"）验放。

（二）管理证件适用范围及报关规范

1．入境货物通关单

入境货物通关单是我国出入境检验检疫管理制度中，对列入《法检目录》中属进境管理的商品在办理进口报关手续前，依照有关规定口岸检验检疫机构接受报检后签发的单据，同时也是进口报关的专用单据，是海关验放该类货物的重要依据之一。

（1）适用范围。入境货物通关单适用下列情况：

①列入《法检目录》属于入境管理的商品；

②美国、日本、韩国、欧盟输入的货物；

③外商投资财产价值鉴定（受国家委托，为防止外商瞒骗对华投资额而对其以实物投资形式进口的投资设备的价值进行的鉴定）；

④进口可再利用的废物原料；

⑤旧机电产品进口备案；

⑥入境货物运输设备；

⑦其他未列入《法检目录》的，但国家有关法律、行政法规明确由出入境检验检疫机构负责检验检疫的货物。

（2）报关规范：

①向海关申报进口上述范围的商品时，报关单位应主动向海关提交有效的入境货物通关单及其他有关单据。

②入境货物通关单实行"一批一证"制度，证面内容不得更改。

2．出境货物通关单

出境货物通关单是我国出入境检验检疫管理制度中，对列入《法检目录》中属出境管理的商品在办理出口报关手续前，依照有关规定口岸检验检疫机构接受报检后签发的单据，同时也是出口报关的专用单据，是海关验放该类货物的重要依据之一。

（1）适用范围。出境货物通关单适用管理的货物：

①列入《法检目录》属于出境管理的货物；

②其他未列入《法验目录》的，但国家有关法律、行政法规明确由出入境检验检疫机构负责检验检疫的货物。

（2）报关规范：

①向海关申报出口上述范围的商品时，报关单位应主动向海关提交有效的出境货物通关单及其他有关单据。

②出境货物通关单实行"一批一证"的制度，证面内容不得更改。

十、其他货物进出口管理

(一) 音像制品进口管理

1．概述

为了加强对音像制品进口的管理、促进国际文化交流、丰富人民群众的文化生活，我国颁布了《音像制品管理条例》、《音像制品进口管理办法》及其他有关规定，对音像制品实行进口许可证管制。文化部负责全国音像制品进口的监督管理工作，制定音像制品进口规划，审查进口音像制品内容，确定音像制品成品进口经营单位的总量、布局和结构；县级以上地方人民政府文化行政部门依照本办法负责本行政区域内的进口音像制品的监督管理工作；各级海关在其职责范围内负责音像制品进口的监督管理工作。

音像制品成品进口业务由文化部指定的音像制品经营单位经营；未经文化部指定，任何单位或者个人不得从事音像制品成品进口业务。图书馆、音像资料馆、科研机构、学校等单位进口供研究、教学参考的音像制品成品，应当委托文化部指定的音像制品成品进口经营单位报文化部办理有关进口审批手续。

2．中华人民共和国文化部进口音像制品批准单

中华人民共和国文化部进口音像制品批准单是我国进出口许可管理制度中具有法律效力，用来证明对外贸易经营者经营音像制品合法进口的证明文件，是海关验放该类货物的重要依据。

(二) 化学品首次进境及有毒化学品管理

1．概述

"化学品"是指人工制造的或者是从自然取得的化学物质，包括化学物质本身、化学混合物或者化学配制物中的一部分，以及作为工业化学品和农药使用的物质。

"有毒化学品"是指进入环境后，通过环境蓄积、生物累积、生物转化或化学反应等方式损害健康和环境，或者通过接触对人体具有严重危害和具有潜在危险的化学品。

"化学品首次进口"是指外商或其代理人向中国出口其未曾在中国登记过的化学品，即使同种化学品已有其他外商或其代理人在中国进行了登记，仍被视为化学品首次进口。

为了保护人体健康和生态环境，加强化学品首次进口和有毒化学品进口的环境管理，国家环境保护总局会同海关总署和原外经贸部，根据《关于化学品国际贸易资料交流的伦敦准则》，联合制定了《化学品首次进口及有毒化学品和进出口环境管理规定》，

同时发布了《中国禁止或严格限制的有毒化学品名录》，对首次进口化学品和进出口有毒化学品进行监督管理。

国家环境保护总局在审批化学品首次进口环境管理登记申请时，对符合规定的、准予化学品环境管理登记并发给准许进口的化学品进口环境管理登记证；国家环境保护总局在审批有毒化学品进出口申请时，对符合规定的发给准许进出口有毒化学品进出口环境管理放行通知单。

2．有毒化学品进出口环境管理放行通知单

有毒化学品进出口环境管理放行通知单是我国进出口许可管理制度中具有法律效力，用来证明对外贸易经营者经营列入《中国禁止或严格限制的有毒化学品名录》的化学品合法出口的证明文件，是海关验放该类货物的重要依据。

3．化学品进口环境管理登记证

化学品进口环境管理登记证是用来证明对外贸易经营者经营属首次进口的化学品（不包括食品添加剂、医药、兽药、化妆品、放射性物质）已接受国家登记管理的证明文件，是海关验放该类货物的依据。

（三）进出口农药登记证明管理

1．概述

进出口农药登记证明是国家农业主管部门依据《中华人民共和国农药管理条例》，对进出口用于预防、消灭或者控制危害农业、林业的病、虫、草和其他有害生物以及有目的地调节植物、昆虫生长的化学合成或者来源于生物、其他天然物质的一种物质或者几种物质的混合物及其制剂实施管理的进出口许可证件。其国家主管部门是农业部。

我国对进出口农药实行目录管理，由农业部会同国务院对贸易主管部门依据《中华人民共和国农药管理条件》和《在国际贸易中对某些危险化学品和农药实行事先知情同意程序国际公约》(PIC)，分别制定《中华人民共和国进出口农药登记证明管理名录》(以下简称《农药名录一》)和《中华人民共和国进出口列入事先知情同意程序(PIC)农药登记证明管理名录》(以下简称《农药名录二》)。进出口列入上述两目录的农药，应事先向农业部农药检定所申领进出口农药登记证明，凭此向海关办理进出口报关手续。

对一些既可用作农药，也可用作工业原料的商品，如果企业以工业原料用途进出口，则企业不需办理进出口农药登记证明。对此类商品，进出口通关时海关不再验核进出口农药登记证明，改凭农业部向进出口企业出具的加盖"中华人民共和国农业部农药审批专用章"的"非农药登记管理证明"验放。

2．进出口农药登记证明

进出口农药登记证明是我国进出口许可管理制度中具有法律效力，用来证明对外贸易经营者经营《农药名录一》和《农药名录二》所列农药合法进出口的证明文件,是海关验放该类货物的重要依据。

进出口农药登记证明实行"一批一证"制,证面内容不得更改,如需更改,须由农业部农药检定所换发新证。

(四) 兽药进口管理

1. 概述

兽药进口管理是指国家农业部依据《进口兽药管理办法》,对进口兽药实施的监督管理。受管理的兽药是指用于预防、治疗、诊断畜禽等动物疾病,有目的地调节其生理功能并规定作用、用途、用法、用量的物质。

2. 有关规定

(1) 申报进口兽药、人畜共用的兽药,报关单位凭农业部指定的口岸兽药监察所在进口货物报关单上加盖的"已接受报验"的印章办理有关验放手续。

(2) 对进口兽药、因企业申报不实或伪报用途所产生的后果,企业应承担相应的法律责任。

(五) 进出境现钞管理

1. 概述

进出口境现钞管理是指国家主管部门对进出境在流通中使用的人民币和外币(包括各种面额的纸币和硬币)实施的管理。其中属于银行经营外汇业务收付外币现钞(可自由兑换货币纸币及硬币)需调出境外或从境外调入的外币现钞由国家外汇管理局管理,需调运进出境人民币现钞由中国人民银行管理。

2. 有关规定

(1) 对银行办理外币现钞进出口业务时,报关单位凭银行填制的、由外汇管理局核发的"银行调运外币现钞进出境许可证"向海关办理通关手续;对人民币现钞进出境的,报关单位凭中国人民银行货币金银局的批件向海关办理通关手续。

(2) 外币现钞进出境仅限在北京、上海、福州、广州、深圳口岸报关。

本章小节

我国的对外贸易管制法律体系是以《中华人民共和国对外贸易法》为核心,以进出口许可管制制度和其他各项外贸管制制度为配套的法律体系,是我国实施对外贸易管制的法律依据。同时,我国的外贸政策的实施还依靠政府行政管理手段,特别是海关机构在进出境环节对货物、技术实施监督管理来实现对外贸易管制的主要目标。

案例分析

国家专控产品贸易问题源于1947年《关税与贸易总协定》(GATT)第十七条的规定。

由于国家专控产品贸易对GATT/WTO基本宗旨的冲击有以下方面,因此第十七条的设立在于规范国家专控产品如烟草、化肥、石油等的贸易规则。

1. 专控贸易缺乏透明度。一国对哪些产品实行专控贸易,基于什么样的原因进行专控贸易,专控产品贸易企业的营运常常是不透明的。

2. 专控贸易垄断权的实行对贸易结果的水平和公正可能产生不利的后果。一个主要的问题是,对国家专控贸易的监控、约束很有难度,"当GATT第十七条与政府采用国家贸易措施来削弱GATT的其他义务时,该条款总的约束是弱的。"又如,GATT第二条第4款规定,当某政府对已受约束的产品进口保持垄断,根据约束,这种垄断不应"超过保护量而提供保护……"可是,这很难监视,而且许多产品不受约束。这可能使专控产品贸易产生不公平的结果。

3. 它冲击GATT/WTO业已确立的基本原则,扭曲市场。"由于经营国家专控产品的单位(或企业)处于一种垄断地位,其经营方式既可相当于一种变相关税,又可作为一种独特的数量限制,若不加以规范就会逃脱关税减让与禁止数量限制的法网。"道理不难理解,得到专门授权进行垄断经营的企业以一定价格进口某种专控产品后,大幅加价后出售给国内消费者,实际上就相当于加征关税的进口,而专营企业基于某种原因压缩专控产品的进口数量,又相当于进行进口数量限制,并且,在专控(垄断)贸易下,"国内市场的价格实际上与世界市场价格是没有关系的,与国家稀缺价格之间也是没有关系的",其结果将扭曲国际贸易。

4. 不利于"市场准入"原则的实现。国家专控产品贸易中"直接政策控制通过使用独立的、未宣布的和不受限制的政策手段,可能抵消或损害市场准入机会"。

一、国家专控产品贸易的基本规则

规范国家专控贸易的规定主要由GATT第十七条确立,而乌拉圭回合"货物贸易多边协定"达成的《关于解释1994年关税与贸易总协定第17条的谅解》(本文以下简称《谅解》)对相应规则进一步加以完善。概括起来,关于专控产品贸易的规则主要有:

(一) 透明度原则

透明度原则是世贸组织的基本原则之一,国家专控产品贸易的透明度要求尤显重要。它要求WTO成员涉及专控产品贸易时必须履行必要的通知义务。

1. 设立专控产品贸易单位的通知义务。《谅解》第1款即要求:"为保证国家专控产品贸易企业活动的透明度,各成员应将此类企业通知货物贸易理事会,以便根据第

5款设立的工作组……进行审议",只要这些企业:(1)被授予独占权或特别权益;(2)其购销活动足以左右该成员方的贸易数额或进出口方向;(3)包括政府与非政府团体。《谅解》第3款还要求无论这类企业是否实际做进出口业务,均应按1960年GATT关于国家专控产品贸易调查表格式(BISD9册184—185页)进行通知。

2.国家专控产品以及贸易信息的通知义务。GATT第十七条第4款要求:"(a)缔约各方应把本条第1款(a)项所指单位经营的、由其境内出口或向其境内进口的产品通告缔约方全体。"即WTO成员应将本国实行专控贸易的产品向缔约方全体加以通告。但专控贸易产品如果是政府用来自身消费,并不另作转售或加工成要出售的货物的话,则可不作通告。

WTO成员对专控产品的通知义务还有一项,即"应于经营该产品大宗贸易的另一缔约方请求时,将最近有代表性时期该产品的进口加码,若做不到时则为转售价,通告缔约方全体",即成员有对专控产品的贸易(价格)信息予以通知的义务。这里的"进口加码"即指专控产品的贸易企业在本国转销进口产品时,将可起到变相加税作用的那部分加价。该加价如太高,无疑将抑制此类产品的正常贸易秩序。

3.《谅解》第4款更加进一步对通知义务作了完善性规定"任何成员如有理由认为另一成员未充分履行其通知义务,则可向有关成员提出该事项。如该事项未得到满意解决,则该成员可向货物贸易理事会提出,以供根据第5款设立的工作组审议,并同时通知有关成员",由工作组审议、研究,提出解决方案。这是进一步从程序上保证透明度的实现。

当然,透明度原则是有例外的,即通常所指的维护法律、公共利益,保护企业商业秘密的例外。GATT第十七条第4款(d)项规定:"并不要求任何缔约方泄露机密资料,凡该资料阻碍法律执行或在其他方面违反公共利益或损害某些企业合法商业利益者。"这表明,为实施法律、维护公共利益,保护企业合法商业利益,可不履行相关贸易信息通知义务。

(二)非歧视市场准入原则

这项原则要求实施国家专控产品贸易时,对非专控贸易以非歧视待遇。GATT第十七条第1款(a)项规定,专控产品贸易企业"在参与进出口购销活动时,均应按照本协定规定的,政府管理私人贸易企业的措施需遵循非歧视待遇的总原则办事"。同时该条(b)项又规定:"要求这些单位除充分注意本协定其他规定外,只从商业考虑作此种购销活动,这包括诸如价格、质量、货源、营销、运输及其他购销条件在内,并按照商业习惯为其他缔约各方的企业参加购销竞争提供足够的机会。"由此可见,非歧视原则至少包含以下方面的内容:(1)进行国家专控产品贸易应遵守GATT其他条款业已确立的基本原则,如第十一条(普通禁止数量限制原则)、第十三条(实施数量限制的不歧视原则)等等。例如专控产品贸易企业向国外订购某专控产品时，不应对国外贸易供销商歧视性地使用配额，这样才不违反 GATT 第十三条的原则。(2) 在具体贸易过程中，要求专控贸易企业在价格、质量、货源、营销、运输及其他购销条件等方面，只按"商业理由"考虑进行交易行为，而不能依从政府诸如政治影响、外交交易等非商业因素考虑从事专控产品的贸易。成员政府应将专控产品贸易企业的购销活动置于与其相竞争的其他企业相平等的地位上，为缔约他方的企业"参与购销竞争提供足够的机会"，使市场机制发挥其应有的作用，如实行公平、公开的招标，质优价廉者中标等。需要说明的是，非歧视不等于专控产品的贸易企业不可以在不同的市场以不同的价格购销同一产品，而只要其确定交易时出于"商业理由"即可。GATT 附件九在对第十七条第 1 款的"注释"中即说明："本条规定不妨碍国家根据不同的市场以不同的价格销售一种产品，但所点定价应出于商业理由，符号出口市场的供需条件。"显然，经济学上的供求关系、价值规律已经用于对贸易规则的解释了，而这是合理的。

为了对专控产品贸易进行监督，GATT 第十七条第 4 款(c)项要求，一个缔约方有理由相信其依本协定利益受到第一款(a)项所指专控产品贸易企业的经营活动的损害，并提出请求时，设置、保持或授权该企业的缔约方有义务提供其适用与执行本协定规则的有关资料，以此保证对专控产品贸易进行必要的监控。

(三) 禁止干预原则

由于一国政府"很容易出自非商业理由或动机，以自己有权控制的贸易手段达到非经济目的"。因此，GATT 第十七条第 1 款(c)项规定："任何缔约方不得妨碍其所辖的任何单位(不论是否属于本款(a)项所指单位)按本款(a)、(b)两项规定的原则办事"，即禁止成员国政府干预专控产品贸易企业依"商业考虑"不歧视地进行产品贸易。此规定进一步从制度上防止国家专控产品贸易可能造成的对国际贸易的扭曲。如有违上述不干预原则，则 WTO 的其他成员可按《谅解》规定，向货物贸易理事会提出审议要求，甚至启动 DSU 争议解决程序。

二、中国的国家专控产品贸易问题

GATT/WTO 的各项规则原本是建立在自由贸易理论基础上，主要适用于市场经济国家的。但事实上，不仅非市场经济国家的成员，"在一些市场经济国家里，同样也存在类似计划经济国家普遍存在的国营贸易企业(即专控产品贸易企业)"。这样，GATT 第十七条及《谅解》对这一问题确立的规则就有了其普遍而重大的意义。尽管业已确立的有关国家专控产品贸易的规则、纪律已相当细致，但由于国家专控产品贸易问题的复杂性，专家们仍然对此忧心忡忡。世贸专家约翰·杰克逊明确断言：这是世贸组织体制的一个缺陷，"当我们说起 GATT/WTO 时，在某种意义上，平等并不是平等。部分原因是因为 GATT/WTO 体制本身具有某些缺陷。其缺陷之一是 GATT/

WTO 处理所谓的国家专控产品的贸易问题"。

众所周知，我国过去长期实行计划经济体制，国家专控产品贸易做法十分普遍。甚至在一段时期，我国几乎所有进出口贸易全由国有贸易企业(国有外贸公司)专营，这使我国加入 WTO 的谈判变得更加困难并旷日持久。如今，我国已实行社会主义市场经济，但出于人民生活和国家经济发展需要，对一些特定产品实行专控贸易有现实的必要性和合理性。但对国家专控产品贸易企业的商业行为，中国政府已承诺不作干预。由于国家专控产品贸易问题的实质是外贸经营权问题，对此，我国政府庄严承诺：

(1) 在三年过渡期内(2002—2004 年)，我国将逐步放开贸易权的范围和可获得性。2004 年 4 月 7 日公布的修订后的《中华人民共和国对外贸易法》已明确：中国关于对外贸易主体的资格实行登记备案制，并且规定包括中国的个人在内都可以取得对外贸易的经营权。

(2) 根据我国的情况，我国的国家专控贸易产品实际上分为两类，即"国营贸易产品"和"指定经营产品"。对于《加入议定书》附件 2B 所列的指定经营产品，如天然橡胶、木材等，在加入 WTO 后三年内放开经营，取消贸易权限制，允许其他企业公平参与进出口贸易竞争。"指定经营产品"的国家专控程度相对低些。

(3) 对于实行"国营贸易"的产品，我国政府承诺各种产品实行国家专控贸易的比例及减少的计划，如小麦的国家专控贸易比例为 90%，植物油的国家专控贸易比例由 2002 年的 40% 降至 2004 年的 10%。在成品油和原油的国家专控贸易问题上承诺：中国加入时即给予非国家专控贸易企业 400 万吨成品油的进口配额，且该配额每年增长 15%，而原油的初始配额为 720 万吨，每年增长 15%，并且当年未用完的配额可以转至下一年度继续使用。非专控贸易配额年增长率的实施期为 10 年，10 年后利益相关的 WTO 成员可以审议这一增长率是否合理。根据审议的结果，增长率可以调整为这 10 年间原油总进口年平均增长率。而成品油则在 2004 年进行审议，并根据贸易量的变化来调整增长率。

在有关国家专控产品贸易与 GATT 及《谅解》规定的规则相一致方面，中国的"入世"承诺也是全方位的：

(1) 在透明度方面，我国《加入议定书》附件 2A1(进口)、2A2(出口)按上述规定要求通知了我国实行国家专控产品贸易的企业。目前，我国的国家专控产品贸易企业包括：中国粮油食品进出口公司、中国粮油食品公司、中国土畜产品进出口公司、中国海外贸易总公司、中国化工进出口公司、中国纺织品进出口公司、中国烟草进出口总公司等，这些企业都是国有或国有控股企业。对于实行国家专控贸易的产品，我国在《加入议定书》附件 2A 中列出了中国目前实行国家专控贸易的产品种类，包括谷物、植物油、糖、原油、成品油、化肥、棉花等关系国计民生的大宗商品，还有一些产品的出口也实行国家专控贸易。对于专控产品贸易的价格机制等，我国政府亦明确履行有关义务。中国《加入议定书》第六条第2款规定："作为根据GATT1994和《关于解释1994年关税与贸易总协定第十七条的谅解》所作通知的一部分，我国还应提供有关专控产品贸易企业出口定价机制的全部信息。"我国目前大部分农产品价格高于世界价格，这使其他WTO成员担心：我国农产品的国内外价格差使得我国国营专控贸易公司能够以低价进口，以高价出售给批发商和最终用户，特别是那些受到关税配额管理的商品，由于低关税，进口数量被限定在一个水平上，国营专控贸易公司更会使用这一做法，从而降低了进口产品的竞争能力，限制我国最终用户可使用产品的质量和等级范围。对此，我国政府表示，目前国营专控贸易公司并没有提高进口产品价格，而只是收取一种名义上的交易费。因此，我国的做法符合WTO规定的义务，不会导致任何贸易扭曲，并且，我国法律对国营专控贸易公司可收取的费用做出了限制。事实上，专控贸易企业在这种情况下可能不是起到限制进口的作用，反而是促进进口的作用。因为在国内市场对进口需求旺盛的情况下，它们进口得越多，得到的差价利润就越多，尽管它们转售给国内批发商或最终用户的价格可能高于国际市场价格，但仍会低于国内市场价格，这样的结果可能反而使关税配额的使用率更高，而不是抑制了关税配额的作用。从WTO成立后农产品关税配额的实施情况看，实行国家专控贸易和关税配额的农产品，其配额的使用率普遍较高，这表明专控贸易未必起到了限制贸易进口的作用。

（2）在专控产品贸易的非歧视与市场准入原则方面，我国政府也明确承诺，在贸易权方面，将给予外国企业和个人（包括并未在中国注册或投资的企业和个人）以国民待遇。即使一定时期对经营者获得贸易权有一定的要求，获得贸易权的任何要求也只是为了便于海关统计、管理或增加财政收入（如收取一定的登记费等），而不是作为贸易壁垒。

（3）对于非干涉原则，我国政府也作了明确的承诺。由于我国的国家专控产品贸易企业普遍都是国有或国有控股企业，部分WTO成员担心：中国政府会利用对这些企业的影响力来干预企业的经营活动，使它们的经营不是完全按照商业规律进行。对此，我国政府明确表示，我国国有企业改革的目标就是企业完全自主经营、自负盈亏，中国政府不会向企业强制安排政策性（贸易）任务。作为一种承诺，我国《加入议定书》第六条第1款也规定："中国应保证国家专控产品贸易企业的进口购买程序完全透明，并符合《WTO协定》，且应避免采取任何措施对国家专控产品贸易企业购买或销售货物的数量、价值或原产国施加影响或指导。"中国政府将一定履行自己的承诺。

当然，对于与实行国家专控产品贸易的其他WTO成员进行经贸交往时，我们理所当然地也可以根据 GATT 及 WTO 的有关规定，要求享有非歧视待遇，这是权利与义务对等原则的题中之义。

资料来源：参见《关税与贸易总协定》第 17 条，及乌拉圭回合"货物贸易多边协定"《关于解释 1994 年关税与贸易总协定第 17 条的谅解》。

思考与练习

思考题

1．简述我国对外贸易管制制度的主要内容。

2．说明我国对限制进出口货物的管理办法。

练习题

1．判断题

（1）对以进料加工、来料加工方式生产激光唱盘、激光视盘而进口的料件，海关仅凭当地外经贸部门出具的批准证明予以登记备案。

（2）进口列入《国家限制进口的可用作原料的废物目录》中的废物，必须经国家环保局批准方可进口，凡未列入该目录的其他所有废物，禁止进口。

（3）外商向我国出口其未曾在中国登记过的化学品，须向我化工进出口总公司提出登记申请，经审查符合规定的，由我国化工进出口总公司发给《化学品进口环境管理登记证》，海关应凭此放行进口。

（4）国家对进出口货物的管制措施是各自相对独立的，不能因实施了某种管制，而减少或解除另一种管制。

（5）进口机电产品成套散件或零部件，每套价格总额已经达到同型号整机价格 50% 及以上的，视同整机进口，海关按照整机进口的有关规定办理进口手续。

（6）具有对外贸易经营权的企业可在全国范围内开展对外贸易业务活动。

（7）经指定统一经营出口企业出口的货物，如国家实行配额许可证管理，应按规定申领许可证。

（8）进出口许可证一经签发，任何单位和个人不得修改证面内容。

（9）除国务院另有规定外，出口商品配额招标适用于全球市场的各种贸易方式出口的配额招标商品。

（10）凡未列入《国家限制进口的可用作原料的废物目录》的任何废物禁止进口。

（11）出口实施食品卫生检验的货物，应由各出口口岸食品卫生检验所进行卫生监督、检验。

（12）凡国家对外开放的一类口岸均可办理文物出口的验收手续，有关单位须向海关提交文物行政管理部门的批准证明或国家文物局开具的《文物出口特许证》，贸易性文物还应交验文化部的批准文件，海关凭此放行。

(13) 进口配额证明，在有效期内没有申领进口许可证的，一律作废。

(14) 开展金或银制品进料加工的企业由于在合同登记备案时已向海关递交了中国人民银行总行或其授权分行的批件，加工后的金或银制品可以径行出口。

(15) 海关对进出境货物管理中要贯彻执行的主要进出境管制制度有进出口许可制度，机电产品和重要工业品的管理制度，商品检验制度，动植物检疫制度，药品、药材检验制度，食品卫生检验制度等。

(16) 进出口许可证制度的基本内容可概括为：①进出口经营权及经营范围的审批；②限制性商品的配额及许可证管理；③进出口商品的分类管理；④外贸国政策。

2．选择题

(1) 进口货物许可证有效期为(　　)。

　　A．1年　　B．3个月　　C．6个月　　D．9个月

(2) 实行"一批一证"制的出口商品其出口许可证有效期为(　　)。

　　A．1个月　　B．3个月　　C．6个月　　D．1年

(3)《进口许可证》原则上实行"一批一证"制度，对不实行一批一证的商品，发证机关在签发进口许可证时必须在备注栏中注明"非一批一证"字样，该证在有效期内可使用(　　)。

　　A．12次　　B．8次　　C．6次　　D．无次数限制

(4)《中华人民共和国货物进出口管理条例》规定，国家规定有数量限制的进口货物，实行下列(　　)管理。

　　A．进口许可证　　B．自动进口许可　　C．配额　　D．配额招标

(5) 我国某公司从国外购进一批药品，该种药品属于我国《生物制品目录》中的一种，该公司应当选择(　　)口岸进口该批药品。

　　A．深圳　　B．青岛　　C．厦门　　D．北京

技能实训

结合实际案例分析和熟悉贸易管制的各项制度。

第三章 各种进出口货物的报关程序

【导读】在进出口货物的实际报关业务中,由于海关对各种不同货物进出口有着不同的监管要求,采用不同的监管模式,因此,在不同的货物进出口报关时,其业务程序也是不尽相同的。本章将介绍各种不同货物在报关时的主要程序及海关的相关要求和政策,旨在使读者可以了解和掌握各种不同货物在报关时的基本程序。本章主要介绍的问题有:一般进出口货物的报关程序;保税货物的报关程序;特定减免税货物的报关程序;暂准进出口货物的报关程序;进出口货物的转关运输;其他进出境货物的报关程序和海关事务担保。

第一节 一般进出口货物的报关

一、一般进出口货物概述

(一)概念和特征

一般进出口货物是指在进出境环节缴纳了应征的进出口税费,并办结了所有必要的海关手续,海关放行后不再进行监管的进出口货物。此处"一般进出口"是指海关的一种监管制度,使用"一般"便于与海关其他监管制度相区别。例如,"保税进出口"中的"保税"则代表着另外一种监管制度。

> **资料卡**
> **一般进出口货物与一般贸易货物有何区别?**
> "一般贸易"是指国际贸易中的一种交易方式,而"一般进出口"则是指海关监管的一种制度,两者是完全不同的两个概念。一般贸易货物在进出口时,可以按"一般进出口"的监管制度办理海关手续,这时它就是一般进出口货物,也可以享受减免税优惠,按"特定减免税"监管制度办理海关手续,而这时它就是特定减免税货物。

一般进出口货物的基本特征表现为如下四个方面:

1. 必须在进出境环节缴纳进出口税费

按照海关法和其他有关法律、法规的规定,一般进出口货物的收发货人必须在货物的进出境环节,即货物提取或装运前的通关环节,向海关缴纳关税、海关代征税、规费和其他费用。

2. 进出口时交验相关的许可证件

如果一般进出口货物是属于国家法律、法规管制,需要取得许可证件的,进出口货物的收发货人或代理人就应当向海关提交相关的进出口许可证。

3. 货物在提取或装运前办结海关手续

在海关征收了税费,审核了相关的进出口许可证并对货物进行了检验后,海关将签章放行。对于一般进出口货物而言,海关放行即意味着各项海关手续的办结。

4. 货物进出口后,将不再接受海关的监管

一般进出口货物在海关办结了手续后,当事人即可自由处置货物,货物可以自由流通,不再受到海关的监管。

(二)一般进出口货物的适用范围

一般进出口货物适用于除特定减免税货物以外的实际进出口货物。具体而言,其包括如下范围:

(1)一般贸易方式进出口货物(不包括享受特定减免和准予保税进口的货物)。

(2) 易货贸易、补偿贸易、寄售代销货易方式进出口货物(准予保税进口的寄售代销货物除外)。

(3) 承包工程项目进口货物。

(4) 边境小额贸易进出口货物。

(5) 外国旅游者小批量订货出口的商品。

(6) 外国驻华机构进出口陈列用的样品。

(7) 随展览品进出境的小卖品。

(8) 租赁进出口货物。

(9) 进口货样广告品(不包括暂时进出口的货样广告品)。

(10) 免费提供的进口货物。具体包括：①外商在经济贸易活动中赠送的进口货物；②外商在经济贸易活动中试车免费提供的试车材料、消耗性物品；③我国在境外的企业、机构向国内单位赠送的进口货物。

(三)一般进出口货物报关的要点

一般进出口货物涉及面很广，海关对该类货物也建立了严格的监管制度。在报关业务中应注意的方面有：

(1) 熟悉国家有关进出口管理的法律、行政法规，掌握国家禁止和限制进出口的货物、物品范围。

(2) 涉及配额和许可证件管理等贸易管制的货物应向海关提交许可证件。

(3) 属于出入境检验检疫范围的货物，应当先办理报检手续，后办理报关手续。

(4) 对于国家已经宣布采取反倾销措施的货物，报关时应当向海关提交原产地证明和原厂商发票。

(5) 对于国家宣布采取临时保障措施的货物，对海关总署公告宣布已经达到配额总量或国别限量的，该货物报关进口时应当向海关缴纳特别关税。

(6) 我国出口货物复运进口报关时，应当向海关提交国家外经贸主管部门的批准文件。

(7) 外商投资企业应当按其经营范围进口本企业自用的设备、材料和其他物品，出口自产产品。

(8) 租赁贸易方式进口货物，应当填写两份报关单，一份按货物的实际价格填写，作为海关的统计专用；一份按货物的实际支付租金填写，作为海关征收关税专用。

二、一般进出口货物的报关程序

一般进出口货物的报关程序可分为四个环节：
进出口申报→配合查验→缴纳税费→提取或装运货物

(一)进出口申报

1．申报地点

对于进口货物，收货人或其代理人应当在货物的进境地海关进行申报；出口货物则应由发货人或其代理人在货物的出境地海关进行申报。

> **资料卡**
>
> **特殊情况下申报地点的确定**
>
> 当进出口货物需要进行转关运输时，经当事人向海关提出申请并得到同意后，进口货物的收货人或其代理人可以在设有海关的货物指运地(境内目的地)申报；出口货物的收货人或其代理人可在设有海关的货物启运地(境内发货地)申报。以保税、特定减免和暂准进境性质申报进口或进境的货物，因故改变性质或使用目的转为一般进口货物时，收货人或其代理人必须在货物所有人所在地向主管海关提出申报。

2．申报期限

进口货物的申报期限为自装载货物的运输工具申报进境之日起 14 日之内。如申报期限的最后一天是法定假日或休息日的，顺延至法定节假日或休息日后的第一个工作日。

出口货物的申报期限为货物运抵海关监管区后，装货的 24 小时之前。

> **资料卡**
>
> **特殊情况下申报期限的确定**
>
> 经海关批准准予集中申报的进口货物，自装载货物的运输工具申报进境之日起 1 个月内办理申报手续。经电缆、管道或其他特殊性方式进出境的货物，进出口货物的收发货人或其代理人应当按照海关的规定定期申报。

进口货物的收货人未按规定期限向海关申报的，由海关按《海关法》的规定征收滞报金。

进口货物在装载货物的运输工具进境之日起超过 3 个月仍未向海关申报的，货物将由海关按照《海关法》的规定提取变卖处理。对于属于不宜长期保存的货物，海关可以根据情况提前处理。

3．申报单证

准备好申报单证是报关员进行申报工作的前提条件，也是整个报关工作顺利进行的关键环节。申报单证可分为主要单证和随附单证两大类，主要单证就是报关单，而随附单证则包括基本单证、特殊单证、预备单证三类，其详细分类可见下表：

申报单证种类表

申报单证	主要单证		报关单
	随附单证	基本单证	指与进出口货物直接相关的商业单证和货运单证，主要包括商业发票、进口提货单、出口装货单、装箱单等
		特殊单证	指与国家有关法律法规实行特殊管制的证件，主要包括进出口许可证件、加工贸易登记手册、特定减免税证明、外汇收付汇核销单证、原产地证明书、担保文件等
		预备单证	主要指在办理进出口货物手续时，海关认为必要时需查阅或收取备案的证件，主要有贸易合同、进出口企业工商执照等有关证明文件

进出口货物的收、发货人或其代理人应向报关员提供基本单证、特殊单证、预备单证，报关员在审核这些单证后，据此填制报关单。

准备申报单据应遵循的基本原则是：基本单证、特殊单证、预备单证必须齐全、有效、合法；报关单填写必须真实、准确、完整。

4．申报前查看货样

按照《海关法》的规定，进口货物收货人可以在申报前向海关要求查看货物或者提取货样。这主要是因为境外发货人传递信息资料的问题，造成境内收货人单证不清，无法准确掌握货物的实际情况。为如实申报，收货人可向海关申请先看货取样，然后再办理报关手续。海关接受申请后，会派人员到场监管或提取货样。

5．申报方式

目前我国海关按两种申报方式接受货物：接受电子数据报关单申报和接受纸质报关单申报。在一般情况下，当事人应按顺序，先以电子数据报关形式向海关申报，后提交纸质报关单。在一些没有配备电子通关系统的偏远地区，当事人可单独以纸质报关单向海关申报。在实行无纸通关项目的海关，当事人也可以单独以电子数据报关单形式向海关申报。

> **资料卡**
>
> **电子报关的四种申报方式**
>
> （1）终端录入方式。当事人在海关规定的报关地点委托经海关登记注册的预录入企业，使用连接海关计算机系统的电脑终端录入报关单电子数据。
>
> （2）委托 EDI 方式。当事人在海关规定的报关地点，委托经海关登记注册的预录入企业使用 EDI 方式录入报关电子数据。

(3)自行 EDI 方式。当事人在本企业办公地点使用 EDI 方式,自行录入报关电子数据。

(4)网上申报方式。当事人在本企业办公地点连接因特网,通过"中国电子口岸"自行录入报关单电子数据。

进出口货物收发货当事人或其代理人可以从上述四种方式中选择一种,将报关单内容录入海关计算机系统,生成电子数据报关单。在录入后,如果从录入的计算机上收到海关发送的"不接受申报"报文后,当事人应当根据报文的提示修改报关单内容后重新申报。如接到海关"接受申报"的报文,即表示电子申报成功。

6. 报关单证及随附单证的提交

按海关接受货物申报方式的不同,其接受报关单证的情况也分为两种:

(1)接受电子数据报关单的申报:海关收到当事人发送的报关数据后,按预先设定的参数进行逻辑处理,并将处理结果发送给当事人,或公布于海关业务现场,即为"海关接受申报"。海关审结电子数据报关单后,当事人应当自接到海关"现场交单"或"放行交单"通知之日起 10 日内,持打印的纸质报关单,备齐规定的随附单证,到货物所在地海关提交书面单证并办理相关海关手续。

(2)接受纸质报关单的申报:海关关员收到当事人提交的纸质报关单和随附单证后,进行登记处理。报关单经过海关关员登记处理的,即为"海关接受申报"。

自海关接受申报之时起,申报单证就产生了法律效力,进出口收、发货当事人或其代理人就要承担"如实申报"的法律责任。

7. 申报内容的修改或申报撤销

当海关接受申报后,申报的内容就不能再进行修改了,报关单证也不能撤销了。但海关也允许当事人在提出某些正当的理由并得到海关的审核批准后,进行修改或撤销。这方面的理由主要包括:

(1)由于计算机、网络系统等方面的原因导致电子数据错误;

(2)海关在办理出口货物的放行手续后,由于装运、配载等原因造成原申报货物部分或全部退关需要修改或撤销报关单证及其内容的;

(3)报关员由于操作或书写失误造成的非涉及国家贸易管制政策、税费征收、海关统计指标等内容的差错;

(4)海关在商品归类、商品估价后认为需要修改申报内容的;

(5)根据贸易惯例先行采用暂时价格成交、实际结算时按商检品质认定或国际市场实行价格付款方式需要修改原申报数据的。

海关已经决定布控、查验的进出口货物,不得修改报关单内容或撤销报关单。

(二)配合查验

1. 查验的定义

查验是指海关通过对进出口货物进行实际核查，以确定实际货物是否与报关单证申报内容相一致的一种监管方式。

查验是国家赋予海关的一种依法行政的权力，也是通关过程中必不可少的重要环节。

通过查验，海关可以确定进出境货物的性质、价格、数量、原产地、货物状况等是否与报关单上的内容相符，核实有无伪报、瞒报、申报不实等走私和违规行为，并可为海关的征税、统计、后续管理提供可靠的资料。

2. 查验的地点、时间和方法

海关的查验一般是在进出口口岸，诸如码头、车站、机场、邮局等海关的监管区内进行。但在有些情况下，查验也可在收、发货当事人或其代理人的申请下到其他地点进行。例如，对于进出口大宗散货、危险品、鲜活商品、落驳运输的货物，在当事人的申请下，海关可同意在装卸货物的现场进行查验。在特殊情况下，经当事人的申请，海关也可派员到海关监管区以外的地方查验货物。

查验时间是由海关来决定的。当海关决定查验时，它会以书面通知的形式告知当事人，约定查验的时间。查验时间一般都是在海关正常工作的时间内，但在一些业务繁忙的口岸，海关也可在当事人的请求下，在海关正常工作时间以外安排查验工作。

海关查验方式方法主要有如下三种：

(1) 彻底查验，即对货物逐件开箱、开包查验。对货物的品名、规格、数量、重量、原产地等逐一与申报的数据进行核对。

(2) 抽查，即按一定的比例，对货物有选择地开箱、开包查验。

(3) 外形查验，即对货物的外包装、唛头进行核对。

3. 复验和径行查验

在海关认为有必要时，它可以依法对已完成查验的货物进行第二次查验，即复验。在复验时，进出口货物的收、发货人也仍然应当到场。

海关还可在货物收、发货人不在场的情况下，依法行使"径行查验"的权力，自行开拆货物进行查验。但这时海关应当通知货物存放场所的管理人员或其他证人到场，并让他们在海关的查验记录上签字。

4. 配合查验

在海关查验货物时，进出口的收、发货人或其代理人应当到场，配合海关的查验工作，做好如下配合工作：负责搬移货物，开拆和重封货物的包装；回答海关的询问；提供查验时所需要的单证或相关资料。

5. 货物损坏赔偿

在查验或径行查验中,如果能证实确因海关关员的责任而造成被查验货物的损坏,进出口货物的收、发货人或其代理人可以要求海关赔偿。当然,海关赔偿的范围只能限于在查验的过程中,由于海关人员的责任造成被查货物的直接损失,不包括其间接经济损失。损失金额将根据被损坏货物及其部件的受损程度,或修理费来确定。在海关查验时,进出口货物当事人没有对货物是否受到损坏提出异议,事后发现货物有损坏的,海关不负赔偿责任。

> **资料卡**
>
> **哪些情况不属于海关赔偿的范围?**
>
> (1)进出口货物的收发货人或其代理人搬移、开拆、重封包装或保管不善造成的损失。
>
> (2)易腐、易失效货物在海关正常工作程序所需要时间内(含扣留或代管期间)所发生的变质或失效。
>
> (3)海关正常查验时产生的不可避免的磨损。
>
> (4)在海关查验之前发生的损坏和海关查验之后发生的损坏。
>
> (5)由于不可抗拒的原因造成货物的损坏、损失。

(三)缴纳税费

1. 凭缴款书和收费票据缴纳税费

进出口货物收、发货人或其代理人提交报关单证给货物进出境的指定海关,海关将对其报关单证进行审核,并对需要查验的货物进行查验,然后核对计算机计算的税费,开具关税和代征缴款书以及收费票据。进出口货物的收、发货人或其代理人应在规定的时间里,持缴款书或收费票据到指定银行缴费。

2. 网上缴税和付费

在试行中国电子口岸网上缴税和付费的海关,收、发货人或其代理人可通过电子口岸接受海关发出的税款缴款书和付费收据,在网上向签有协议的银行进行电子支付税费。一旦收到银行缴款成功的信息,即可报请海关办理货物放行手续。

(四)提取或装运货物

> **资料卡**
>
> **什么是海关监管货物?**
>
> 海关监管货物是指尚未办理完通关手续,或办理了通关手续,但仍处于海关监管之下的货物,具体可分为如下两种情况:
>
> (1)进境货物尚未办结海关手续和出口货物已向海关申报,但尚未出境仍存放在

海关监管所的；

(2) 进境货物已办理海关放行手续，但仍需纳入海关后续管理的，例如保税货物、特定减免税货物、暂准进口货物。

未经海关许可，海关监管货物不能提取、开拆、交付、发运、调换、改装、抵押、留置、转让、更换标志和移作他用或进行其他处置。

1．一般进出口货物的海关放行和货物结关

对于一般进出口货物而言，海关放行是指海关接受了进出口货物的申报，审核了其报关单证，查验了货物并征收了税费后，对该货物作出了结束海关进出境监管的决定，允许进出口货物离开海关监管现场的工作环节。具体表现为，海关在进出口货物的提货或装货凭证上签盖"海关放行章"，进出口收、发货人或其代理人签收进口提货凭证或出口装货凭证，并凭此提取进口货物或装运出口货物离境。

货物结关是进出口货物办结海关手续的简称。对于一般进出口货物而言，海关放行即标志着货物结关。海关放行之时，一般进出口货物的收、发货人或其代理人就已经办理了所有海关手续，履行了法律规定与之有关的一切义务，因此，若其货物已办结了海关手续，海关就不再对其进行监管了。

> **资料卡**
>
> **是否所有进出口货物在海关放行之时都标志着货物结关？**
>
> 不一定。海关放行之时，并不标志着任何一类进出口货物都已办理完所有的海关手续，因此，并不是所有货物在海关放行时都标志着货物结关。具体表现为两种情况：
>
> (1) 货物已结关。对于一般进出口货物，放行时进出口货物收发货人或其代理人已办理了所有海关手续，因此，海关放行就等于结关。
>
> (2) 货物尚未结关。对于保税货物、特定减免税货物、暂准进出境货物等，海关放行时，当事人并未办完全部海关手续，海关在一定期限内还需要进行后续管理，所以这类货物的海关放行就不等于结关。

2．提取或装运货物

提取货物是指进口货物的收货人凭海关加盖"放行章"的进口提取货凭证，到机场、码头、车站等的海关监管仓库提取进口货物。

装运货物则是指出口货物的当事人凭海关加盖"放行章"的出口货物凭证，到各类海关监管仓库办理将货物装上运输工具运离关境的手续。

3．申请签发证明

进出口收、发货当事人办理完提取货物和装运货物手续后，如需要海关签发有关进、出口证明的，均可向海关提出申请。常见的证明主要有如下五种：

(1)进口付汇证明。适用于需要在银行或国家外汇管理部门办理进口付汇核销的进口货物。其申办手续为,报关员工向海关申请签发《进口货物报关单(付汇证明联)》,海关审核后,在报关单(付汇证明联)上签名,并加盖"海关验讫"章,发给报关员。同时通过海关电子通关系统向银行和国家外汇管理部门发送证明联电子数据。

(2)出口收汇证明。适用于需要在银行或外汇管理局办理出口收汇核销的出口货物。申办时,报关员向海关申请。海关审核后,在出口报关单(收汇证明联)上签名,并加盖"海关验讫"章,发给报关员,同时向银行和国家外汇管理部门发送证明联电子数据。

(3)出口收汇核销单。适用于需要办理出口收汇核销的出口货物。在办理该类货物的手续时,报关员还应向海关提交由国家外汇管理部门核发的《出口收汇核销单》。海关放行货物后,海关关员会在《出口收汇核销单》上签字盖章。出口发货人凭《出口货物报关单(收汇证明单)》和《出口收汇核销单》办理出口收汇核销手续。

(4)出口退税证明。适用于需要在国家税务机构办理出口退税的出口货物。申办时,报关员向海关申请。海关审核后,在《出口货物报关单(出口退税证明联)》上签字,加盖"海关验讫"章,发给报关员,并通过电子通关系统向国家税务机构发送证明联电子数据。

(5)进口货物证明书。适用于进口汽车、摩托车等进口货物。报关员应向海关申请签发《进口货物证明书》,进口收货人将凭此证明向国家交通管理部门办理汽车、摩托车等的牌照。海关向报关员签发此证明后,还会将该证明的内容用电子信息发送给海关总署,再传输给国家交通管理部门。

第二节 保税进出口货物的报关

一、保税进出口货物概述

(一)概念和特征

关于保税货物的定义,我国《海关法》有明确规定,即"保税货物,是指经海关批准未办理纳税手续进境,在境内储存、加工、装配后复运出境的货物"。根据这一定义,可以看出,保税货物具有如下三大特征:

1. 经海关批准为特定目的进出口货物

按照海关法的规定,任何货物不经过海关批准的,是不能成为保税货物的。保税货物必须"经海关批准"。海关是国家对进出关境管理的机构,进出货物是否可以保税必须由海关来做出决定。

海关批准保税货物的范围很大，但大体可以分为按两种特定目的而进口的，一类是为了开展贸易而进口的储存类保税货物，另一类是为了加工制造而进口的加工、装配类保税货物。

2．保税货物是海关监管的暂免纳税货物

保税货物进境之后，主要用于临时储存和加工产品复出口，这些货物并不会因为暂缓征税而对国内经济造成不良的冲击和影响，因此，在这些货物确定其最终流向前，海关对其关税的征收采取暂缓办理的措施。

由于保税货物在入境时不办理纳税手续，因此从其进境之日起就必须置于海关的监管之下，保税货物在境内的运输、加工、储存等活动都必须接受海关的监管，直到货物确定了最终的流向，复运出境或正式办理进口手续，海关再决定对其是免税还是征税，这时海关的监管才最终结束。

3．保税货物最终应复运出境

按照海关法的规定，保税货物的最终流向应当是复运出境，这是构成保税货物的重要前提。保税货物没有按一般货物办理进口和纳税手续，因此，保税货物就必须按原状或加工成产品复运出境。经海关批准保税进境的货物，一旦决定不复运出境，那么该货物的保税性质就改变了，就不再是保税货物了，而应当按照留在境内的实际性质办理相应的进口手续。

资料卡

保税货物与减免税货物的区别

(1) 性质的不同。减免税货物是国家对特定地区、特定企业、特定用途的进口货物进行减免税收的优惠，是为了支持和鼓励这类货物在国内的使用和消费。而保税货物则是以复运出境为前提，是为了支持和鼓励这些货物的出口而给予的保税优惠。

(2) 货物范围的不同。减免税货物的范围主要是固定资产投资部分，例如机器设备等。保税货物则主要是一些商品、原材料、零部件、元器件等，属于流动资产的范畴。

(3) 海关办理手续的不同。减免税货物办理减免税手续，海关签发《征免税证明》。保税货物则办理保税合同登记备案，海关核发《加工贸易登记手册》。

(4) 海关监管的不同。两者都属于海关监管货物，但监管的方式是不同的。对于减免税货物，海关的监管主要是，在规定的时间里经营者不得擅自转让、出售等，而对于保税货物，海关的监管则是核销管理，以复出口为解除监管的依据，当事人不仅不能擅自转让、出售保税货物，还必须承担将货物复运出口的义务。

(二) 保税货物的分类

按照《海关法》的表述，保税货物可分为储存和加工装配两大类。除了这种分类方法外，保税货物也可按海关监管形式来划分为三个大类：加工贸易保税货物、仓储保税货物和区域保税货物。在此我们以储存和加工装配两大类来说明保税货物的类别。

1. 储存类保税货物

储存类保税货物又可以分为两种情况：储存后复运出境的保税货物和储存后进入国内市场的保税货物。

(1) 储存后复运出境的保税货物。这类保税货物是指经海关批准保税进境暂时存放后再复运出境的货物，主要包括转口贸易货物、供应国际运输工具的货物及免税商品等。

(2) 储存后进入国内市场的保税货物。这类货物是指经海关批准，缓办纳税手续进境，最终办理进口纳税或免税手续而不复运出境的货物，主要包括进口寄售用于维修外国商品的零配件及外汇免税商品等。

2．加工装配类保税货物

加工装配类保税货物是指专为加工、装配出口产品从国外进口且海关准予保税的原材料、零部件、元器件、包装物料、辅助材料以及用这些料件生产的成品、半成品，它主要包括：

(1) 经海关批准保税的来料加工进口的料件，以及用这些保税进口料件生产的半成品和成品；

(2) 经海关批准保税的进料加工进口的料件，以及用这些保税进口料件生产的半成品和成品；

(3) 经海关批准保税的外商投资企业为履行产品出口合同的进口料件，以及用保税料件生产的半成品和成品。

海关对这类加工贸易的主要监管方式大致可分为来料加工、进料加工、外商投资企业履行产品出口合同、保税工厂、保税集团。

(三) 保税货物的报关

与一般进出口货物报关不同的是，保税货物的报关并不是在某一时间上办理了进口或出口手续后即可完成所有的通关。保税货物的报关手续比较复杂，只有在保税货物经历了进境、储存或加工、复运出境的全过程，并办理了这一整个过程的各种海关手续，才真正完成了保税货物的通关。其手续主要包括三个阶段：

1. 备案申请保税

经国家批准的保税区域，包括保税区、出口加工区、从区外运入区内的储存、加工、装配后复运出境的货物，已经整体批准保税，备案阶段与报关阶段合并，省略了按照每一个合同或每一批货物备案申请保税的环节。

经海关批准的保税仓库，在货物进境入库之前，仓库经营人必须向主管海关提出备案保税申请，主管海关审核后批准保税，仓库经营人凭海关批准的保税证件办理申报货物进境入库的手续。

加工贸易在进口料件之前，包括来料加工、进料加工、外商投资企业履行产品出口合同、保税工厂、保税集团都必须以每一个合同为单位进入备案申请保税阶段。其具体的环节是：企业合同备案，海关批准保税，设立或不设立银行台账，海关核发手册。

2．进出境报关

所有经海关核准保税的货物，包括区域保税货物、仓储保税货物和加工贸易经海关批准准予保税的货物，在进出境时都必须和其他货物一样进入进出境报关阶段。但与一般进出口货物报关阶段不同的是，这些保税货物可以暂缓纳税，不进入纳税环节，只收取监管手续费。

3．报核申请结案

这一阶段的具体环节是：企业报核→海关受理→实施核销→结关销案。

所有经海关批准的保税货物都必须按规定由保税货物的经营者向主管海关报核，海关受理报核后进行核销，核销后视不同情况，分别予以结关销案。

(1) 区域保税货物因为没有规定具体的保税期限，所以最终的结案应当以进区货物最终全部出境或办结海关手续为结案的标志。本期核销该批保税货物没有全部出境或出区办结海关手续的，则不能结案，结转到下期继续监管，直到能够结案。

(2) 仓储保税货物应当以该货物在规定的保税期限内最终全部出境或出库办结海关手续为结案标志。每月报核一次。本期核销该批保税货物没有全部出境或出库办结海关手续的，不能结案，结转到下期继续监管，直到能够结案或者到期变卖处理。

(3) 加工贸易经海关批准准予保税的货物应当以该加工贸易合同项下产品在规定期限内全部出口或者部分出口，不出口部分得到合法处理为结案的标志。海关受理报核后，在规定的核销期限内实施核销，对不设立台账的，予以结案；对设立台账的，应当到银行撤销台账，然后结案。

(四) 海关对保税货物监管的要求

相比于海关对一般进出口货物的监管，海关对保税货物的监管是更为复杂的，其监管的时间也更长一些。其主要表现在四个方面：

1．批准保税

一般进出口货物的进出口是不需要得到海关的批准的，海关只对其有审核验收权，而无批准权。但对于保税货物，海关就不仅有审核权，而且也有批准权，即进境货物是否可以保税必须得到海关的批准。海关批准进口货物保税的原则有三条：

(1) 合法经营。这是指申请保税的货物或申请保税的形式合法，或保税申请人本身不属于国家禁止的范围，并且获得有关主管部门的许可，有合法进出口的凭证。

(2) 复运出境。这是指申请保税的货物流向明确，进境储存、加工、装配后的最终流向表明是复出境，而且申请保税的单证能够证明进出口基本是平衡的。

(3) 可以监管。这是指申请保税的货物无论在进出口环节，还是在境内储存、加工、装配环节，海关都可以监管，不会因为某种不合理因素造成监管失控。

2．纳税暂缓

一般进口货物和特定减免税货物都必须在进境地海关办理好纳税手续或减免税手续后，才能提取货物。保税货物则不必在进境地海关办理纳税手续就可以提取货物。但这并不表明保税货物不需要办理纳税手续，只是办理这一手续的时间可以推迟。保税货物的纳税手续要到货物最终复运出境，或改变保税货物特性按货物不复运出境的实际性质申报时，才能办理纳税手续。所以，保税货物不是不办纳税手续，而是推迟办理，缓办纳税手续。

3．监管延伸

海关对一般进出口货物的监管时间是自进口货物进境起到办结海关手续提取货物为止。出口货物自向海关申报起到装运出境为止，海关监管的地点主要是货物进出境口岸的海关监管场所。但是对于保税货物来说，海关的监管从时间到地点都必须进一步延伸，从时间上说，保税进境货物被提取不是海关监管的结束，而是海关监管的开始；从地点上说，海关对保税货物的监管也不局限在进出境口岸的海关监管区内，而是要延伸到这些货物的储存、加工、装配场所。

海关对保税货物的监管期限主要包括两个部分：一是进境货物经海关批准准予保税的期限；二是保税货物所有人向海关申请核销的期限。

(1) 准予保税的期限：该期限是指经海关批准保税后在境内储存、加工、装配等的时间限制。这种限制根据保税的形式不同而分为如下三种情况：

①区域保税期限。目前，我国海关对区域保税的期限尚未做出具体的规定，只是笼统地规定从进境地区起，到出境或出区办结海关手续为止。但是明确规定了，保税区内企业委托区外企业加工返回保税区的期限最长为半年，如需要在特殊情况下延长的，可申请延长一次，但最长期限也是半年。出口加工区委托区外企业加工返回出口加工区的期限是半年，并且不能延期。

②仓储保税期限。保税货物从进境入库到出库出境或办结海关手续为止，最长时间为1年，如有特殊情况需要延长，要向海关提出申请，经批准可延长时间，最长延长期限为1年。

③加工贸易保税期限。这类贸物的保税期限原则上最长为1年,如需要延长,可以申请,但延长的期限最长也是1年。具体执行时,还要根据不同的合同、不同的料件,由海关做出具体的规定。

(2) 申请核销的期限:该期限是指保税货物的经营人向海关申请核销的最后日期。其具体情况也可分为三种:

①区域保税报核期限。以区内企业为责任人,每半年报核一次,每年的6月底和12月底前,向海关报核本企业所有保税货物的进出情况和存货情况。

②仓储保税报核期限。以保税仓库的经营人为责任人,每月报核一次,每月的5日前向海关报核上一个月的所有保税货物的进出情况和存货情况。

③加工贸易保税报核期限。以经营加工贸易的企业为责任人,按加工贸易《登记手册》为报核单位,在保税期限到期后的1个月内或最后一批成品出运后1个月内向海关报核。

企业向海关报核是一项法定的义务,报核期限是一种法定期限。如果企业不按时报核,海关有权进行处理,这包括追缴有关货物的税款、罚款、停止批准保税等等。

4. 核销结关

一般进出口货物的海关放行,即标志着其通关过程已结束,意味着货物已经结关。保税进出口货物报关时,海关也盖"放行"章,也执行放行程序。但是,这种放行并不代表着保税货物的结关,而只是整个监管过程的一个中间环节。保税货物的结关是核销结关,核销才是保税货物结关的标志。所以核销是保税货物与一般进出口货物在海关监管方面的又一个区别。

相比较而言,储存类保税货物的核销是比较简单的,这类货物无论是复运出境,还是转为进入国内市场,都不会改变其原来的形态,因此,它们只要按原进口数量在规定时间里复运出境,或按原进口数量办妥进口纳税手续,即可核销结关。

加工装配类保税货物的核销则相对复杂一些。因为这类货物要改变原进口料件的形态,复出口时的商品已不再是原进口的商品。因此,这类货物在向海关报核时,就不仅要确认数量在进出时的一致,而且还要确认成品是否是由原进口料件加工生产而成的。

二、加工贸易保税货物

目前海关对加工贸易保税货物的监管有两种模式,一种是联网监管模式,另一种是常规监管模式。联网监管是指海关通过计算机网络,从实行全过程计算机管理的加工贸易企业提取监管所必需的财务、物流、生产经营等数据,与海关计算机管理系统相连接,从而实施对保税货物监督的一种模式。常规监管模式就是以合同为单元的监管模式。由于联网监管模式对企业本身的条件要求较高，故在实际中运用还较少。目前海关对加工贸易保税货物的监管大量还是采用常规监管模式。

常规监管模式适用于来料加工、进料加工、外商投资企业履行产品出口合同、加工贸易保税工厂、保税集团等。在这些贸易方式下的进出口货物的报关程序基本相同，其基本程序是合同备案，进出口报关，合同报核。

> **资料卡**
>
> ### 加工贸易的五种主要形式
>
> (1) 来料加工。由境外企业提供进口料件，经营企业不需要付汇进口，按照境外企业的要求进行加工或装配，只收取加工费，制成品由境外企业销售的经营活动。
>
> (2) 进料加工。经营企业付汇进口料件，制成成品由经营企业外销出口的经营活动。
>
> (3) 外商投资企业履行产品出口合同。外商投资企业经营的来料加工和进料加工统称为外商投资企业履行产品出口合同。
>
> (4) 加工贸易保税工厂。由海关批准专门从事保税加工的工厂或企业。这是在来料加工、进料加工和外商投资企业履行产品出口合同的基础上，发展形成的一种保税加工的监管形式。
>
> (5) 保税集团。这是经由海关批准，由一个具有进出口经营权的企业牵头，在同一个关区内，属于同行业的若干个加工企业联合对进口料件进行多层次、多工序连续加工，直至最终产品出口的企业联合体。

(一) 合同备案

1. 合同备案的含义

加工贸易合同备案是指加工贸易企业持合法的加工贸易合同到主管海关备案，申请保税并领取《加工贸易登记手册》或其他准予备案凭证的行为。

海关受理备案的加工贸易合同必须是合法有效的。经外经贸主管部门审批通过并获得加工贸易业务批准证和必需的许可证件的加工贸易合同应当视为合法有效的合同。

海关受理合同备案时，根据国家规定批准进口料件全部或部分保税或"先征后退"，并把合同内容转化为《加工贸易登记手册》内容，或在做必要的登记后，核发《加工贸易登记手册》或其他准予备案的凭证。企业取得《加工贸易登记手册》后，即可凭该手册或其他准予备案的凭证在规定的范围内进出口货物。海关则根据合同和登记的数据对该企业的加工贸易建立底账，记录其进出口的情况，实施监管一直到最后的核销。

2．合同的备案步骤

加工贸易企业进行合同备案的步骤有：

(1) 报外经贸主管部门审批加工贸易合同，取得批准文件；

(2) 向有关主管部门申请领取必需的许可证件；

(3) 持正本批文和海关要求的其他单证，在企业所在地主管海关办理合同备案，将合同内容预录入计算机；

(4) 经海关审核同意备案合同后，企业持海关开立的《开设银行保证金台账联系单》到指定银行开设银行保证金台账；

(5) 凭银行出具的《银行保证金台账登记通知单》领取《加工贸易登记手册》或其他准予备案的凭证。

3．合同备案的企业

按照国家规定，开展加工贸易业务应当由经营企业到加工企业所在地主管海关办理加工贸易合同备案手续。经营企业和加工企业可能是，也可能不是同一家企业。

经营企业是指负责对外签订加工贸易合同的企业，包括各类进出口企业、外商投资企业以及经批准取得来料加工经营许可的对外加工装配服务公司。这类企业必须拥有对外贸易的经营权。

加工企业是指接受经营企业的委托，负责对加工料件进行加工或装配的企业，这类企业大多为具有法人资格的生产企业，也可以是经营企业设立的，虽不具有法人资格，但实行相对独立核算并已办理了工商营业执照的工厂。

4．合同备案的内容

(1) 需要提供的单证：①外经贸主管部门按照权限签发的《加工贸易业务批准证》和《加工贸易加工企业生产能力证明》；②加工贸易合同和合同副本；③《加工贸易合同备案申请表》(4份)及《企业加工合同备案呈报表》；④属于加工贸易国家管制商品的需要检验主管部门的许可证件；⑤产品生产工艺流程；⑥为确定单耗和损耗率所需的有关资料(进料非对口除外)；⑦其他需要的单证。

(2) 备案准予保税的额度。海关受理加工贸易合同备案的核心是根据国家和《海关法》赋予海关的行政权力对进口料件批准全部保税、部分保税或不予保税。具体为：①全额保税。准予备案的来料加工合同、进料加工合同、保税工厂进口合同、保税集团进口合同，予以全额保税；② 部分保税。进料非对口合同根据实际情况对准备生产出口产品部分予以保税；③不予保税(先征后退)。按比例征税的部分是估计不能出口的部分，如实际不能出口部分多于已征税比例，企业应照章补税，超出保税比例的多出口部分可以在征税的范围内申请退税；④虽然是加工贸易合同项下进口的材料，但其中消耗性物料一般不予保税，试产材料要照章纳税。

(3) 备案中的银行保证金台账制度。

5. 合同备案的凭证

海关受理批准合同备案后,企业应当领取《加工贸易登记手册》或其他准予备案的凭证。这里所涉及的凭证主要有:

(1)《加工贸易登记手册》。按规定不需要开设银行台账的合同,或需要开设银行台账并已开设了台账的合同,企业可到合同备案的主管海关领取海关签章的《加工贸易登记手册》。

(2)《加工贸易分册》。在海关的批准下,企业可在领取了《加工贸易登记手册》的基础上,申请加领《加工贸易分册》。这主要是在企业多口岸报关周转困难的情况下,由企业向海关提出申请,主管海关经过核准,在《加工贸易登记手册》即总册的基础上,再核发一本载有部分备案内容并有独立编号的《加工贸易分册》。该分册在进出口报关时,可以与原手册分开使用,但必须同时报核。

(3) 其他准予备案的凭证。为了简化手续,对为生产出口产品而进口属于国家规定的78种列明辅料金额不超过5 000美元的合同,除适用C类管理的加工企业外,可以不申领《加工贸易登记手册》,直接凭出口合同备案准予保税后,凭海关在备案出口合同上的签章和编号直接进入进出口报关程序。

6. 合同备案的变更

(1) 变更的范围。已在海关登记备案的加工贸易合同,当其品名、规格、金额、数量、加工期限、单损耗、商品编码等项目发生变化时,当事人必须向主管海关办理合同备案变更的手续,开设银行台账的合同还必须变更台账。其中加工期限的变更称为合同延期。

(2) 变更的审批。合同变更必须在合同的有效期内报原外经贸审批部门批准。为了简化合同变更的手续,对贸易性质不变,商品品种不变,且合同金额小于1万美元(含1万美元),合同延长不超过3个月的合同,企业可以直接到海关和中国银行办理变更手续,不需要再报外经贸主管部门的重新审批。

(3) 台账的变更。原备案在1万美元及以下,变更后金额超过1万美元的A、B类企业合同,需重新开设银行台账,其中适用B类管理的企业合同金额变更后,进口料件如果涉及限制类商品的,由银行加收相应的保证金。适用B类管理企业原备案企业1万美元以上"空转"的合同,增加的进口料件如果涉及限制类商品的,应转入"实转"程序。因企业管理类别调整,合同从"空转"转为"实转"的,应对原备案合同交付台账保证金。经主管海关的批准,可只对原合同未履行部分收取台账保证金。

7. 异地加工贸易合同备案

跨关区异地加工是指在一直属海关关区内从事加工贸易的经营企业,将进口料件委托另一直属海关关区内的加工生产企业进行加工，成品收回后，再进行出口的加工贸易。

开展异地加工贸易应在加工企业所在地设立银行台账，由加工贸易经营企业向加工企业所在地主管海关办理合同备案手续。

海关对开展异地加工贸易的经营企业和加工企业实行分类管理，如果两者的管理类别不相同，按其中较低类别管理。

(二)进出口报关

1．加工贸易货物进出口报关的程序和规则

加工贸易货物进出口报关与一般进出口货物报关有着重要的区别，那就是在加工贸易货物报关时，海关的计算机系统中已经存有该货物备案的底账，因此，这种报关是在备案底账的基础上直接输入电子数据报关。企业在口岸报关时提供的有关单证和数据内容必须与原先备案的电子底账数据相一致，否则报关有可能不被通过。

加工贸易货物进出口时，与其他货物的报关时一样，也要经历申报、配合查验、缴纳税费(没有批准保税的要缴纳进口税，批准保税的要缴纳监管手续费)、提取货物或装运货物四个阶段，由加工贸易企业或其代理人申报。

加工贸易货物报关申报时，当事人必须持有《加工贸易登记手册》或其他准予合同备案的凭证。此外，当事人还必须提交报关单、发票、装箱单、提单或装货单。加工贸易货物属于国家管制的进出口商品，当事人还必须提供有关主管部门的许可证件，具体应注意如下两条：

(1)进口报关时：来料加工和进料加工料件，除易制毒化学品、能够制造化学武器的化工品、消耗臭氧层物质以外，均可在报关进口时免予交验进口许可证。

(2)出口报关时：来料加工和进料加工出口商品时，属于国家规定应交验出口许可证件的，在出口报关时必须交验出口许可证。

2．加工贸易深加工结转报关

加工贸易深加工结转是指加工贸易企业加工生产的成品、半成品不直接出口，而是结转给另一家加工贸易企业或另一海关关区内的加工贸易企业进行进一步深加工后，再出口的经营活动。

企业开展加工贸易深加工结转必须符合下列规定：

(1)未经加工的保税进口料件不得直接结转的；

(2)加工贸易深加工结转必须经过外经贸主管部门的批准，并要按规定办理海关的有关手续；

(3)加工贸易合同审批时，外经贸主管部门已在加工贸易业务批准证中列明深加工结转内容的，则不必再另行审批。

(三)合同报核

1. 报核和核销

加工贸易合同报核,是指加工贸易企业在加工贸易合同履行完毕或终止合同后,按照规定的期限和规定的程序,向加工贸易主管海关申请核销要求结案的行为。

加工贸易合同的核销,是指加工贸易企业申请报核后,海关经过审查、核查,认定其符合相关的法律、法规,予以办理解除海关监管手续的行为。

2. 报核的时间

按照规定,经营企业应当在最后一批成品出口后 30 日内或合同到期后 30 日内向海关报核。海关则应自受理报核之日起 30 日内予以核销。特殊情况需延长的,经海关关长批准可延长 30 日。

3. 报核的单证

(1) 企业合同核销申请表;

(2)《加工贸易登记手册》,包括分册和续册;

(3) 进出口报关单;

(4) 核销核算表;

(5) 申请内销的,应有外经贸主管部门核发的《加工贸易保税进口料件内销批准证》;

(6) 其他海关需要的资料。

4. 报核的步骤

(1) 整理单据。合同履行完毕后,企业应及时将登记手册和进出口报关单进行收集、整理、核对。

(2) 查清单耗。企业应根据有关账册记录、仓库记录、生产工艺资料等查清合同履行中的实际单耗,并以此填写出核销核算表。

(3) 修改单耗。产品的实际单耗如与合同备案单耗不一致的,企业必须在最后一批成品出口前进行单耗的变更。

(4) 预录入单证。企业应填写核销预录入申请单,办理预录入手续。

(5) 依法报核。企业应携带有关报核单证,到主管海关报核,并填写报核签收回联单。

5. 报核要点

(1) 剩余料件、边角料、残次品、副产品的处理加工贸易中出现的剩余料件、残次品、副产品的处理,可以通过变卖、退运、补税、放弃、结转出口、销毁和直接核销来进行。具体做法是:①变卖。在加工贸易合同报核期限超过 3 个月后,如果当事人仍未主动向海关申请办理手续的,按规定海关可以直接提取货物进行变卖。②退运。加工贸易企业可持《加工贸易登记手册》，向海关办理这类料件和产品的退运出口手续，并将单证交海关进行核销。③补税。如果加工企业申请这类料件和产品在国内销售，就应按规定办理进口征税的手续，补交税款。④放弃。企业如欲放弃这类料件和产品的，应向海关提出申请，经海关批准处理后，办理核销手续。⑤结转出口。加工贸易企业也可以申请将剩余料件结转到另一加工贸易合同生产出口，但必须是在本经营加工单位中进行。⑥销毁。有些涉及环保、知识产权、公共安全等方面的保税货物，按规定必须要销毁。加工贸易企业应在相关部门或海关的监督下进行销毁，然后办理核销手续。⑦直接核销。加工贸易企业申请放弃这类料件和产品的，海关审核其无使用价值的，企业可自行处理，海关直接办理核销手续。

（2）加工贸易保税货物转内销。加工贸易保税货物因故需转内销的应经外经贸主管部门审批，加工贸易企业凭《加工贸易保税进口料件内销批准证》办理内销料件正式进口报关手续，缴纳进口税和缓税利息。

对于剩余进口料件，经营单位申请内销的，海关的办理方法是：其金额在加工贸易合同进口料件总额3%以内（含3%），且总值在人民币1万元（含1万元）以下的，可免外经贸主管部门审批，直接报海关批准，并免领许可证。其金额高于上述标准的，则要由外经贸部门审批，然后报海关批准，应申领许可证的应按规定向海关补交许可证件。

对于边角料申请内销的，外经贸主管部门免予审批，由主管海关核准。

经批准正常的转内销补税，统一按照企业申请之日的进口料件税率和填发税单之日的汇率计征。节余料件、制成品、残次品、副产品内销应交付缓税利息，边角料内销免付缓税利息。

（3）受灾保税货物报关。受灾保税货物是指加工贸易企业从事加工出口业务中，因不可抗力或其他经海关审核认可的正当理由造成的灭失、短缺、损毁导致无法复出口的保税进口料件和加工制成品。

对于受灾保税货物，加工贸易企业应在灾后7日内向主管海关提交书面报告，海关可视情况派员核查取证。

受灾保税货物灭失或失去使用价值的，可由海关审定，并予以免税核销，对其中虽失去使用价值但可以再利用的，应按照海关审定的受灾保税货物的价格按对应的进口料件适用的税率，交纳进口税和缓税利息。受灾保税货物对应的原进口料件，如属于进口许可证管理的，可免交许可证件。

三、加工贸易进口料件银行保证金台账制度

加工贸易进口料件银行保证金台账制度是指加工贸易合同在向海关登记备案时，

经营单位或企业持外经贸主管部门签发的加工贸易合同批准文件和海关核准的手续，向指定的中国银行提出申请，按照合同备案金额设立加工贸易进口料件保证金台账。加工成品在规定的加工期限内全部出口，经海关核销合同后，由银行核销保证金台账的加工贸易管理制度。

(一) 分类分级管理

加工贸易银行保证金台账制度的核心内容是对企业和商品实行分类管理，海关根据企业分类管理标准对加工贸易企业设定A、B、C、D四类管理措施，将商品分为禁止类、限制类、允许类三类。

1. 国家对商品的分类

(1) 禁止类。《中华人民共和国对外贸易法》中规定的禁止进口的商品以及海关无法实行保税监管的商品。

(2) 限制类。进口料件属国内外差价大并且海关不易监管的敏感商品。

(3) 允许类。指除禁止类和限制类以外的商品。

2. 海关对企业的分类管理

海关根据与进出口活动直接相关的企业各方面的情况将企业分为A、B、C、D四个管理类别，分类的依据主要是考核这些企业的经营状况、报关情况、遵守海关法律法规的情况等。企业适用的管理类别由企业所在地海关审定。其中适用A类、D类管理的企业名单报海关总署备案，并由总署统一布置在全国实施。B类和C类管理的企业名单由主管海关统一布置在本关区范围内实施。在具体管理时，海关对A类企业通常会在常规管理的基础上提供较多的便利；对B类企业则主要实行常规管理制度；对于C类和D类企业，由于这些企业大多出现过一些问题，故海关在监管上就实行较严格的管理措施。

(二) 银行保证金台账制度

1. 保证金台账的运作程序

(1) 合同的审批与登记备案。经营加工贸易的单位对外签订合同后，应根据加工产品的类别(限制类、允许类)向相应级别的外经贸主管部门申报审批。获批准后，经营单位即可向所在地主管海关办理合同登记备案手续。主管海关将对加工贸易合同和外经贸主管部门的批件进行审核，并按照企业在分类管理中所评定的类别和合同备案料件金额签发开设银行保证金台账联系单，交经营单位向指定的中国银行办理开设保证金台账手续。

(2) 开设保证金台账。加工贸易的经营单位持主管海关签发的开设保证金台账的联系单，向指定的中国银行办理台账设立手续。中国银行对海关签发的联系单和经营单位的申请进行审核，其后将按照合同备案料件金额设立保证金台账，并按规定收取保证金。手续办理结束后,银行将向经营单位签发银行保证金台账登记通知单和保证金收存凭证,经营单位可凭此文件向主管海关申领《加工贸易登记手册》。

(3)《加工贸易登记手册》的核发。主管海关根据中国银行签发的银行保证金台账登记通知单和保证金收存凭证以及其他相关单证向经营单位核发《加工贸易登记手册》。

(4) 合同核销。经营单位在海关规定的期限内执行完加工贸易合同或在最后一批加工产品出口后,将向主管海关办理合同核销的手续。经海关审核确认后,将会向经营单位签发银行保证金台账核销通知单和退还保证金通知单,经营单位可凭此到银行办理保证金台账的核销手续。

(5) 台账核销。经营单位持主管海关签发的台账核销通知单向其设立台账的中国银行办理保证金台账的核销手续,领取退还的保证金及按活期存款利率计付的利息。

2. 保证金台账的分类运作

银行保证金台账的实施是与加工贸易企业所签合同数额的大小、所加工商品的种类以及海关对企业的分类管理制度有着密切的关系。在此基础上台账采取了不纳入保证金台账制度、"空转"、"实转"不同级别的运作方式。

(1) 不纳入银行保证金台账制度管理。对于一些资信状况较好、海关有严密监管措施且合同数额较小的企业,采取不纳入银行保证金台账制度的管理,即在海关批准的情况下,可以不开设台账。具体的情况是:①A 类企业,从事飞机、船舶等特殊行业的加工贸易,或年进出口额较大;②A 类或 B 类企业,加工贸易合同数额在 1 万美元及以下;③企业对外履行出口合同,由外商提供辅料,且辅料属 78 种客供辅料之一,每批合同进口辅料在 1 万美元及以下者。

(2) 银行保证金台账"空转"。所谓"空转",是指加工贸易企业按规定在指定的中国银行开设银行保证金台账,但并不向中国银行交付保证金的台账运作方式。适合"空转"的情况有:①除不纳入台账管理的 A 类企业,在加工限制类和允许类商品时,均可采用"空转"的方式;②B 类企业在加工允许类商品时,适合"空转"的方式。

(3) 银行保证金台账"实转"。银行保证金台账的"实转",是指加工企业开设保证金台账时,必须将保证金存在中国银行的指定账户里。企业在产品加工完毕并办理了核销手续后,银行再退还其保证金和相当于活期存款的利息。适合于"实转"方式的情况有:①B 类企业加工限制类商品;②C 类企业加工限制类和允许类商品。

(4) 保证金台账管理的其他相关规定。①合同变更后保证金台账的变更。加工贸易合同在执行中发生变化时,加工企业必须向主管部门和主管海关申报核准,并由海关签发保证金台账变更联系单,经营单位凭此单去指定银行办理台账的变更。②加工产品转内销后保证金台账的变更。加工企业因故不能复出口产品而将其转内销时,经营单位必须报批主管部门和海关,办理产品进口纳税的手续。经核销后,再去银行办理保证金台账的核销。③保税区、出口加工区进口加工贸易进口料件,不实行银行保证金台账制度。

四、保税仓库货物

(一)保税仓库货物概述

1. 保税仓库的含义和类别

保税仓库是指经海关批准,专门存放保税货物及其他未办结海关手续货物的仓库。

从我国的现状来看,按照使用对象和范围来分类,我国的保税仓库主要可分为公用型和自用型两种。但根据货物的特定用途来看,公用型和自用型仓库下面还可衍生出一种专用型保税仓库。因此,目前我国大体上有如下三种保税仓库:

(1)公用型保税仓库。该种仓库是由主营仓储业务的中国境内独立企业法人经营,专门向社会提供保税仓储服务。

(2)自用型保税仓库。该种仓库是由特定的中国境内独立企业法人经营,仅存储本企业自用的保税货物。

(3)专用型保税仓库。该种仓库是专门用来存储具有特定用途或特殊种类商品的保税仓库。专用型保税仓库包括液体危险品保税仓库、备料保税仓库、寄售保税仓库和其他专用保税仓库。

2. 保税仓库的设立和存放的货物

在设立保税仓库时,仓库经理人必须具有法人资格,并具备向海关缴纳税款的能力,保税仓库所经营的主要业务要得到相关主管部门的批准。经营特殊许可商品存储的,还要持有规定的特殊许可证件。设立保税仓库的注册资本最低必须达到 300 万元人民币,并要有专门存储保税货物的场所,而且还要达到相关的要求。

保税仓库在经营时,经海关批准可以存放的货物有如下一些种类:

(1)加工贸易中的进口货物;

(2)转口货物;

(3)供应国际航行船舶和航空器的油料、物料和维修用的零部件;

(4)供维修外国产品所进口的零配件;

(5)外商进境暂存货物;

(6)未办结海关手续的一般贸易进口货物;

(7)经海关批准的其他未办结海关手续的进境货物。

保税仓库不得存放国家禁止进境货物,未经批准的影响公共安全、公共卫生或健康、公共道德或秩序的国家限制进境货物以及其他不得存入保税仓库的货物。

(二) 保税仓库货物的报关

保税仓库货物的报关程序可以分为进库报关和出库报关两个阶段。

1. 进库报关

货物在保税仓库所在地进境时，除能够制造化学武器的化工品和易制毒化学品外，其他货物均免领许可证件，由货物的收货人或其代理人按申报、配合查验、缴纳或免纳税费、提取货物的报关程序办理货物的进口报关手续，海关放行后即可将货物存入保税仓库。

货物在保税仓库所在地以外的其他口岸入境时，经海关批准，收货人或其他代理人应按转关运输程序办理转关运输手续，也可以直接在口岸海关办理异地传输报关手续。当货物运抵保税仓库所在地再按申报、配合查验、缴纳手续费、入库的报关程序办理进库报关手续。

2. 出库报关

保税仓库货物出库可能会出现进口报关和出口报关两种情况。另外，根据报关数量来看还可能出现集中报关的情况。

(1) 进口报关。①保税仓库货物出库用于加工贸易的，由加工贸易企业及其代理人按加工贸易的报关程序办理进口报关手续；②保税仓库货物出库用于享受特定减免税的特定地区、特定企业和特定用途的，由享受特定减免税的企业及其代理人按特定减免税货物的报关程序办理进口报关手续；③保税仓库货物出库进入国内市场或用于境内其他方面的，由用户及其代理人按一般贸易货物的报关程序办理进口报关手续。

(2) 出口报关。保税仓库货物出库转口或退运，由保税仓库经营企业或其代理人按一般出口货物的报关程序办理出口报关手续，但免纳出口税，免予交验出口许可证件。

(3) 集中报关。保税货物出库批量小、批次频繁的，经海关批准可以办理定期集中报关手续。

(三) 保税仓库货物的报关要点

(1) 保税仓库所存的货物储存期为1年。如因特殊情况需要延长期限，则应向主管海关申请延期，延长的最长期限不能超过1年。

(2) 保税仓库所存货物是海关监管货物，在未经海关批准并办理相关的手续的情况下，当事人不能对货物进行出售、提取、交付、调换、抵押、转让或移作他用。

(3) 在仓库储存期间，货物如发生短少或灭失，除了不可抗力的原因外，保税仓库的经营单位应对短少或灭失的货物承担缴纳税款的责任和其他的相关责任。

(4) 保税仓库必须独立设置，专库专用，保税货物不能与非保税货物混放在一起。

(5) 保税仓库经营者不得对所存货物进行实质性的加工。如需对货物进行包装、分级分类、加刷唛码、分拆、拼装等简单加工,则必须在海关的监管下进行。

(6) 保税仓库经营单位自己使用的设备、装置、车辆和用品,均不属于保税货物,进口时应按一般贸易办理进口手续,并缴纳进口税款。

(7) 保税仓库的经营者应于每月5日前,以电子数据和书面形式向主管海关申报上一个月的仓库收、付、存情况,并随附相关的单证,由主管海关核销。

五、区域保税货物

我国区域保税货物主要有保税区货物和出口加工区货物两种类型。

(一) 保税区货物

1. 保税区及免税优惠政策

保税区是经国务院批准在我国境内设立的特殊经济区域,区内主要从事出口加工、转口贸易、保税仓储等涉外经济活动。保税区是海关实施特殊监管的区域,海关对保税区实行封闭管理,境外货物进入保税区,实行保税管理,境内其他地区货物进入保税区,视同出进境。目前,经国务院批准,我国已设立了上海、天津、大连等15个保税区。

国家在保税区实行了许多外经贸方面的优惠政策,其中为了支持保税区的发展,保税区享有以下的免税优惠的特殊政策:

(1) 区内生产性的基础设施建设项目所需的机器、设备和其他基建物资,予以免税。

(2) 区内企业自用的生产、管理设备和自用合理数量的办公用品及其所需的维修零配件,生产用的燃料,建设生产厂房、仓储设施所需的物资、设备,予以免税。

(3) 保税区行政管理机构自用合理数量的管理设备和办公用品及其所需的维修配件,予以免税。

2. 保税区货物进出的报关

保税区货物的报关分为进出境报关和进出区报关。

(1) 进出境报关。保税区货物进出境报关采用报关制和备案制相结合的运行机制,即保税区与境外之间进出境货物,属自用的,采用报关制,要填写进出口报关单;属非自用的,包括加工、转口和仓储,采取备案制,要填写进出境备案清单,进入备案程序。

(2) 进出区报关。货物在进出区时,要根据不同的情况进入不同的报关程序。

① 进出区货物。各种保税进口的料件和用这些料件生产的成品和半成品进区时,要报出口,要提交《加工贸易登记手册》,填写出口报关单,并提供有关的许可证件。海关不签发出口退税报关单。

货物出区时，则要报进口，按货物不同的流向填写不同的进口货物报关单。货物出区进入国内市场，按一般进口货物进行报关，填写一般进口货物报关单，并提供相关的许可证件。采用进口料件制成的成品和半成品，要根据所含进口料件的比例缴纳进口税。货物出区用于加工贸易的，按保税货物进行报关，要填写加工贸易报关单，提交《加工贸易登记手册》，按照已经批准的保税额度进行保税。货物出区给享受特定减免税企业使用时，要采用特定减免税的报关程序，当事人要提供《进口免征税证明》以及相关的许可证件，免缴进口税。

②进出区外发加工。外发加工是指加工贸易企业出口产品生产的某一环节由其他企业代为加工的业务。保税区企业的外发加工分为出区外发加工和进区外发加工两种情况，两者的开展均需经过主管海关的批准。

进区进行外发加工的，要持外发加工合同向保税区海关备案。加工出区后要进行核销，但不进入进出境的报关程序，即不填写进出口报关单，不缴纳税费。

出区进行外发加工的，则须由区外企业在当地海关办理备案手续，进入加工贸易合同备案程序，包括台账程序，加工的期限最长为半年。情况特殊的，经海关批准，可以延长，但延长的最长期限为半年。备案后，进入加工货物出区的报关程序。

③设备进出区。设备进区时，无论是施工还是投资所用，均要向保税区海关提交设备清单进行备案，但不进入报关程序，不缴纳出口税，海关也不签发出口退税报关单。即便设备是国外进口设备并已征进口税的，也不退进口税。设备出区时，也不进入报关程序，由保税区海关凭设备清单核销结案。

3. 保税区货物的报关要点

（1）除特殊货物外，不实行配额、许可证管理。保税区与境外之间进出的货物，一般不实行进出口配额、许可证管理，也不需提供许可证。但一些特殊的商品和货物则需受到配额和许可证的限制，这主要包括：实行出口被动配额管理的商品、易制毒化学品、能够制造化学武器的化工品、消耗臭氧层物质以及废纸等国家规定的特殊货物。

（2）不实行银行保证金台账制度，加工料件全额保税。在保税区进行加工贸易，有些方面是要受到国家管制的，如国家明令禁止进出口的货物是不准开展加工贸易的，而有些货物的加工也需要有许可证或主管部门的批准。但在保税区进行加工贸易时不实行银行保证金台账制度，加工单位不需缴纳保证金，加工料件可以享受全额保税的便利。

（3）从区外进入保税区的货物，按照出口货物办理手续。货物从区外进入保税区，相当于货物的离境出口，需要办理货物的出口手续。企业在办结海关出口手续后，可办理结汇、外汇核销、加工贸易核销等手续。但出口退税则必须在货物实际报关离境后，才能办理。

(4) 转口货物可以在保税区进行简单的加工。保税区内的转口货物可以在区内的仓库等地进行分级、挑选、刷贴标志、改换包装形式等简单加工。

(二) 出口加工区货物

1. 出口加工区概述

出口加工区是由国务院批准设立的专门从事保税加工的区域，也是海关监管的特定区域。与保税区相比较，出口加工区的功能比较单一，其主要功能是从事加工贸易以及为区内加工贸易服务的储运业务。出口加工区内企业生产的产品应当全部返销出口。海关按照对进口货物的有关规定，对出口加工区运往区外的货物办理海关手续，对于制成品要进行征进口税。如属于许可证管理的商品，还会要求当事人出具有效的进口许可证件。

出口加工区从境外进口属于生产、管理所需的设备和物资，可以享受特定减免税的优惠，但这不包括交通车辆和生活用品。区外境内物资进入出口加工区，视为出口，要办理正式的出口报关手续，并可以退出口税。

2. 出口加工区货物的报关

出口加工区实行计算机联网管理和海关稽查制度。区内企业应建立符合海关监管要求的电子计算机管理数据库，并与海关实行电子计算机联网，进行电子数据交换。出口加工企业在进出境(进出口)货物前，应向出口加工区主管海关申请设立电子账册，其账册包括加工贸易电子账册和企业设备电子账册。企业凭海关审核通过的电子账册办理进出境(进出口)货物报关手续。

(1) 出口加工区与境外进出货物的管理。出口加工区与境外之间进出的货物报关实行备案制，由货主或其代理人根据加工区管理委员会的批件，填写进出境货物备案清单，向主管海关备案。

对于跨关区进出境的出口加工区货物，一般按转关运输中的直转方式办理转关。对于同一关区内进出境的出口加工区货物，一般按直通式报关。

加工区与境外之间进出的货物，除实行出口被动配额管理的外，不实行进出口配额、许可证管理。

从境外进入加工区的货物，其进口关税和进口环节税，除法律、法规另有规定外，按下列规定办理：①区内生产性的基础设施建设项目所需的机器、设备和建设生产厂房、仓储设施所需的基建物资，予以免税。②区内企业生产所需的机器设备及维修零配件，予以免税。③区内企业为加工出口产品所需的原材料、零部件、元器件、包装物等，予以保税。④区内企业和行政管理机构自用合理数量的办公用品，予以免税。⑤区内企业和行政管理机构自用的交通运输工具、生活消费品，按进口货物的有关规定办理报关手续，海关予以照章征税。

（2）出口加工区与境内区外其他地区之间货物进出的管理。对加工区运往境内区外的货物，海关将按进口货物的报关予以办理手续，进入一般进口报关程序。如属于许可证管理的，要向海关出具有效的进口许可证件，并缴纳进口关税、增值税和消费税。区内企业的加工产品在生产过程中产生的边角料、残次品、废品复运出境，由企业向主管海关申请核准后，根据其使用价值估价征税。如属于许可证管理的商品，还应向海关出具有效的许可证件。对无商业价值的边角料和废料，需运往区外销毁的，海关将予以免进口许可证和免税。

海关对于境内进入加工区的货物，按货物出口对待，当事人要办理货物出口报关手续。从区外进入加工区的货物和物品，应运入加工区海关指定的仓库和地点。区外企业要填写出口报关单，并持境内购货发票、装箱单，向加工区的主管海关办理报关手续。出口报关时的出口退税按照以下规定办理：①从区外进入加工区供区内企业使用的国产机器、设备、原材料、零部件、元器件、包装物料以及建造基础设施、加工企业和行政管理部门生产、办公用房所需合理数量的基建物资等，海关按照对出口货物的有关规定办理报关手续，并签发出口退税报关单。区外企业凭报关单出口退税联向税务部门申请办理出口退(免)税手续。②从区外进入加工区供区内企业和行政管理机构使用的生活消费用品、交通运输工具等，海关不予签发出口退税报关单。③从区外进入加工区的机器、设备、原材料、零部件、元器件、包装物料、基建物资等，区外企业应当向海关提供上述货物或物品的清单，并办理出口报关手续。经海关查验后放行。上述货物或物品，已缴纳的进口环节税不予退还。④因国内技术无法达到产品要求，需要将国家禁止出口或统一经营商品运至加工区内进行某项工序加工的，应报外经贸主管部门批准，海关按照出料加工管理办法进行监管。其运入加工区的货物，不予签发出口退税报关单。

（3）其他报关要点。

①国家禁止进出口的货物，不得进出加工区。

②出口加工区区内企业开展加工贸易业务不实行加工贸易银行保证金台账制度，不征收监管手续费，不核发加工贸易登记手册，使用电子账册管理，实行备案电子账册的滚动累加、核扣，每关年核销一次。

③从出口加工区外进入加工区的货物，须经区内企业实质性加工后，方可运出境外。出口加工区区内企业不得将未经实质性加工的进口原材料、零部件销往区外。区内从事仓储服务的企业，其仓储目的是为区内加工贸易服务，因此不得将从境外进口的仓储原材料、零部件提供给区外企业。

④出口加工区区内企业经主管海关批准，可在境内外进行产品测试、检验和展示

活动。测试、检验和展示的产品,应比照海关对暂时进口货物的管理规定,办理出区手续。

第三节 特定减免税货物的报关

一、特定减免税货物概述

(一)特定减免税货物的概念

特定减免税货物是指海关根据国家政策的规定准予减免税进境,在规定的时间里,使用于特定地区、特定企业、特定用途的货物。

规定时间是指海关对减免税进口货物有一定的监管期限。特定地区主要包括保税区和出口加工区。特定企业是指外商投资企业。特定用途主要是指该类货物主要用于某些国内投资项目、利用外资项目、科研教育活动和残疾人福利事业。

(二)特定减免税货物的特征

特定减免税货物主要有如下四方面的特征:

1. 特定条件下减免税

特定减免税是我国关税优惠政策的重要组成部分,是国家无偿向符合条件的进口货物使用企业提供的关税优惠,其目的是优先发展特定地区的经济、鼓励外商在我国直接投资、促进国有大中型企业和科教文化和卫生事业的发展,因此,这种关税优惠具有鲜明的特定性,只能在国家行政法规的特定条件下使用。

2. 除特殊情况下,必须提交进口许可证件

按照国家相关进出境管理的法律法规,在特定减免税货物进口时,凡属于进口时需办理进口许可证的货物,除特殊情况和另有规定外,进口货物的收货人或其代理人都应当在进口申报时向海关提交进口许可证件。

3. 特定的海关监管期限

特定减免税货物享受特定减免税的条件,就是在规定的时间里,在规定的地区、企业和规定用途的范围内使用,并接受海关的监管。海关监管的具体时间可从下表中看出:

特定减免税货物的种类	海关监管期限
船舶、飞机、建筑材料(包括钢材、木材、胶合板、人造板、玻璃等)	8年
机动车辆(特种车辆)、家用电器	6年
机器设备、其他设备、材料	5年

4. 在特定范围内使用

特定减免税货物的使用有严格范围，只能在规定的地区、企业或规定的用途内使用，并且要接受海关的监管。如果当事人在海关监管期内，将特定减免税货物转移至特定区域和企业以外的地点使用，或改变特定减免税货物的特定用途，必须事先向海关申请，得到批准后按货物使用年限折旧后补缴原减免的税款，才可使用。

二、特定减免税货物的报关程序

在报关程序上，特定减免税货物要经历三个阶段：减免税申请（前期阶段）、进口报关（进出境阶段）和申请解除监管（后续阶段）。

(一) 减免税申请

1. 特定地区减免税货物的进口申请

企业所在区域不同，其办理申请手续会有所不同：

(1) 保税区减免税货物的申请。保税区企业办理减免税备案登记时，应当向保税区海关提交企业批准证书、营业执照、企业合同、章程等，并将有关企业情况输入海关计算机系统。海关审核后批准备案的，即向该企业发放企业征免税登记手册。企业凭此手册办理货物减免税申请手续。

保税区企业在进口特定减免税机器设备等货物前，向保税区海关提交企业征免税登记手册、发票、装箱单等，并将申请进口货物的有关数据输入海关计算机系统。海关核准后签发《进出口货物征免税证明》交申请企业。

(2) 出口加工区特定减免税货物进口申请。出口加工区企业向出口加工区海关办理减免税备案登记时，应当提交加工区管理委员会的批准文件、营业执照等，并将企业的有关情况输入海关计算机系统。海关审核后批准建立企业电子账册。企业凭此账册办理货物减免税申请手续。

出口加工区企业在进口特定减免税机器设备等货物以前，向出口加工区海关提交发票、装箱单等，经海关核准后在企业设备电子账册中进行登记。

2. 特定企业减免税货物的进口申请

外商投资企业向企业主管海关办理减免税备案登记，提交外经贸主管部门签发的批准文件、营业执照、企业合同、章程等。海关审核后准予备案的，即签发《外商投资企业征免税登记手册》。

外商投资企业在进口特定减免税机器设备等货物以前，向主管海关提交《外商投资企业征免税登记手册》、发票、装箱单等，并将申请进口货物的有关数据输入海关计算机系统。经海关核准后签发《进出口货物征免税证明》交申请企业。

3. 特定用途减免税的申请

在各种不同的特定用途中，减免税的申请也不尽相同：

(1) 国内投资项目和利用外资项目的减免税申请。在项目被批准后，减免税货物进口企业应当持国务院有关部门或者自治区、直辖市人民政府签发的《国家鼓励发展的内外资项目确认书》、发票、装箱单等单证，向项目主管直属海关提出减免税申请。海关核准后签发《进出口货物征免税证明书》，并交给申请企业。

(2) 科教用品的减免税申请。科教单位在办理科学研究和教学用品免税进口申请时，应当持有关主管部门的批准文件，向单位所在地主管海关申请办理资格认定手续。经海关审查核准后，将签发《科教用品免税登记手册》。在进口特定减免税货物前，科教单位要向主管海关提交《科教用品免税手册》、合同等单证，并将申请进口货物的有关数据输入海关计算机系统。海关在审查核准后，将向申请单位签发《进出口货物征免税证明》。

(3) 残疾人专用品的减免税申请。残疾人和民政部门或残疾人联合会的所属单位在进口特定减免税专用品、专用仪器、专用设备之前，应当提交民政部门或残疾人联合会的批准文件，向主管海关或海关总署提出申请，经主管海关审核批准，或海关总署发回审批通知后，由主管海关向申请人或申请单位签发《进出口货物征免税证明》。

4．《进出口货物征免税证明》的使用

该证明的有效期是 6 个月，持证人必须在自海关签发该证明的 6 个月内进口经批准的特定减免税货物。

《进出口货物征免税证明》实行"一证一批"的原则，即一份征免证明上的货物只能在一个进口口岸一次性进口。如果一批特定减免税货物需要分两个口岸进口，或者需分两次进口的，当事人应当事先分别申领征免税证明。

(二) 进口报关

特定减免税的进口报关与一般进口货物的报关程序基本一致，也要经历进口申报、陪同查验、缴纳税费、提取货物四个环节，但在有些方面也有所不同，其通关时需要注意的方面有：

(1) 要提交征免税证明。特定减免税货物进口报关时，进出口货物收、发货人或代理人除了向海关提交报关单和随附单证外，还应向海关提交《进出口货物征免税证明》。

(2) 有些情况下可豁免进口许可证件。特定减免税货物一般不豁免进出口许可证件，但对某些外商投资和某些种类的许可证件，国家规定对此有特殊优惠政策的，可以豁免进口许可证件。

(3) 海关征收监管手续费。特定减免税货物享受减税或免税的优惠，但按照国家规定，海关对这些货物仍然要征收监管手续费。

(4) 注意报关单上"备案号"栏目的填写。特定减免税货物进口报关时，报关员应特别注意报关单上"备案号"栏目的填写，必须准确填写《进出口货物征免税证明》上的12位编号。若写错了，将不能通过海关计算机的逻辑审核，在提交纸质报关单证时也无法顺利通过海关审单。

(5) 申报减免税进口货物的商品名称、规格必须与《进出口货物征免税证明》所列项目一致。

资料卡 特定减免税货物进口报关应注意的要点

(1) 特定减免税货物不豁免进口许可证件，但对外资企业和我国港澳台地区及华侨投资企业进口本企业自用机器设备可以豁免进口许可证。外商投资企业在投资总额内进口涉及机电产品自动许可证的也可以豁免。

(2) 外商投资企业在投资总额内进口的机器设备在填写报关单上"贸易方式"栏时，应分别填写"合资合作设备"或"外资设备物品"。在投资总额以外用自有资金进口的自用机器设备，则应填写"一般贸易"。

(3) 特定减免税进口设备可以在两个享受特定减免税优惠的企业之间结转。结转手续应当分别向企业主管海关办理。

(三) 申请解除监管

特定减免税货物解除海关监管的情况大致有如下几种：

1. 监管期届满申请解除监管

在监管期届满后，原申请减免税人应当向海关申请解除对减免税进口货物的监管。主管海关在审核后批准并签发《减免税进口货物解除监管证明》。至此，特定减免税进口货物就办结了全部的海关手续。

2. 监管期内申请解除监管

当事人在海关监管期内要求解除监管，主要是因为在货物的用途上发生了变化，具体表现为：

(1) 在境内销售和转让。当事人想将货物在国内销售转让的，应当向原审批进口的外经贸主管部门申请，凭批准文件到海关办理补缴进口税费的手续。海关按照使用时间折旧估价征税后，签发解除监管证明书，当事人至此方可将此货物在国内销售或转让。

(2) 退运出境。如果当事人想将原特定减免税货物退运出境的，也要向原审批主管部门提出申请，凭批准文件向出境地海关办理货物的退运手续。海关在监管货物出境后，签发《出口货物报关单》。当事人可持报关单及其他单证，向主管海关申领解除监管的证明。

(3) 放弃货物交海关处理。当事人要求放弃减免税货物的,应当向主管海关提交放弃货物的书面申请,经海关核准后,按照海关外理放弃货物的有关规定办理手续。海关将货物进行拍卖,并将所得款项上缴国库后,签发收据。当事人可凭此收据向主管海关申领解除监管的证明。

3. 企业破产清算时特定减免税货物的处理

特定减免税货物只有在解除监管后,才能进入破产清算、变卖、拍卖程序。企业因进入法律程序,要对尚在海关监管期限内的特定减免税货物进行清算、变卖、拍卖处理时,要事先向主管海关提出申请,经海关同意并按规定补缴税款后,凭交税证明由海关向其签发解除监管证明。如该货物已经改变其进口时的状态,经海关实际查验并作查验记录后,也可按此办法办理解除监管手续。

对于进入法律程序清算、变卖、拍卖的特定减免税货物,如属于许可证管理,原进口时未申领许可证件的,海关凭人民法院的判决或国家仲裁机关的仲裁证明,免予补办进口许可证件。企业按规定补缴税款后,即可收到海关签发的该货物的解除监管证明。

4. 保税区内免税货物申请解除监管

保税区内企业免税进口货物未满海关监管年限的,申请提前解除监管时,应按规定照章补税,其中涉及国家实行许可证件管理的货物,还需向海关提交有效的许可证件。

> **资料卡**
>
> **擅自销售特定减免税货物的法律后果**
>
> 特定减免税货物进口后,在海关的监管期限内,未经海关许可,未补缴原减征或免征的税款,擅自在境内销售的,属走私行为。如果走私行为构成犯罪的,要依法移送海关缉私机构和地方公安机关追究刑事责任。走私行为不构成犯罪的,由海关给予行政处罚。

第四节 暂准进出口货物的报关

一、暂准进出口货物概述

(一) 暂准进出口货物的概念

暂准进出口货物是指为了特定的目的暂时进境或出境,有条件暂时免纳进出口关税并豁免进出口许可证,在特定的期限内除因使用中正常的损耗外按原状复运出境或复运进境的货物。

(二)暂准进出口货物的范围

在国际上，暂准进出口货物的种类繁多，将其划分为 12 大类，但我国暂准进出口货物的范围与国际上的划分有所不同，主要包括：

(1) 使用《ATA 单证册》报关的暂准进出口货物；

(2) 不使用《ATA 单证册》的展览品；

(3) 集装箱箱体；

(4) 暂时进出口货物。

(三)暂准进出口货物的特征

1．有条件暂时免于缴纳税款

暂准进出口货物在向海关申报进出境时，进出口该货物的当事人要向海关保证，该货物只在规定的范围内使用，并将于规定的期限内复运进、出境。因此，当事人可不必为该货物缴纳进出口税费。海关将对暂准进出口货物采取保全措施，即要求暂准进出口货物的进出口人向海关提供担保，支付至少与进出口税费相当的保证金。

2．免于提交进出口许可证

暂准进出口货物不是实际进出口的货物，在海关放行后，也不能自由流通。因此，贸易管制措施也不适用于这类货物。按照海关规定，暂准进出口货物在办理进出境手续时，可以免于提交进出口许可证件。但是，这种豁免是指经济性质的许可证件，而不包括一国为公共道德、公共安全、公共卫生所实施的进出境管制制度。对于这些方面的进出境限制，当事人仍然要向海关提交许可证件。

3．具有特定的进出境目的

海关允许货物在不提交许可证件、不征收税费的情况下进出境，其根本原因就在于这些货物具有特定的进出境目的。这些目的大多与国家间文化、经济交流相关，可促进该国经济、文化事业的发展。

4．在规定期限内按原状复运进出境

暂准进出口货物应当在自进境或出境之日起 6 个月内复运出境或复运进境。在需要时，当事人可以申请延期，但延期期限最长不超过 6 个月。

按原状复运进出境是暂准进出口货物的一个主要特征，货物的进出口人必须对此承担法律责任。如果未按原状将货物复运进出境，当事人将会受到海关的惩罚。

5．按货物的实际使用情况办理结关手续

经海关批准后，暂准进出口货物也可以改变其原有的"特定进出境目的"，成为一般进出口货物、保税加工货物或特定减免税货物，这时当事人就应该尽快根据货物转变的性质向海关办理核销结关手续。

海关对暂准进出口货物都有后续监管要求，因此所有暂准进出口货物都必须在规定的期限内,由当事人根据货物的实际使用情况,向海关办理核销结关手续。

二、暂准进出口货物的报关

(一)使用《暂准进口单证册》报关的暂准进出口货物

✎ 资料卡

《暂准进口单证册》

《暂准进口单证册》,简称《ATA 单证册》,是指海关组织通过的《货物暂准进口公约》及其附约 A 和《关于货物暂准进口的 ATA 单证册海关公约》(简称《ATA 公约》)中规定的,用于替代各缔约方海关暂准进出口货物报关单和税费担保的国际性通关文件。它是由法语"Admission Temp-oraire"和英语"Temporary Admission"两种文字的第一个字母组合而成,表示"暂准进口"。《ATA 单证册》(《ATA CARNET》)既是国际通用的暂准进口报关单证,同时也是一份国际担保文书。

世界海关组织于 1961 年通过了《关于货物暂准进口的 ATA 单证册海关公约》,后又于 1990 年通过了《货物暂准进口公约》,从而建立并完善了 ATA 单证册制度。到目前为止,已有六十多个国家和地区实施了 ATA 单证册制度,七十多个国家和地区接受了《ATA 单证册》,每年凭单证册通关的货物总值已超过了 120 亿美元。《ATA 单证册》已成为暂准进口货物使用的最重要的海关文件。

我国于 1993 年加入关于 ATA 单证册制度的公约,并于 1998 年 1 月起开始实施 ATA 单证册制度。中国国际商会是我国《ATA 单证册》的出证和担保商会,负责我国《ATA 单证册》的签发和担保工作。

1.《ATA 单证册》制度

根据海关对暂准进出口货物监管的要求,暂准进出口货物应事先向海关提供担保,然后凭担保办理货物的进出口通关。这样,当一批货物多次发生暂时进出境行为时,有关的海关手续就变得极为繁琐。而 ATA 单证册制度的核心内容就是实行暂准进出口的国际联保。

这种联保形式的运作是通过国际商会国际局(IBCC)组织管理的国际担保连环系统(又称为 ATA/IBCC 连环担保系统)进行的。该系统是由各国经海关当局核准的国际商会组织作为国家担保机构共同组成。各国的担保机构负责签发本国申请的《ATA 单证册》,并对《ATA 单证册》项下的货物应付的关税及其他税费向 IBCC 履行全面担保义务。中国国际商会是我国《ATA 单证册》的担保协会和出证协会。

2.《ATA 单证册》的使用

《ATA 单证册》的持有人在货物出境前向本国 ATA 担保机构申请签发《ATA 单证

册》后,凭该单证册在货物于外国入境时向该国海关申报,并在特定使用活动结束时,按规定将货物复运出境。如货物在暂准进口期限届满时仍未复运出境,则进口海关当局可在期满后一年内向本国的 TAT 担保机构提出索赔,要求支付该《ATA 单证册》项下进口货物应付的进口税款,该国担保机构根据海关当局的索赔要求支付税款后,再通过 IBCC 向该《ATA 单证册》签发国的担保机构追偿已付的税款。

《ATA 单证册》的运用简化了有关暂准进出口货物的通关手续,节约了持证人的通关费用和时间,降低了持证人的风险,提高了海关的管理效率。

3．《ATA 单证册》在我国的适用范围

在国际间,《ATA 单证册》适用的货物较为繁杂,由于各国间的经济发展水平和经济结构不同,以及各国加入《ATA 公约》的情况不同,因此,其适用《ATA 单证册》的货物范围也有所不同。我国适用《ATA 单证册》的货物范围只限于我国加入的有关公约及附约中规定的展览会、交易会、会议或类似活动项下的货物。具体包括:

(1) 在各类展会、交易会、会议或类似活动中的展品;

(2) 在各类展会、交易会、会议或类似活动中为展示境外产品所需用的货物,例如,展示用的食品和相关货物,设置展台用的建材和装饰材料,宣传展示所用的广告、影片、幻灯片、录像带等。

(3) 其他经海关批准用于展示的货物。

4．《ATA 单证册》的有效期

根据国际公约的规定,缔约方的出证协会不应签发自签发之日起有效期超过 1 年的《ATA 单证册》。因此,《ATA 单证册》的有效期最长是 1 年。但由于我国海关只接受展览品及相关货物使用《ATA 单证册》申报进出口,因此,《ATA 单证册》项下货物暂准进出口期限为自货物进出境之日起 6 个月。超过 6 个月的,需经直属海关批准。如有特殊情况超过 1 年的,需经海关总署批准。

思一思:
在适用范围和有效期上,我国使用《ATA 单证册》时与国际上的使用有何不同?

5．《ATA 单证册》项下货物进出境的申报

(1) 进境申报。进出境货物的收发货人或其代理人持《ATA 单证册》向海关申报进境展览品时,先在海关核准的出证协会中国国际商会以及其他商会,将《ATA 单证册》上的内容预录入进境地海关与商会联网的《ATA 单证册》电子核销系统。然后向展览会主管海关提交纸质《ATA 单证册》、提货单等单证。

海关在白色进口单证上签注并留存白色进口单证正联,存根联随《ATA 单证册》其他各联退回进境货物收货人或其代理人。

(2) 出境申报。进出境货物收发货人或其代理人持《ATA 单证册》向海关申报出境展览品时，向出境地海关须提交国家主管部门的批准文件、纸质《ATA 单证册》、装货单等单证。

海关在绿色封面单证和黄色出口单证上签注，并留存黄色出口单证正联，存根联随《ATA 单证册》其他各联退回展览品所有人或其代理人。

(3) 过境申报。展览品所有人或其代理人持《ATA 单证册》向海关申报将货物通过我国转运至第三国参加展览会的，不必填写过境货物报关单。海关在两份蓝色过境单证上分别签注后，留存蓝色过境单证正联，存根联随《ATA 单证册》其他各联退回展览品所有人或其代理人。

(4) 担保、许可证和申报文字。持《ATA 单证册》向海关申报时不需要向海关提供另外的担保，也不需要提交进出口许可证。但如果其货物和展品属于公共道德、公共安全、公共卫生等方面限制的，则货物的所有人或其代理人就必须向海关提交进出口许可证件。

我国海关接受中文或英文填写的《ATA 单证册》的申报。如果当事人提交的《ATA 单证册》是用英文填写的，海关可要求其提供中文译本。用其他文字填写的《ATA 单证册》，则必须随附忠实于原文的中文或英文译本。

资料卡

《ATA 单证册》的格式和文字

每一份《ATA 单证册》都是由若干页 ATA 单证组成，单证的具体数目由经过的国家数目而定。一般由以下 8 页组成：一页绿色封面单证，一页黄色出口单证，一页白色进口单证，一页白色复出口单证，两页蓝色过境单证，一页黄色复进口单证，一页绿色封底。每张彩色报关单由存根和凭证两部分组成。

《ATA 单证册》必须用英语或法语，如果需要的话，也可以同时用第三种语言印刷。

6. 《ATA 单证册》项下暂准进出口货物的核销结关

持证人在规定期限内将进口展览品或出口展览品复运出、进境，海关在白色复出口单证和黄色复进口单证上分别签注，留存单证正联，存根随《ATA 单证册》其他各联退给持证人，正式核销结关。

持证人不能在规定期限内将展览品复运进出境的，我国海关向担保协会即中国国际商会提出追索。

(二) 其他暂准进出口货物的报关

除了使用《ATA 单证册》报关的暂准进出口货物外，其他暂准进出口货物，诸如不使用《ATA 单证册》报关的展览品、集装箱、暂时进出口货物等在报关程序上也有所不同，但大致可分为两个阶段：进出境阶段和后续阶段。进出境阶段的主要工作是办理货物暂时进出口的申报手续；后续阶段的主要工作是货物复运进出境后办理核销结关手续，或者在特定的进出境目的改变之后，按货物实际用途补办进出口申报、纳税或者减免税手续。这里我们以暂时进出口货物的报关过程来说明我国目前该类货物的报关程序。

1．进出境申报

（1）暂时进口货物的进境申报。暂时进口货物的收货人或其代理人填写进口报关单一式三份，并注明"暂时进口货物"，连同商业单据和货运单据，以及部委、省、市一级主管司局的批文，申报暂时进口。暂时进口货物不必提交配额或许可证等证件，但对国家需要实施检验检疫，或者为公共安全、知识产权保护等实施管制措施的，则仍必须提交相关的证件。

（2）提供担保。经过申报和海关核准后的暂时进口货物，申报人应向海关缴纳保证金，其数额相当于这些货物应该缴纳的税款，也可提交海关认可的书面担保。这样，海关即可准予当事人暂时免领进口货物的许可证和暂时免交税款。

（3）查验放行。海关核准暂时进口货物后，如认为有必要查验货物，报关员要陪同海关进行查验。为了保证暂时进口货物按原状复运出境，在海关认为必要时，还要对货物进行拍照留档，或者加贴标志。海关查验结束，在收取了保证金或保函后，即会放行货物。当事人凭海关加盖放行章的提货凭证提取货物。

对暂时进口货物的放行，并不代表货物已经结关，而是标志着海关对暂时进口货物后续监管的开始。暂时进口货物自进境之日起到办结海关手续复运出境时止，一直要受到海关的监管。

（4）暂时出口货物的出境申报。短期租赁以及租借给国外的货物、样品、广告品等暂时出口货物，其当事人应当向海关提交主管部门允许货物为特定目的而暂时出境的批准文件、出口货物报关单、货运和商业单据等，向海关办理暂时出境申报手续。出口货样如果属于出口许可证管理的，每批货物价值在人民币3万元及以下的，无须向海关提交许可证。但暂时出口货物中能够制造化学武器的化学品、易制毒化学品、重水、有关核出口及相关技术的出口管制条例管辖的商品，以及其他国际公约管辖的商品，要按正常出口提交有关的许可证。

2．暂时进出口货物的核销结关

（1）复运进出境。暂时进出口货物的复运出境、复运进境，进出口货物的收发货人或其代理人必须留存由海关签章的复运进出境的报关单，以备申报核销。

（2）转为正式进口。暂时进口货物因特殊原因，改变特定的暂时进口目的转为正式进口，进口货物的收货人或其代理人要向海关提出申请，提交许可证件，办理货正式进口的报关纳税手续。

(3) 放弃暂时进口货物。暂时进口货物在境内完成暂时进口的特定目的后，如货物所有人不准备将货物复运出境的，可以向海关声明将货物放弃，海关按放弃货物的有关规定处理。

(4) 结关。暂时进出口货物复运出境，或者转为正式进口和放弃以后，货物的收发货人应当持经海关签注的进口货物报关单、出口货物报关单或有关处理放弃货物的收据以及其他相关单证，向海关申报核销和结关。海关审核后，将退还保证金，或办理其他担保的销案手续，予以结关。

第五节 其他进出境货物的报关程序和海关事务担保

一、过境、转运、通运货物

(一) 过境货物

1. 含义

过境货物是指从境外启运，在我国境内不论是否换装运输工具，通过陆路运输，继续运往境外的货物。

2. 过境货物的范围

(1) 与我国签有过境货物协定或铁路联运协定的国家收、发货的过境货物，按有关协定准予过境。

(2) 同我国未签订上述协定的国家的过境货物应当经国家外经贸、运输主管部门批准，并向入境地海关备案后准予过境。

(3) 禁止从我国过境的货物有：①来自或运往我国停止或禁止贸易的国家和地区的货物；②各种武器、弹药、爆炸品及军需品(通过军事途径运输的除外)；③各种烈性毒药、麻醉品和鸦片、吗啡、海洛因、可卡因等毒品；④我国法律、法规禁止过境的其他货物物品。

3. 海关对过境货物监管的目的

其监管的目的主要是为了防止过境货物在我国境内运输过程中滞留在国内，或将我国货物混入过境货物随运出境，并防止我国禁止过境的货物从我国过境。

4. 过境货物的报关手续

(1) 进境报关手续。过境货物进境时，经营人或报关企业应向海关递交《海关过境货物报关单》和海关规定的其他相关单证，办理过境手续。进境地海关审核无误后，将在提运单和过境货物清单上加盖专用章，经营人或报关企业在出境地海关应完整及时地提交上述单证,接受验核。

(2) 复出境手续。过境货物出境时,当事人应及时向出境地海关申报,递交进境地海关签发的单证,经审核无误后,出境地海关将加盖"放行"章,货物在海关的监管下出境。

5. 海关对过境货物的相关规定

(1) 对过境货物逾期未报或未出境的处理。①过境货物的过境期限为6个月,因特殊原因在6个月内不能出境的,应向海关提出申请,得到同意后,可延期3个月。②进境货物自进境之日起超过3个月期限未向海关申请,按规定海关将可提取货物进行变卖,变卖后的货款按有关规定进行处理。

(2) 关于货物在境内暂存与运输的规定。①过境货物因换装运输工具等原因需卸地储存时,应当经海关批准并在海关监管下存入海关指定或同意的仓库或场所。②过境货物在进境以后、出境以前,应当按运输主管部门规定的路线运输。运输部门没有规定的,由海关指定。③根据实际情况,海关需要派员押运过境货物时,当事人应免费提供交通工具和执行监管任务的便利。

(3) 其他相关的管理规定。①民用爆炸品、医用麻醉品等的过境运输,应经海关总署商议有关部门批准后,方可过境;②有伪报货名和国别,借以运输我国禁止过境的货物以及其他违反我国法律、法规情形的,货物将被海关依法留置处理;③海关在对过境货物监管过程中,除发现有违法或者可疑情形外,一般仅作外形查验后予以放行;④海关查验过境货物时,经营人或承运人应当到场,负责搬移货物,开拆和重封货物的包装;⑤过境货物在境内发生损毁或灭失的(除不可抗力的原因外),经营人应当负责向出境地海关补办进口纳税手续。

(二) 转运货物

1. 定义

转运货物是指由境外启运,通过我国境内设立海关的地点换装运输工具,而不通过境内陆路运输,继续运往境外的货物。

转运货物与过境货物的主要区别是:过境货物需要通过陆路运输运往境外;转运货物则不需要通过陆路运输运往境外,只需在海关设立的地点换装运输工具。

2. 转运货物的条件

进境运输工具载运的货物,如需办理转运手续,必须要具备如下条件中的一项:

(1) 持有转运或联运提单;
(2) 进口载货清单上注明是转运货物的;
(3) 持有普通提货单,但在起卸前向海关声明转运的;
(4) 误卸的进口货物,经运输工具经理人提供确实证件的;

(5) 因特殊原因申请转运，经海关批准的。

3．海关对转运货物的监管

(1) 监管的主要目的是防止货物在口岸换装过程中混卸进口或混装出口；

(2) 外国转运货物在中国口岸存放期间，不得开拆、换包装或进行加工；

(3) 转运货物必须在3个月内办理海关有关手续并转运出境，超过3个月仍未转运出境或办理其他海关手续的，海关将按规定提取变卖；

(4) 口岸海关对转运的外国货物有权进行开箱查验，但如果未发现有违法或可疑现象，一般仅对转运货物作外形查验。

(三) 通运货物

1．定义

通运货物是指由境外启运，由船舶、航空器载运进境并由原运输工具载运出境的货物。

2．通运货物的报关手续

(1) 运输工具进境时，运输工具的负责人应凭注明通运货物名称和数量的《船舶进口报告书》或国际民航机使用的《进口载货舱单》向进境地海关申报。

(2) 进境地海关接受申报后，在运输工具抵、离境时对申报的货物予以核查，并监管货物实际离境。运输工具因装卸货物需搬运或倒装货物时，应向海关申请，并在海关的监管下进行。

二、无代价抵偿货物

(一) 无代价抵偿货物的含义和特征

无代价抵偿进口货物是指进口货物在征税或免税放行后，发现货物有残损、短少或品质不良，而由境外承运人、发货人或保险公司免费补偿或更换的同类货物。这类货物的主要特征有如下三点：

1．无代价抵偿货物是执行合同过程中发生的损害赔偿

在进口货物买卖合同执行过程中，进口方根据货物的事实状态向货物供应商请求偿付，而供货商根据合同有关规定及国际惯例进行赔偿，这种行为就是无代价抵偿。如果是违反了有关进口管理规定而索赔进口的，不能按无代价抵偿货物办理。

2．海关对原申报进口的货物已经放行

被抵偿的原有货物已办理了海关的相关手续，并已经按规定缴纳了进口税或者享受了减免税的优惠政策，经海关放行之后，发现了损害而索赔的进口货物。

3．抵偿货物是对损坏部分进行赔偿

根据国际惯例，除合同另有规定外，抵偿一般只限于在成交商品所发生的直接损

失方面(仅指残损、短少或品质不良方面的问题)以及合同规定的有关方面。对于所发生的间接损坏(如因设备损坏而造成的经济损失等)，一般不能包括在抵偿范围之内。

(二)无代价抵偿货物的报关程序

1. 不属于国家限制进口的商品的无代价抵偿货物的报关程序

(1) 该类型货物进口时，收货人应凭原进口货物报关单、税款缴纳凭证、索赔协议和商检证书向海关申报；

(2) 申报后海关按有关规定验核以上单证外，不应凭相对应的(退运)出口报关单办理有关进口手续；

(3) 如果无代价抵偿货物进口时不向海关报明货物已退运出口，或虽已报明货物已退运出口，但无法提供相应的出口证明，则海关应按一般进口货物办理有关通关手续。

2. 属于国家限制进口商品的无代价抵偿货物的报关程序

对于属于国家限制进口商品的无代价抵偿货物的报关程序与不属于国家限制进口商品的无代价抵偿货物的报关程序一致，但对如下两种情况需要特别注意：

(1) 如与原进口的货物在品名、数量、价值及贸易性质等方面完全一致的，可以在原进口货物已经退运出口的条件下，免领有关进口许可证件免税放行；

(2) 如原进口货物未退运出境或无法提供相应单证说明原进口货物已经退运出境的，则应补办相关进口许可证件征税后放行。

三、溢卸或误卸的进境货物

(一)含义

溢卸进境货物是指未列入进口载货清单、运单的货物，或者多于进口载货清单、提单或运单所列数量的货物。

误卸进境货物是指将指运往境外港口、车站或境内其他港口、车站而在本港(站)卸下的货物。

(二)报关手续

(1) 溢卸进境货物由原收货人接收的，原收货人或其代理人应填写进口货物报关单向进境地海关申报，并提供相关的溢卸货物证明。如属于国家限制进口的商品，则应提供有关的许可证件，海关经验核按规定征税后放行货物。

(2) 对运输工具负责人或其代理人要求以溢卸货物抵补短卸货物的，应经与短卸货物原收货人协商同意，并限于同一运输工具、同一品种的货物。如非同一运输工具或不同航次之间以溢卸货物抵补短卸货物的，只限于同一运输公司、同一发货人、同一品种的进口货物。上述两种情况，都应填报进口货物申报单向海关申报。

(3) 误卸进境货物，如属于应运往国外的，运输工具负责人或其代理人要求退运国外时，经海关核实后可退运至境外。如属于运往国内其他口岸的，可由原收货人或其代理人就地向进境地海关办理进口申报手续，也可以经进境地海关同意按转关运输管理办法办理转运手续。

（4）对溢卸、误卸进境货物，原收货人不接受或不办理退运手续的，运输工具负责人或其代理人可以要求在国内进行销售，由购货单位向海关办理相应的进口手续。

（5）溢卸、误卸进境货物，经海关审定确实的，由载运该货物的原运输工具负责人，自该运输工具卸货之日起3个月内，向海关申请办理退运或者申报进口手续。

（6）溢卸、误卸货物属于危险品或者鲜活、易腐、易烂、易失效、易变质、易贬值等不宜长期保存的货物，海关可以根据实际情况，提前依法提取变卖处理，变卖所得价款按有关规定做出相应处理。

四、海关事务担保

（一）海关事务担保的含义

海关事务担保是指与进出境活动有关的自然人、法人或其他组织在向海关申请从事特定的进出境经营业务或者办理特定的海关事务时，以向海关提交现金、保函等方式，保证行为的合法性，或保证在一定期限内履行其承诺义务的法律行为。

（二）海关事务担保的范围

1. 基本适用

依据《海关法》的规定，在确定货物归类、估价和提供有效报关单证或者办结其他海关手续前，收发货人要求放行货物的，海关应当在其提供与其依法应当履行的法律义务相适应的担保后放行。在通常情况下，下列情形适用于海关事务担保：

（1）海关归类或估价不明确，并因此未能办妥有关进出口手续，收发货人要求先放行货物的。

（2）进出口货物不能在报关时交验有关单证（如发票、合同、装箱单等），而货物已运抵口岸，亟待提取或发运，收发货人要求海关先放行货物，后补交有关单证的；

（3）正在向海关申请办理减免税手续，而货物已运抵口岸，亟待提取或装运，收发货人要求海关缓办进出口纳税手续的；

（4）应征税货物，收发货人请求缓缴税款的；

（5）暂准进出口货物（包括《ATA单证册》项下进出口货物）；

（6）经海关同意，将海关未放行的货物暂时存放于海关监管区之外的场所。

（7）进口加工贸易保税货物；

（8）除法律、行政法规另有规定外，有违法嫌疑，但依法不予以没收的进出口货物、物品，当事人请求先予放行货物的。

2．特殊适用

除上述情况外，有关进出口管理的法律、行政法规另行规定需要设立担保的情形，也适用海关事务担保，主要有以下情形：

（1）进出口货物的纳税义务人在规定的纳税期限内有明显的转移、藏匿其应税货物以及其他财产的迹象的；

（2）申请扣留或者放行有侵犯知识产权嫌疑的进出口货物的；

（3）进口初步裁定倾销、补贴成立，国务院外经贸主管部门公告决定要求提供担保的产品的；

（4）有违法嫌疑，但无法扣留或不便扣留的；

（5）受海关行政处罚的境内没有永久住所的当事人，对海关的处罚决定不服或在离境前不能缴清罚款、违法所得和依法收缴的货物、物品或运输工具的等值价款的。

3．免予适用

《海关法》在海关事务担保的有关条款中规定，如其他进出境管理的法律、行政法规根据实践需要规定免除担保的情形，则按照一般的法律适用原则，这种"免除担保"的特别规范优先于"凭担保放行"的一般规范。因此，在这种特别规范的适用范围内，因各种原因未办结海关手续的货物，可以免除担保被收发货人先予提取或装运出境。例如，《保证金台账制度》根据加工贸易项目的性质和企业的资信级别，对一部分加工贸易项目实行具有免除担保意义的"不设银行保证金台账"和"空转"的措施等。

4．不予适用

国家对进出境货物、物品有限制性规定，应当提供许可证件而不能提供的，以及法律、行政法规规定不得按受担保的其他情况，海关不得办理担保放行手续。

（三）海关事务担保的方式

《海关法》明确规定了财产或权利担保的方式：

1．人民币、可自由兑换的货币的担保

人民币是我国的法定货币，用于支付我国境内的一切公共的和私人的债务，任何单位或个人均不能拒收。

可自由兑换货币，指国家外汇管理局公布挂牌的作为国际支付手段的外币现钞。

2．汇票、本票、支票、债券、存单的担保

3．银行或非银行金融机构出具的保函

（1）保函，即法律上的保证，属于人的担保范畴。保函不是以具体的财产提供担保，而是以保证人的信誉和不特定的财产为他人的债务提供担保；保证人必须是第三人，应当具有清偿债务的能力。

根据《中国人民银行法》的规定，中国人民银行作为中央银行，不能为任何单位和个人提供担保,故不属于担保银行的范畴。

(2) 对于《ATA单证册》项下进出口的货物,可由担保协会这一特殊的第三方作为担保人,为展览品等暂准进出口货物提供保函方式的担保。

4. 海关依法认可的其他财产和权利

(四) 担保的期限和销案

1. 担保期限

向海关提供的担保期限应当与被担保货物的海关监管期限相一致。在一般情况下,担保期限为20天。暂时进出口货物的担保期限按照海关对暂时进出口货物的监管规定执行,一般是在货物进出境之日起6个月内。超过担保期限,海关将对有关进出境货物按规定处理。遇有特殊情况时,应在担保期内向海关申请延长担保期限。

2. 销案

在担保人履行了向海关承诺的义务后,海关将退还担保人已缴纳的保证金,或注销已提交的保证函,进行销案。至此,担保人的担保义务则解除。

第六节 进出口货物的转关运输

一、转关运输货物概述

(一) 转关运输的含义和转关运输货物的种类

转关运输是指进出口货物在海关监管下,从一个海关运至另一个海关办理某项海关手续的行为。

转关运输的货物可以分为如下三种基本类型:

(1) 进口转关货物。指由进境地入境,向海关申请转关,运往另一设关地点办理进口海关手续的货物。

(2) 出口转关货物。指在启运地已办理了出口海关手续,运往出境地,由出境地海关监管放行的货物。

(3) 境内转关货物。指从境内一个设关地点运往境内另一个设关地点,需经海关监管的货物。

📝 资料卡

转关运输中相关概念的含义

进境地:指货物进入关境的口岸。

出境地:指货物运出关境的口岸。

指运地:指转关运输进口货物指定运达的地点或海关监管货物国内转运时的到达地。

> 启运地：指转关运输出口货物办理报关发运的地方，或海关监管货物在国内转运时的始发地。

（二）不能进行转关运输的货物

并不是每一种进出口货物都适合进行转关运输，下列货物就不能进行转关运输：

（1）废物类：动物废料、冶炼渣、纺织品废料、贱金属及其制品的废料、各种废旧五金、电机电器产品、废运输设备、特殊需进口的废物、废塑料和碎料及下脚料等；

（2）化工类：监控化学品、可作为化学武器的化学品、消耗臭氧层物质、化学武器关键前体、化学武器原料、易制毒化学品、氯化钠等；

（3）汽车类：成套散件和二类底盘。

（三）转关的条件和当事人的义务

1．货物申请转关运输时的条件

（1）转关的指运地和启运地必须设有海关，并设有经海关批准的监管场所；

（2）转关货物的运输应由已在海关注册登记的承运人进行。承运人应按海关对转关路线范围和途中运输时间所作的限定将货物运抵指定的场所。

2．当事人的义务

（1）货物的收、发货人或代理人和承运人要按规定向海关缴纳应缴的规费，海关派员押运转关货物，当事人要提供方便。

（2）未经海关的许可，当事人不得对货物进行开拆、提取、交付、发运、调换、改装等任何处置，或移作他用。

（3）转关运输途中出现交通意外事故，如需更换交通工具或驾驶员的，必须通知附近海关，经同意后，方可在海关监管下进行更换。

（4）转关货物在境内储运中出现了损坏、短少、灭失等情况时，除不可抗力外，当事人应承担缴纳税费的责任。

二、转关运输货物的报关

（一）报关方式

1．提前报关方式

指在指运地或启运地海关提前以电子数据录入的方式申报进出口，待计算机自动生成进出口转关货物申报单，并传输至进境地海关或货物运抵启运地海关监管现场后，办理进口或出口转关手续。

2．直转方式

指当事人在进境地或启运地海关直接填报《转关货物申报单》的方式办理转关手续。

3. 中转方式

指当事人向指运地或启运地海关办理进出口报关手续后,由境内承运人或其代理人统一向进境地或启运地海关办理进口或出口转关手续。

在以上三种报关方式中,具有全程提运单,需换装境内运输工具的进出口中转货物应采用中转方式办理转关手续。其他进口转关、出口转关及境内转关的货物可采用提前报关方式或直转方式办理转关手续。

(二)转关货物的申报

1. 申报期限

(1) 直转方式转关的期限。直转方式转关的进口货物应当自运输工具申报进境之日起14天内向进境地海关办理转关手续,在海关限定期限内运抵指运地之日起14天内,向指运地海关办理报关手续。逾期按规定征收滞报金。

(2) 提前报关方式转关和中转方式转关的期限。进口转关货物应在电子数据申报之日起5日内,向进境地海关办理转关手续,超过期限仍未到进境地海关办理转关手续的,指运地海关撤销提前报关的电子数据。出口转关货物应于电子数据申报之日起5日内,运抵启运地海关监管场所,办理转关和验放手续。超过期限的,启运地海关将撤销提前报关的电子数据。

2. 申报效力和修改或撤销

转关货物申报的电子数据与书面单证具有同等的法律效力。对确因填报或传输错误的数据,有正当理由经海关同意后,可作修改或撤销。对海关已决定查验的转关货物,则不再允许修改或撤销申报内容。

(三)转关手续

1. 进口货物的转关手续

提前报关的进口转关货物,在当事人向进境地海关办理转关手续前,应先向指运地海关录入《进口货物报关单》电子数据。指运地海关提前受理电子申报后,由计算机自动生成《进口转关货物申报单》,并传输至进境地海关,当事人即可向进境地海关报告《进口转关货物申报单》编号,并持海关规定的单证办理货物的进境及转关手续。

直转的进口转关货物,其当事人可在进境地海关直接录入转关申报的电子数据,并持《进口转关货物申报单》等单证直接办理进境和转关手续,待货物运达指运地后向指运地海关办理货物的进口报关手续。

具备全程提运单、需换装境内运输工具的中转转关货物,在当事人向指运地海关办理进口报关手续后,由境内承运人或代理人,持《进口转关货物申报单》等单证向进境地海关办理货物转关手续。

进口转关货物按货物运抵指运地海关之日的税率和汇率征税。提前报关时,则适用指运地海关接收到进境地海关传输的转关放行信息之日的税率和汇率。如果货物在运输途中税率和汇率出现了重大的调整,以转关货物运抵指运地海关之日的税率和汇率结算。

2. 出口货物的转关手续

对于出口提前报关方式的转送货物,其发货人或代理人在货物尚未运抵启运地海关监管场所前,先向启运地海关录入《出口货物报关单》电子数据。启运地海关提前受理电子申报,计算机自动生成《出口转关货物申报单》数据,传输至出境地海关。在货物运抵启运地海关监管场所后,当事人持海关规定的相关单证向启运地海关办理出口转关手续。出口货物到达出境地后,当事人再持海关规定的相关单证向出境地海关办理转关货物的出境手续。

对于出口直转方式的转关货物,当事人在货物运抵启运地海关监管场所后,向启运地海关录入《出口货物报关单》电子数据。启运地海关受理电子申报,计算机自动生成《出口转关货物申报单》数据,传输至出境地海关。当事人先持海关规定的相关单据在启运地海关办理出口转关手续,然后,在直转的出口转关货物到达出境地后,当事人要持有海关规定的相关单据在出境地海关办理转关货物的出境手续。

具有全程提运单、需要换装境内运输工具的出口中转转关货物,其发货人或代理人向启运地海关办理出口报关手续后,由货物的承运人或其代理人持《出口转关货物申报单》等相关单证,向启运地海关办理出口转关手续。启运地海关在核准后,将签发《出口货物中转通知书》。货物的承运人或代理人将凭此单据办理中转货物的出境手续。

本章小结

一般进出口货物是指在进出境环节缴纳了应征的进出口税费,并办结了所有必要的海关手续,海关放行后不再进行监管的进出口货物。一般进出口货物适用于除特定减免税货物以外的实际进出口货物。其报关程序主要有四个环节:进出口申报、配合查验、缴纳税费和提取或装运货物。

保税进出口货物是指经海关批准未办理纳税手续进境,在境内储存、加工、装配后复运出境的货物。保税进出口货物可分为储存和加工装配两大类。其报关的程序主要可分为三个阶段:前期备案申请保税、进出境、后续报核申请结案。海关对加工装配类保税进出口货物的监管主要适用于:来料加工、进料加工、外商投资企业履行产品出口合同、加工贸易保税工厂、保税集团等。从事加工贸易的企业,在执行加工贸易合同时,需要在中国银行设立加工贸易进口料件保证金台账。海关对储存保税货物的监管形式主要有保税仓库等。此外,海关对保税货物的监管还可分为区域性的,这主要有两种形式:保税区和出口加工区。

特定减免税货物是指海关根据国家政策的规定准予减免税进境，在规定的时间里，用于特定地区、特定企业、特定用途的货物。其报关程序主要分为三个阶段：前期减免税申请、进口报关、后续申请解除监管。

暂准进出口货物是指为了特定的目的暂时进境或出境，有条件暂时免纳进出口关税并豁免进出口许可证，在特定的期限内除因使用中正常的损耗外按原状复运出境或复运进境的货物。我国目前适合暂准进出口货物的范围主要有：使用《ATA单证册》报关的暂准进出口货物，不使用《ATA单证册》的展览品、集装箱箱体、暂时进出口货物。其报关程序主要有：进出境申报和核销结关。

过境、转运、通运货物主要包括由境外运入我国境内，再继续运往境外的货物。这类货物的报关主要有两个环节：进境报关手续和复出境报关手续。

进出口货物的转关运输是指进出口货物在海关监管下从一个海关运至另一个海关办理某项海关手续的行为。主要分为三种类型：进口转关货物、出口转关货物、境内转关货物。

转关运输货物的报关主要有三种形式：提前报关方式、直转方式和中转方式。

案例分析

案例一：北京天力有限公司是一家从事机械制造产品的民营企业，该公司向美国一家公司订购了一批冷轧不锈钢带，委托北京一家外贸进出口公司向北京海关办理进出口报关手续。请分析该项报关业务主要有哪些具体的环节。

案例二：北京前进有限公司是一家从事电子产品加工装配业务的企业，该公司接到美国一家客户来件装配业务的订单。其具体内容是，美方提供一批电子元件器件，该公司将其装配成电子仪器的成品。请分析在该项业务中报关需要经历哪些主要环节。

案例三：北京伟业有限公司是一家1994年前成立的外商独资企业。2004年5月该公司因生产的需要，从美国进口两台生产用的机器。请分析这家公司在报关时需要办理哪些手续。

案例四：德国一家公司因参加北京举行的电子产品展览会，需将一批电子产品运进中国境内供展览使用。其委托北京力源报关公司为其货物办理了报关和参展的各项事宜。北京展览结束后，该批货物又应邀前往天津参展。展会结束后，德国这家公司将部分展览的电子产品无偿赠送给天津的一家中国公司，剩余产品退回德国。请分析北京力源报关公司在该批货物的报关中应办理哪些手续。

案例五：北京飞跃服装厂为美国商人以来料加工的方式生产了一批运动服，该厂报关员在北京海关办妥了出口报关手续及出口转关运输手续。日后，该批货物在天津新港装船。请分析该厂报关员在此项报关业务中需要办理哪些手续。

思考与练习

思考题

1. 什么是一般进出口货物？它们有哪些特征？该类货物的报关过程中有哪些基本程序？

2. 什么是保税货物？它们有哪些特点？保税货物是如何分类的？保税货物的报关有哪些主要程序？海关对保税货物的监管有哪些具体要求？

3. 什么是特定减免税货物？它们有哪些基本特征？该类货物报关时，有哪些主要的环节？

4. 什么是暂准进出口货物？它们有哪些具体特征？

5. 什么是过境、转运、通运货物？什么是无代价抵偿货物？它们有哪些特征？什么是溢卸或误卸的进境货物？

6. 什么是转关运输货物？转关运输货物有哪些报关方式？进口货物和出口货物转关运输时应如何办理转关手续？

练习题

1. 单选题

(1) 关于无代价抵偿货物的税、证管理规定，下列表述中错误的是：

　A. 如属于国家限制进口商品，与原货品名、数量、价值、贸易方式一样，无论原货是否退还境外，均可免于另办许可证件。

　B. 对外商同意因残损而削价并补偿进口的同品名、同规格货物，如价格未超过削价金额的，可免税。

　C. 对于车辆、家电等无代价抵偿货物，进口时可免税，但其留在国内的原货应视其残损程度估价纳税。

　D. 抵偿货物进口申报时，除进出口货物报关单外，应随附原进口报关单、税款缴纳证、商检证书或索赔协议书。

(2) 对进口误卸、溢卸、放弃及超期未报货物，海关均可依法变卖处理，但前提条件各不一样。下列表述中错误的是：

　A. 误卸、溢卸货物经海关审定确实，当事人又未在规定的期限内向海关申报办理进口或退运手续的，由海关变卖处理。

　B. 因可能对环境造成污染，收货物人申明放弃的货物由海关变卖处理。

　C. 进口货物自运输工具申报进境之日起超过3个月未向海关申报，即为超期未报货物，由海关变卖处理。

　D. 保税货物超过规定的期限3个月未向海关办理复运出境或其他海关手续的，由海关变卖处理。

(3) 下列哪一项货物不适用暂准进出口通关制度：
    A．进口待转口输出的转口贸易货物。
    B．在展览会中展示或示范用的进口货物、物品。
    C．承装一般进口货物进境的外国集装箱。
    D．来中国进行文艺演出而暂时运进的器材、道具、服装等。
(4) 保证金台账制度的实施与加工贸易项目（商品）的类别及加工贸易企业的类别有密切的联系。按照现行规定，下列哪一种情况应采用保证金台账空转方式运作：
    A．金额在1 000美元及以下的加工贸易合同，由A类企业或B类企业经营。
    B．按加工贸易企业分类标准已被评定为A类企业，加工限制类商品。
    C．按加工贸易企业分类标准已被评定为C类企业，加工允许类商品。
    D．从事飞机、船舶等特殊行业加工贸易的企业所经营的加工贸易项目。
(5) 保税业务中，进料加工和来料加工的相同之处是：
    A．料件都需要进口，加工成品都需要出口。
    B．料件进口时都全额保税。
    C．成品出口时属国家许可证管理的商品免领出口许可证。
    D．加工期限都应在进口之日起一年内加工成品复出口。

2．多选题

(1) 下列关于进、出口货物申报期限的表述正确的是哪些：
    A．进口货物的收货人应当自货物进境之日起14日内，向海关申报。
    B．进口货物的收货人应当自装载货物的运输工具申报进境之日起14日内，向海关申报。
    C．出口货物的发货人除海关批准外，应当在货物运抵海关监管区后、装货的24小时以前向海关申报。
    D．出口货物的发货人除海关批准的外，应当在货物运抵海关监管区装货后的24小时内向海关申报。
(2) 因海关关员责任造成被查验货物损坏的，进口货物收发货人或其代理人可以要求海关赔偿。但下列哪些情况海关将不予赔偿：
    A．海关正常查验时所产生的不可避免的磨损。
    B．由于不可抗力的原因造成货物的损坏、损失。
    C．由于海关关员的责任造成被查验货物损坏的直接经济损失以外的其他经济损失。
    D．海关查验时进出口货物收发货人或其代理人对货物是否受损坏未提出异议，事后发现货物有损坏的。
(3) 根据《关于货物暂准进口的ATA单证册公约》的规定，下列关于《ATA单证册》的表述正确的是哪些：

A．是用于替代各缔约方海关暂准进出口货物报关单和税费担保的国际性通关文件。

B．是国际通用的海关申报单证。

C．一般由公约的各缔约方海关签发。

D．必须使用英语或法语，如果需要，也可以同时用第三种语言印刷。

（4）海关事务担保的范围包括哪些：

A．海关归类或估价不明确，并因此未能办妥有关进出口手续，收发货人请求先放行货物的。

B．除法律、行政法规另有规定外，有违法嫌疑，但依法不予没收的进出口货物。

C．正在向海关申请办理免税手续，而货物已运抵口岸，亟待提取或装运，收发货人要求海关缓办进出口纳税手续的。

D．申请扣留或放行有侵犯知识产权嫌疑的进出口货物的。

（5）按现行海关规定，下列哪些货物可允许存入保税仓库：

A．境内有经营权的外贸企业购买进口的进料加工业务备用料件。

B．国际航行船舶的燃料和零配件。

C．以寄售方式进口，用于进口机电产品维修业务的维修零配件。

D．转口我国港澳地区的烟酒。

3．判断下列说法是否正确？

（1）经海关批准暂时进口或者暂时出口的货物，在货物收发货人向海关缴纳相当于税款的保证金或者提供提保后，准予暂时免纳关税。

（2）《ATA 单证册》是暂准进口货物的报关单证。

（3）海关对某经营加工贸易的企业进行稽查时发现，该企业一年内偷逃应缴税费累计达 48 万元人民币，按照对企业分类管理规定，该企业应属于 B 类。

（4）以船舶或航空器装载从一国境外启运，经该国设立海关地点，不换装运输工具，继续运往其他国家的货物，称为转运货物。

（5）转关运输中的"指运地"是指出口货物办理报关发运手续的地点。

技能实训

结合有关实际的案例进行分析，以便熟悉各种货物在报关过程中的主要环节。

第四章 进出口商品归类

【导读】进出口商品归类是海关对进出口商品实施贸易管制、估价、征减免税和编制进出口统计等工作的重要基础。我国进出口商品归类是以《商品名称及编码协调制度》为体系，以海关进出口税则和海关统计的商品目录为执法依据，所进行的业务工作包括对征税商品和减免税商品的归类，以及为海关统计及确定监管条件所进行的商品归类工作。进口商品归类是报关员必须掌握的重要业务知识之一，只有具备了这方面的知识和技能，报关员才有可能顺利办理进出口货物的报关业务。

第四章 进出口商品归类

第一节 商品名称及编码协调制度

《商品名称及编码协调制度》是由海关合作理事会(又名世界海关组织)主持制定的一部供海关、统计、进出口管理及与国际贸易有关各方共同使用的商品分类编码体系，其全称是《商品名称及编码协调制度》(The Harmonized Commodity Description and Coding System，简称协调制度或 HS)。

一、协调制度的来源

在国际贸易中，各主权国家对进出本国的商品征收税金，需要对商品进行分类，政府为了解进出口贸易情况，也需要借助于商品目录进行统计，因此，许多国家不同程度地开发了对进出口商品的分类和编码工作。最早的商品目录极为简单，仅是将商品名称按笔划多少或字母顺序列成表。由于各国的商品目录在商品名称、目录结构和分类方法等方面存在种种差别，给贸易商造成很大不便。人们发现，一种商品在一次国际交换过程中适应不同的编码竟多达十多次。同时，由于由此产生的统计资料的可比性很差，也给国际贸易的交易和管理带来了很多困难，为此，建立一个国际统一标准的海关商品分类目录变得越来越重要。从 20 世纪初期，国际上就开始探索如何制定一个国际统一的商品分类目录。第二次世界大战后，经济重振的热潮以及争取更大贸易自由的愿望为海关税则的标准化创造了有利条件，人们再次提出了拥有一个国际认可的统一目录的要求。经过几十年的努力，目前已经制定了两套国际通用的分类编码标准，即《海关合作理事会税则目录》和《商品名称及编码协调制定》。

(一)《海关合作理事会税则目录》(CCCN)

1948 年，欧洲关税同盟研究小组开始为制定一个能为所有参加国使用的共同海关税则目录而展开工作。研究小组首先完成了一个包括品目(或称税目)和子目的目录草案，并认为该目录的品(税)目应由一个公约确定下来(子目可由各国自己制定)，于是目录草案经删节简化，编入 1950 年 12 月 15 日的《海关税则商品分类目录》的《布鲁塞尔公约》，并与《成立海关合作理事会的公约》同时开放供各国签字。1952 年海关合作理事会宣布成立；1955 年目录修订本获得通过；1959 年 9 月 11 日《布鲁塞尔公约》正式生效。目录修订本最初被称作《布鲁塞尔税则目录》(Brussels Tariff Nomenclature，BTN)，但为明确负责目录的国际组织，1974 年又将其命名为《海关合作理事会税则目录》[①](Customs Cooperation Council Nomenclature，CCCN)。截至 1987 年，有 52 个国家成为"海关合作理事会税则目录"公约的缔约方，而实际将 CCCN 作为海关税则基本

---

① 刘燕明编译：《商品名称及编码协调制度国际公约本》，北京：中国海关出版社 2001 年版。

目录的国家和地区已有一百五十多个。

(二)商品名称及编码协调制度(Harmonized System, HS)

CCCN 诞生后,与联合国的国际贸易统计标准存在一个协调和统一的问题。早在 1948—1950 年,联合国统计委员会就修改了原国际联盟出版的《国际贸易统计基本商品目录》,并将其命名为《国际贸易标准分类》(Standard International Trade Classification, SITC),作为各国政府对外贸易统计之用。

尽管 SITC 和 CCCN 在国际贸易领域中有着不同的作用,前者用于国际贸易统计,后者用于海关管理,但很明显,在国际贸易领域中,海关和统计两个方面有着密切的关系,在某种程度上二者相互依赖,因为其主题内容都是进出口货物。事实上,大多数国家为国际贸易统计而准备的原始数据来自海关的进出口文件,也就是说,SITC 的原始数据是根据国家海关税则分类系统编制的。但两套系统同时存在,仍不能避免商品在国际贸易往来中因分类方法不同而需重新对应分类、命名和编码。这些都阻碍了信息的传递,妨碍了贸易效率,增加了贸易成本,不同体系的贸易统计资料难以进行比较分析;同时也给利用计算机等现代化手段来处理外贸单证及信息带来很大困难。

因此,为了使 CCCN 和 SITC 这两种国际贸易商品分类体系进一步协调和统一,以兼顾海关税则、贸易统计与运输等方面的共同需要,1970 年初,海关合作理事会据本身需要和其他国际组织的要求设立了一个协调制度委员会,着手编制一套国际通用的协调统一商品分类目录。约六十多个国家和二十多个国际组织参与了新目录的编制工作。经过 13 年的努力,最终完成了《商品名称及编码协调制度》,简称《协调制度》(Harmonized System,缩写为 HS),并为其实施制定了一个新的国际公约《商品名称及编码协调制度国际公约》(简称《协调制度公约》)。1983 年 6 月《协调制度公约》获得了海关合作理事会的批准,并开放供各国签字。在获得规定数目缔约方的签字后,《协调制度公约》及其附件《协调制度》于 1988 年 1 月 1 日正式生效。这样,世界各国在国际贸易领域中所采用的商品分类和编码体系有史以来第一次得到了统一。目前已有 190 多个国家或者经济联合体采用协调制度,其中 119 个参加了协调制度公约。协调制度除政府部门外,还被贸易业、物流业、商业等行业广泛使用,被称为"国际贸易的语言"。我国于 1992 年 6 月 23 日正式成为《协调制度公约》的缔约国,但 1992 年 1 月 1 日起,我国就已经正式实施以《协调制度》为基础的新的海关税则了。

《协调制度》是一个新型的、系统的、多用途的国际贸易商品分类体系。它除了用于海关税则和贸易统计外,对运输商品的计费与统计、计算机数据传递、国际贸易单证简化以及普遍优惠制的利用等方面,都提供了一套可使用的国际贸易商品分类体系。

> **资料卡**
>
> **世界海关组织**
>
> 世界海关组织(World Customs Organization, WCO), 于1994年成立, 前身为1952年成立的海关合作理事会(Customs Co-operation Council, CCC), 是各国政府间海关事务合作的唯一国际组织。它的使命是：加强各成员海关工作效益和提高海关工作效率, 促进各成员国在海关执法领域的合作。世界海关组织现有166个成员国, 管理着占全世界98%的国际贸易。

二、协调制度的总体结构和分类方法

（一）协调制度的总体结构

协调制度（以下称HS）是一部科学、系统的国际贸易商品分类体系, 其总体结构包括三大部分：解释该制度的归类总规则；类注、章注及子目注释；按系统顺序编排的品(税)目与子目编码及条文。这三部分是HS的法律性条文, 具有严格的法律效力和严密的逻辑性。

1．归类总规则

为了保证国际上对HS使用和解释的一致性, 使得某一特定商品能够始终如一地归入一个唯一编码, HS首先列明六条归类总规则, 规定了使用HS对商品进行分类时必须遵守的分类原则和方法。

2．类、章及子目注释

HS的许多类和章在开头均列有注释（类注、章注或子目注释）, 严格界定了归入该类或该章中的商品范围, 阐述HS中专用术语的定义或区分某些商品的技术标准及界限。

3．按顺序编排的品(税)目与子目编码及条文

HS采用六位数编码, 把全部国际贸易商品分为21类, "类"下面再分三层。第一层为"章", 共有97章, 其中1—24章(1—4类)为农副产品, 25—96章(5—21类)为工业产品, 第77章留空作为备用章。第二层为"品(税)目", 共有1 241个品(税)目。第三层为子目, 1996年版HS有5 113个六位数子目。每个品(税)目编一个四位数的品目号[①]（或税目号）, 前两位数字表示该品(税)目所属的章, 后两位数字表示该品(税)目在这一章内的顺序号, 中间用圆点隔开。例如62.05代表第62章(机织服装), 05顺序号下的商品, 即机织男衬衫。一个品(税)目号可以代表一种商品, 也可表示一组相关的商品。例如品(税)目号04.09仅代表蜂蜜一种商品, 而品(税)目号08.04却代

---

① 为避免混淆, 我们将四位数对应的条文叫品目（即商品名称）, 将四位数叫品目号。

表鲜的或干的海枣、无花果、菠萝、油梨、芒果等一组商品。品(税)目号下面还可细分为子目号,子目号由六位数组成,如上面提到的 62.05 还可细分为 6 205.20(全棉男衬衣)和 6 205.30(化纤男衬衣)。

(二)协调制度的分类方法

1．HS 中的"类"基本上是按经济部门划分的

一般把同一工业部门或相关工业部门的商品归于一类。如第 6—14 章植物产品在第二类；第 28—38 章化学工业及相关性工业的产品在第六类；第 50—63 章纺织工业产品在第十一类；第 84—85 章机电设备在第十六类；第 86—89 章运输设备在第十七类。有些章自立为一类,如第 15 章为第三类油脂工业产品；第 93 章为第十九类军工业品；第 97 章为第二十一类艺术品。

2．HS 中"章"的分类基本采取两种办法

(1)按商品原材料的属性分。相同原料的产品一般归入同一章。例如塑料及其制品在第 39 章,橡胶及其制品在第 40 章,玻璃及其制品在第 70 章。不同原料的商品列入不同的章。例如机织织物按其原料不同分别归入第 50 章(丝织物)、第 51 章(毛织物)、第 52 章(棉织物)、第 53 章(麻织物)以及第 54 章(人造丝织物)。金属制品也按其原料不同分别归入第 73 章(钢铁制品)、第 74 章(铜制品)、第 75 章(镍制品)、第 76 章(铝制品)、第 78 章(铅制品)、第 79 章(锌制品)、第 80 章(锡制品)。

在同一章内的商品又按照从原料到成品的加工程度依次排列,即原材料—坯件—半成品—制成品。加工程度越深,商品的品(税)目号排得越靠后。如第 44 章的"木和木制品"按燃料木料(44.01)—原木(44.03)—粗加工的木棍(44.04)—锯木(44.07)—制胶合板用的薄板(44.08)—胶合板(44.12)—木制品(44.15—44.21)的顺序列划分为 21 个品(税)目号。章与章之间的编排也是这样,加工程度越复杂的商品越往后排。例如活动物排在第 1 章,鲜肉排在第 2 章,肉类的保藏则排在第 16 章；活树排在第 6 章,木材排在第 44 章,木制玩具排在第 95 章,木制工艺品排在第 97 章。

(2)按商品的用途或性能分。制造业的许多产品很难按其原料分类,尤其是可用多种材料制作的产品或加工程度较高的工业品,如精密仪器、光学仪器、航天航空器、工艺品和艺术品等等。因此许多章是按商品的用途划分的,这时就不考虑其所使用的材料。例如羽绒衣、羽绒被、羽毛球及羽毛掸,就没有按其所使用的原料归入第 67 章(羽毛、羽绒制品),而是按它们各自的用途分别归入第 62 章(机织服装)、第 94 章(床上用品)、第 95 章(体育用品)以及第 96 章(杂项制品)。此外,像第 57 章的地毯、第 64 章的鞋类以及第 95 章的玩具,也都不考虑其原料结构,而根据其用途单独设立一章。最后,HS 的各章均列有一个起"兜底"作用,名为"其他"的子目,使任何进出口商品都能在这个分类体系中找到自己适当的位置。

为了避免人们在商品归类上发生争议，HS 还为每个类、章甚至品(税)目和子目加了注释。这些注释和品(税)目条文一样是确定商品最终归属的依据，被称为"法定注释"。而相对来说，各类、章的标题对商品的归类却没有法定的约束力，仅为查阅的方便而设。了解这一点对正确查阅 HS 编码十分重要。例如第 22 章的标题为"饮料、酒和醋"，而章注释却明确标明"本章不包括以重量计醋酸浓度超过 10% 的醋酸溶液"[品(税)目29.15]。

从上述分类方法我们可以看出，HS 的分类原则是按商品的原料来源，结合其加工程度、用途以及所在的工业部门编排商品。在这里，原料来源为编排的主线条，加工程度及用途为辅线条。主辅线条相辅相成，再加上"法定注释"，就使人们能在 HS 所涉及的成千上万种商品中迅速、准确地确定自己商品所处的位置。这也正是 HS 分类法的科学性和系统性所在。

三、协调制度的特点

由于 HS 是一个以国际公约进行约束管理和统一执行的国际商品分类目录，其宗旨是便利国际贸易，便利统计资料，特别是国际贸易统计资料的收集、对比与分析，减少国际贸易往来中因分类制度不同，重新命名、分类及编码而引起的费用，便利数据的传输和贸易单证的统一。因此，同国际上以往主要的商品分类目录相比，HS 有以下突出特点：

1. HS 是一部多功能、多用途的商品分类目录

HS 是国际上多个商品分类目录协调的产物，是各国专家长期努力的结晶。HS 以 CCCN 为核心，吸收了联合国 SITC 和国际上其他分类体系的长处，既是一个六位数的多用途分类目录，也是一个四位数税目为基础的结构式分类目录。四位数用于海关征税，通过按照协调制度进行商品归类，海关得以决定对于不同的商品征收相应的关税及采取相应的管理措施。六位数主要用于贸易统计和分析。HS 除了用于海关税则和贸易统计外，还被贸易业、物流业、商业等业界广泛使用。正如 HS 公约所阐明，HS 的编制充分考虑了与贸易有关各方面的需要，是国际贸易商品分类的一种"标准语言"。

2. HS 是一部完整、系统、准确的国际贸易商品分类体系

所谓"完整"，是由于它将目前世界上国际贸易主要品种都分类列出。同时，为了适应各国征税、统计等商品目录多向型的要求和将来技术发展的需要，它还在各类、章列有起"兜底"作用的"其他"项目，使任何进出口商品，即使是目前无法预计的新产品，都能在这个体系中找到自己适当的位置。"系统"则是因为它的分类原则既遵循了一定的科学原理和规则，将商品按人们所了解的生产部类、自然属性和用途来分类排列，又照顾了商业习惯和实际操作的可行性，把一些进出口量较大而又难以分类的商

品，如灯具、活动房屋等设立专门项目，因而容易理解、易于归类和方便查找，即使是门外汉也不难将其掌握。至于"准确"，则是指它的各个项目范围清楚明了，绝不交叉重复。由于它的项目除了靠目录条文本身说明外，还有归类总规则、章注、类注和一系列的辅助刊物加以说明限定，使得其项目范围准确无误。

3．HS 是世界上最广泛采用的商品分类目录

《协调制度公约》于 1988 年 1 月 1 日生效。同年，已有 87 个缔约方加入了该公约，150 个国家和地区使用以 HS 为基础的海关税则。此后这两个数字持续增加，截至 2004 年 6 月 10 日，《协调制度公约》缔约方已达 128 个，使用 HS 的国家和地区已有 197 个。全球贸易总量 98% 以上的货物都是以 HS 分类的。

4．HS 是不断完善的商品分类目录

作为一个国际上政府间公约的附件，国际上有专门的机构、人员进行维护和管理。HS 委员会决定，每四年对 HS 作一次全面审议和修订。目前世界通用的是 1996 年版本，HS 委员会已着手开展对 2000 年版 HS 的修订工作。

第二节　协调制度归类总规则

协调制度归类总规则位于协调制度文本的卷首，是指导整个协调制度商品归类的总原则。HS 归类总规则共有六条，是商品具有法律效力的归类依据，适用于项目条文和注释无法解决商品归类的场合。以下对这六条归类总规则加以逐一介绍。

一、规则一

类、章及分章的标题，仅为查找方便而设；具有法律效力的归类，应按项目条文和有关类注和章注确定，如果按照品(税)目条文、类注或章注还是无法确定归类，则按其他五个规则确定。

例如，牛尾毛应归入哪类货品？查阅类、章标题，应归入第 5 章其他动物产品。查看项目条文未见牛尾毛列名，似应归入 05.11 其他未列名的动物产品，但是再查阅第 5 章章注四，得知马毛包括牛尾毛，故牛尾毛应按列名产品马毛归入 05.03。

再如，无计量装置的农用离心泵应归入哪类货品？查阅类、章标题后应该归入 84 章机械类货品，可涉及两个品(税)目号，即 84.13 液体泵 和 84.36 农业用器具。于是查阅 84 章注释二，既符合 84.01—84.24 又符合 84.25—84.80 的货品应该往前归，所以归入 84.13。

二、规则二

规则二分两部分,为扩大品(税)目范围而设。适用于品(税)目条文、章注、类注无其他规定的场合。

规则二(一):品(税)目所列货品,应视为包括该项货品的不完整品或未制成品,只要在进口或出口时该项不完整品或未制成品具有完整品或制成品的基本特征;还应视为包括该项货品的完整品或制成品(或按本款可作为完整品或制成品归类的货品)在进口或出口时的未组装件或拆散件。

例如,缺少键盘的便携式计算机的归类?查类章名称,该货品属于第84章。按照规则二(一)不完整品按完整品归类,该货品按照整机归入84713000。已剪成手套形的机织棉布应归入哪类货品?根据规则二(一),未制品如已具备制成品基本特征,应按制成品归类的原则,所以该商品应按机织布制手套归类。如为便于运输而装于同一包装箱内的两套摩托车未组装件,可视为摩托车整车。

规则二(二):品(税)目中所列材料或物质,应视为包括该种材料或物质与其他材料或物质混合或组合的物品。品(税)目所列某种材料或物质构成的货品,应视为包括全部或部分该种材料或物质构成的货品。由一种以上材料或物质构成的货品,应按规则三归类。

例如,加糖牛奶仍具有牛奶的基本特征,等同于牛奶;以毛皮饰袖口的呢大衣,仍具有呢大衣的基本特征,等同于呢大衣。

规则二(二)的作用是将保持原商品特征的某种材料或物质构成的混合物或组合物品,等同于某单一材料或物质构成的货品,即有条件地将单一材料或物质构成货品的范围扩大到添加辅助材料的混合或组合材料制品。运用规则二(二)时应注意,在因混合或组合导致商品失去原有特征的场合,应按规则三归类。

三、规则三

当货品按规则二(二)或由于其他原因看起来可归入两个或两个以上品(税)目时,应按以下规则归类:

规则三(一):列名具体的品(税)目优先于列名一般的品(税)目。指当一种商品似乎在两个或更多的品(税)目中都涉及的情况下,应该比较哪一个品(税)目的描述更加详细、具体,更为接近要归类的商品。

如紧身胸衣是一种女内衣,看起来既可归入 62.08 女内衣项目下,又可归入62.12妇女紧身内衣项目下。比较两个名称,女内衣是类名称,属一般列名,妇女紧身胸衣是商品品种名称,是具体列名,故本商品应归入 62.12。

再如，汽车用电动刮雨器，该货品可能归入两个税号：87.08 的汽车零件或 85.12 的电动器具，如何确定？查阅 16、17 类及第 85、87 章注释，并无具体规定。按规则三(一)应选列名最明确的税目，85.12 是汽车摩托车电动刮雨器，比 87.08 的汽车零件更为具体，故应归入 8512.4000 风挡刮水器。

规则三(二)：混合物，不同材料构成或不同部件组成的组合物以及零售的成套货品，如果不能按照规则三(一)归类时，在本款可适用的条件下，应该按照构成货品基本特征的材料或部件归类。确定货品的基本特征一般可综合分析货品的外观形态、结构、功能、用途、使用的最终目的、商业习惯、价值比例、社会习惯等多方面因素。

例如，放在皮盒内可直接销售的成套理发用具(含有电动理发推子、剪子、塑料梳子、发刷、棉制毛巾)应如何归类？查阅类、章注释，无此成套货品的具体列名。按照规则三(二)，其中最体现主要特征的是电动推子，并且从功能、最终用途及价值比例等因素分析，电动推子也具备该成套货品的基本特征，因此该成套理发用具应按电动推子归类，归入 8510.2000 毛发推剪。

规则三(二)：所称零售的成套货品是指为了某种需要或开展某项专门活动将可归入不同项目的两种或两种以上货品包装在一起，无需重包装就可直接零售的成套货品。应注意对于品(税)目条文或注释已有规定的成套物品，则不能依此规则办理。本款不适用于包装在一起的混合产品，混合产品需分别归类。例如，放在礼品盒内的一块电子表(9102.12)和一条贱金属项链(7117.19)。此礼品盒不是为了适应某一项活动的需要包装成套的，不能按规则三(二)办理，应分别归类。

规则三(三)：货品不能按照规则三(一)或(二)归类时，应该按照号列顺序归入其可以归入的最末一个品(税)目，即从后归类原则。此规定不能在类注、章注有例外规定时使用，注释中的例外规定在操作时总是优先于总规则的。

例如，铜锡各 50% 的铜锡合金应如何归类？因铜锡含量相等，似既可按铜合金归类，也可按锡合金归类，前者应归 7403.22，后者应归 8001.20。但依规则三(三)从后归类的原则，该商品只能按锡合金归类，归入 8001.20。

可见，规则三只能使用在货品看起来可归入两个以上项目的场合，应按规定的先后次序加以运用，即只有不能按照规则三(一)归类时，才能运用规则三(二)，不能按照规则三(一)、(二)归类时，才能运用规则三(三)。因此它们的优先次序为：(1)具体列名；(2)基本特征；(3)从后归类。

四、规则四

根据上述规则无法归类的货品，应归入与其最相类似的货品的品(税)目。因协调制度品(税)目多没有"其他"子目，多数章单独列出"未列名货品"项目以容纳特殊货品，并且规则四只适用于项目条文、注释均无规定且很少使用归类总规则一、二、三解决商品归类的场合,所以此项规定很少使用。鉴于规则四未明确指出商品最佳类似之处是指名称、特征,还是指功能、用途、结构,使用此规定难度较大。必须使用本规定时归类程序如下:针对待归商品详列最相类似货品编码,从中选出一个最合适编码;如无法判断最合适编码,依从后归类原则选择最末位的商品编码。

五、规则五

规则五是解决货品包装物归类的专门条款。

除上述规则外,本规则适用于下列货品的归类:

规则五(一):制成特殊形状仅适用于盛装某个或某套物品并适合长期使用的照相套、乐器盒、枪套、绘图仪器盒、项链盒及类似容器,如果与所装物品同时进口或出口,并通常与所装物品一同出售的,应与所装物品一并归类。但本款不适用于与本身构成整个货品基本特征的容器。

例如,与数字照相机同时进口的相机套,涉及两个品(税)目号:数字照相机85.25和照相机90.02,根据规则五(一)应该归入数字照相机85.25;皮革制手枪套与左轮手枪同时进口,则皮革制手枪套按手枪归入93.02;进口装有茶叶的银质茶叶罐,银罐价值远高于所装茶叶,已构成整个货品的基本特征,根据规则五(一)不适用于本身构成整个货品基本特征的容器,故银质茶叶罐应按银质品归入7114.11。

规则五(二):除规则五(一)规定的以外,与所装货品同时进口或出口的包装材料或包装容器,如果通常是用来包装这类货品的,应与所装货品一并归类。但明显可重复使用的包装材料和包装容器可不受本款限制。

规则五(二)是对规则五(一)的补充,规定对通常用于包装某类货品的包装材料或容器,即使不符合规则五(一)的规定,也应与所装货物一同归类。但本规定不适用于明显可以重复使用的包装材料或包装容器,如用来装压缩或液化气体的钢铁容器应与所装气体分别归类。容器与适宜盛装的货品分别进口也应分别归类。

例如,皮革制手枪套单独进口,按照规则五(二)容器与适宜盛装的货品分别进口也应分别归类,则皮革制手枪套应归入42.02枪套,而不是手枪93.02;一次性瓶装啤酒,按啤酒归类归入22.03。但装在回收玻璃瓶里的啤酒,啤酒瓶与啤酒应分别归类,啤酒瓶归入70.10,啤酒归入22.03。又如装有糖果的成套装饰性瓷碗,应按照瓷碗归类,而不是按照糖果归类。

六、规则六

货品在某一品(税)目下各子目的法定归类,应按子目条文或有关的子目注释以及上各条规则来确定，但子目的比较只能在同一数级上进行。除本制度目录条文另有规定的以外，有关的类注、章注也适用于本规则。

规则六为解决某一品(税)目下各子目的法定归类而设。它规定五位数级子目的商品范围不得超出所属四位数级项目的商品范围，六位数级子目的商品范围必须在所属的五位数级子目的商品范围之内；也就是说，在确定了商品的四位数及编码后，才可确定五位数级编码，再进一步确定六位数级编码。它还规定规则一至五在必要的地方加以修改，可适用于确定商品在同一级品(税)目下各级子目的归类。在确定了商品四位数级编码后具体操作时，各归类依据的有限级别依次为：五位数级子目条文、子目注释、章注、类注、做适当修改后归类总规则一至五。以相同程序确定商品的六位数级子目。依次操作优先级，当类注、章注与子目条文或子目注释相矛盾时，应服从于子目条文或字母注释。如第71章章注四(二)规定第71章称"铂"指铂族金属，子目注释规定7110.11—19称"铂"仅指"铂"金属，在解释子目7110.11—19时应以子目注释为准。

第三节 我国海关的进出口商品分类

一、HS在中国的应用

我国海关自1983年开始研究HS，并参与了对HS的制定工作。1987年HS被译成了中文，我国着手对原海关税则目录和海关统计商品目录向HS的转换工作。从1990年1月1日起，我国先后在普惠制签证和商检机构实施检验的进出口商品种类表上实施HS编码。1992年1月1日我国海关正式采用HS，以后陆续在海关、外运、银行、保险以及其他领域推广运用HS。1992年6月23日，我国海关根据外交部授权，代表中国政府正式签字成为《协调制度公约》的缔约方。1996年1月1日我国即时实施了1996年版HS编码。

(一)子目的增设

我国海关采用的HS分类目录，前6位数是HS国际标准编码，第7、8两位是根据我国关税、统计和贸易管理的需要，加列的本国子目。为满足中央及国务院各主管部门对海关监管工作的要求，提高海关监管的计算机管理水平，后又在8位数分类编码的基础上，根据实际工作需要对部分品(税)目号进一步分出了第9、10位数编码。

在研究设置本国子目时，充分考虑了执行国家产业政策、关税政策和有关贸易管理措施的需要，具体加列的子目主要有以下几种情况：

(1)为贯彻国家产业政策和关税政策，为保护和促进民族工业顺利发展，需制定不同的税率的商品加列子目，如临时税率商品。

(2) 对国家控制或限制进出口的商品加列子目,如许可证、配额管理的商品和特定产品。

(3) 为适应国家宏观调控,维护外贸出口秩序,加强进出口管理,对有关主管部门重点监测的商品加列子目,包括进出口商会为维护出口秩序或组织反倾销应诉要求单独列子目的商品,如电视机分规格,电风扇、自行车分品种等。

(4) 对出口应税商品加列子目。

(5) 在我国进口或出口所占比重较大、需分项进行统计的商品,包括我传统大宗出口商品,如罐头、中药材及中成药、编结材料制品等。

(6) 国际贸易中发展较快,且我国有出口潜力的一些新技术产品。

目前我国海关统计商品目录所列商品分为22类(第22类为特殊交易品及未分类商品),99章。第1章至第97章的前6位数编码及其商品名称是与HS完全一致的,在HS目录的6位数编码基础上,加列了1828个7位数子目和298个8位数子目。这样,我国新的海关税则的总目数达8871个,但归类时实际使用的商品组会随着外贸商品的变化有所变动。2005年我国进出口税则的税目总数从2004年的7475个增加到7550个,从税则角度讲,就是7550个带税率的税目。目前我国进口关税税率总水平为9.9%。第98、99章则仅根据我国海关统计的需要增设。

(二) HS在我国海关管理中的作用

近年来,我国商务部与海关总署合作,将许可证商品纳入HS目录管理,实现了联网传输海关统计数据,正在试行配额许可证联网核销管理;海关总署与国际机电管理部门和机电产品进出口商会合作制定了机电产品商品目录,并根据商会对有关机电产品加强管理的要求加列了本国子目;与国家税务总局合作以HS编码为基础加强对出口退税商品的核销管理;与外汇管理部门合作加强了对出口结汇、进口付汇管理等。HS编码正在我国外经贸工作中发挥特别积极的作用。

HS编码对进出口管理的重要性还表现在以下方面:

(1) 推动我国进出口管理的规范化、制度化,减少执法随意性。如对许可证商品采用以HS为基础的目录管理,使许可证商品的范围清楚明了,有严格的界定,并为海关与对外经贸部门联网核销打下坚实的基础。

(2) 实现海关管理与各进出口主管部门的协调一致、严密各管理环节之衔接,避免因部门间商品分类目录不同,对有关商品范围的解释差异或相互脱节而造成管理漏洞。

(3) 有助于提高我国进出口管理的透明度,加强我贸易谈判地位。

(4) 有助于进出口企业进行市场调研,研究进出口战略。企业和管理机关了解有关商品在其他国家的关税及非关税贸易管理措施,分析其市场需求、行情,比较优势分析等，都离不开 HS 编码和统计数据。

当然，由于 HS 制定时发达国家参与程度较发展中国家深入，反映的商品以欧美等国家的为多。又由于 HS 是国际上互相协调的产物，有些商品的分类可能并不那么合理。因此，我们可以在《协调制度公约》基础上，通过增加本国子目等办法来使 HS 中国化，最终为我国经济发展服务。

二、进出口商品预归类

(一)进出口商品预归类的含义

进出口商品预归类是世界海关组织 WCO 向各国海关当局和企业组织推荐的一种现代贸易通关中的商品管理工作模式，属于一种国际通行的做法。简单讲，预归类就是把商品归类过程前置，在货物实际进出口之前完成商品归类税号的确定工作。

由于税目号归类涉及税收及进出口管制手续差异，加上在归类实际中不同人对 HS 理解不同以及 HS 本身的制度缺陷，还有发明创造导致新生商品出现，商品编码的归类的异议是客观存在的事实，即使海关内部本身不同，部门、关区也会存在异议。为准确实行进出口商品归类，便利进出口货物经营单位或其代理人办理海关手续、方便合法进出口，加速货物通关，2000 年 2 月 24 日，中华人民共和国海关总署发布《中华人民共和国海关进出口商品预归类暂行办法》。该办法规定：预归类是指一般贸易的货物在实际进出口前，申请人以海关规定的书面形式向海关提出申请并提供商品归类所需的资料，必要时提供样品，海关依法作出具有法律效力的商品归类决定的行为。

当前我国海关实行的是一种约束性预归类制度，简称预归类制度。之所以称之为约束性预归类，是因为确定预归类税号是对海关和当事人具有双向约束力的归类行为，受法律保护。

(二)申请进出口商品预归类的条件

符合以下两个条件就可办理约束性商品预归类：

(1) 申请人资格是在海关注册的进出口货物的经营单位或其代理人；

(2) 申请商品为一般贸易范围进出口货物。

(三)办理约束性商品预归类的程序

一般贸易货物在实际进出口前，经营单位或其代理人如认为必要，可向海关申请预归类，从而减少货物通关时由于归类争议而导致的费用和时间的浪费。申请预归类的方法是：

(1) 由符合条件的申请人填写《海关进出口商品预归类申请书》，提交进出口海关直属海关。《申请书》一式二份，申请人和作决定的海关各执一份。《申请书》应载明下列内容：

①申请人名称、地址、在海关注册的企业代码、联系人姓名及电话等；②申请预归类商品的中英文名称(其他名称)；③申请预归类商品的详细描述，包括商品的规格、型号、结构原则、性能指标、功能、用途、成分、加工方法、分析方法等；④预计进出口日期及进出口口岸；⑤《申请书》必须加盖申请单位印章。

(2) 申请人应提供足以说明申报情况的资料，如进出口合同复印件、照片、说明书、分析报告、平面图等，必要时应提供商品样品。申请所附文件如为外文，申请人应同时提供外文原件及中文译文。一份预归类《申请书》只应包含一项商品。

(3) 海关作出预归类决定后，以《海关进出口商品预归类决定书》的形式通知申请人。直属海关作出的预归类决定在本关区范围内有效，海关总署作出的预归类决定在全国海关范围内有效。

(4)《决定书》自海关签发之日起 1 年内有效。《决定书》对该决定的申请人和作出决定的海关具有法律约束力。申请人在该决定的有效期内进出口有关货物时，应向进出口地海关递交《决定书》。如实际进出口货物与《决定书》所述及的商品不相符，申请人应承担法律责任，并按《海关法》的有关规定处理。在预归类决定书的有效期内，申请人对归类决定持有异议，可向作出决定的海关提出复核。

巧记商品编码(顺口溜)

自然世界动植矿，一二五类在取样；三类四类口中物，矿产物料翻翻五，
化工原料挺复杂，打开六类仔细查；塑料制品放第七，橡胶聚合脂烷烯；

八类生皮合成革，箱包容套皮毛造；九类木秸草制品，框板柳条样样行；
十类木浆纤维素，报刊书籍纸品做；十一税则是大类，纺织原料服装堆，
鞋帽伞杖属十二，人发羽毛大半归；水泥石料写十三，玻璃石棉云母粘；
贵金珠宝十四见，硬币珍珠同类现；十五查找贱金属，金属陶瓷工具物；

电子设备不含表，机器电器十六找；光学仪器十八类，手表乐器别忘了，
武器弹药特别类，单记十九少劳累；杂项制品口袋相，家具文具灯具亮；

玩具游戏活动房，体育器械二十讲；二十一类物品贵，艺术收藏古物类；
余下运输工具栏，放在十七谈一谈；商品归类实在难，记住大类第一环。

本章小结

在办理进出口货物通关业务中,通常都要依照《中华人民共和国进出口税则》的规定填制商品的编码,即税号,这一过程被称作进出口商品归类。商品归类是海关正确执行国家关税策、贸易管制措施和准确编制海关进出口统计的基础和保障。我国进出口商品归类是以《商品名称及编码协调制度》HS 为体系,以海关进出口税则和海关统计的商品目录为依据的。

HS 是由海关合作理事会(现称世界海关组织)主持制定的一部供海关、统计、进出口管理及与国际贸易有关各方共同使用的商品分类编码体系。它是一部多功能、多用途、完整、系统、准确的商品分类编码体系。HS 采用六位数编码,把全部国际贸易商品分为 21 类,97 章,1 241 个四位数的品(税)目,5 113 个六位数的子目。为了保证国际上对 HS 使用和解释的一致性,HS 规定了使用 HS 对商品进行分类时必须遵守的 6 条总规则,这些规则是商品具有法律效力的归类依据,它使得某一特定商品能够始终如一地归入一个唯一编码。

我国从 1990 年 1 月 1 日起,先后在普惠制签证和商检机构实施检验的进出口商品种类表上实施 HS 编码,以后陆续在海关、外运、银行、保险以及其他领域推广运用 HS。因此,对每一位从事外贸和商检工作的人来说,熟悉和掌握 HS 无疑是十分重要的。

进出口商品预归类是世界海关组织 WCO 向各国海关当局和企业组织推荐的一种现代贸易通关中的商品管理工作模式,就是把商品归类过程前置,在货物实际进出口之前完成商品归类税号的确定工作。为了准确实行进出口商品归类,便利进出口货物经营单位或其代理人办理海关手续、方便合法进出口,加速货物通关,增强政策法规的透明度,2000 年 2 月 24 日,我国海关总署发布了《进出口商品预归类暂行办法》,决定对进出口商品实行约束性预归类制度,简称预归类制度。凡申请人是在海关注册的进出口货物的经营单位或其代理人,申请商品为一般贸易范围的进出口货物,均可申请办理进出口商品与归类。

案例分析

案例:金属模具申报中的品名与编码

根据 HS 归类知识,模具大致可分为八大类,归类原则如下:

1. 税目 8457—8465 及 8479 为机床用冲模、锻模;
2. 表现为不使用温度变化仅利用外界强力使材料发生变形的工具,归入 8207;

3．金属、玻璃、矿物材料、橡胶或材料用模型，用于对材料进行浇铸的模具，加工过程一般表现为流体的凝固，归入 8480；

4．陶瓷材料制型模，归入 6903/6909；

5．玻璃材料制型模，归入 7020；

6．锭模，归入 8454；

7．制唱片用的电铸型模及母片，归入 8524；

8．其他税目机器用模具，如玻璃纤维拉丝用模具，按专用设备零件归。

某公司进口一套金属拉拔模，在办理进口报关时，报关单的商品名称和商品编号项下分别填写了"金属模具"和"84804100.90"，但却因此被退单。

思考与练习

思考题

1．上述案例中商品名称和商品编码的填写错在哪里？

2．如果电子厂的报关员没有电器专业知识，纺织厂的报关员不懂面料和服装的一般知识，在报关中他们会出现什么问题？

3．报关员如何增加自己应有的专业技术知识？

练习题

1．判断题

（1）我国海关《进出口税则》商品目录是以世界海关组织制定的 CCCN 为基础制定的。

（2）《协调制度公约》规定，缔约各国海关在制定本国海关税则时，应全部采用《协调制度》商品目录六位数级编码，不能增加或减少任何编码。

（3）《协调制度》商品目录，将进出口商品分为 21 类 97 章。

（4）归类总规则一规定：具有法律效力的归类，应按品目条文和有关类注或章注确定，如品目条文、类注或章注无其他规定，按相关规则确定。这条规则也适用于各级子目。

（5）商品预归类决定在全关境范围内有效。

（6）商品归类争议可以与申报地海关磋商解决，也可以按行政复议程序解决。

2．商品归类练习

（1）车辆后视镜；

（2）塑料制象棋；

（3）自行车打气筒；

（4）玻璃制念珠；

(5) 塑钢门窗；
(6) 含 50% 鸡粪、40% 草木灰、10% 尿素的 5KG 袋装混合肥料。

技能实训

1. 选取 HS 各章中任意两种商品进行商品归类练习。
2. 对常用类章中的各种商品进行反复归类练习。

第五章 进出口税费

【导读】对于进出口货物来说,缴纳税费是一项很重要的工作。如果延误不仅会产生滞纳金,而且会影响通关。依法缴纳进出口税费是进出口商人的基本义务,也是报关员必备的报关技能。本章介绍了进出口环节有关税费的概念、种类、计算方法及缴纳情况,介绍了进出口货物完税价格的确定及适用的税率;介绍了进出口环节减免税的种类和适用范围以及进出口税费的退补范围、退补手续等。

第一节 进出口税费概述

进出口税费是指在进出口环节由海关向进出口商人等纳税人依法征收的关税、消费税、增值税、船舶吨税等税费。我国海关征收进出口税费的法律依据主要是《海关法》、《中华人民共和国进出口关税条例》(以下简称《关税条例》)、《中华人民共和国海关进出口货物征税管理办法》(以下简称《海关征税管理办法》)以及有关法律和行政法规。另外，海关还对部分进口减税、免税和保税货物征收海关监管手续费。

一、关税

关税是专以进出境的货物、物品为征收对象的一种国家税收，是一种流转税。关税的征税主体是国家，由海关代表国家向纳税义务人征收。纳税义务人在我国是指进口货物的收货人、出口货物的发货人、进出境物品的所有人。关税的征收对象是进出关境的货物和物品。目前我国的关税分为进口关税、出口关税。

 资料卡

关税的种类

按照不同的标准，关税有多种分类方法。

(1) 按征收对象或商品流向，可分成进口税、出口税和过境税。

①进口税。进口税是海关对进入其关境的货物和物品所征收的关税。进口税有正税与附加税之分，是关税中最重要的一种，在许多废除了出口税和过境税的国家，进口税是唯一的关税。

②出口税。出口税是海关对出境货物和物品所征收的关税。目前，世界上大多数国家都不征收出口税。

③过境税。过境税是对外国经过本国国境运往另一国的货物所征收的关税。目前，世界上大多数国家(包括中国在内)都不征收过境税。

(2) 按货物国别来源和差别对待，可分成最惠国关税、协定关税、特惠关税、普通关税、普惠税和进口附加税。

①最惠国关税。最惠国关税是从适用最惠国待遇条款的世界贸易组织成员国或地区进口的货物所适用的关税。

②协定关税。协定关税是从与自己国家签订关税协定的国家或地区进口的货物适用的关税。

③特惠关税。特惠关税是从与自己国家签订特惠税协定的国家或地区进口的货物给予特别优惠的低关税或免税待遇。

④普通关税。普通关税适用原产于上述国家或地区以外的国家或地区的进口货物。

⑤普惠税。普惠税是发达国家向发展中国家进口制成品或半制成品时，给予发展中国家商品的普遍的、非歧视的和非互惠的优惠关税。

⑥进口附加税。进口附加税是指对进口商品除了征收一般进口税外，根据某种目的再征收的额外关税。进口附加税主要有：A. 反倾销税：是针对实行商品倾销的进口商品而征收的一种进口附加税；B. 反补贴税：是对于直接或间接接受奖金或补贴的进口货物和物品所征收的一种进口附加税。

(一) 进口关税

进口关税是指我国海关以进入我国关境的货物和物品为征收对象所征收的关税。进口关税在国际贸易中一直被各国公认为是一种重要的经济保护手段。加入 WTO 后，我国于 2002 年 1 月 1 日再次调整了进口税则中的税目和税率，将总税目数增加到 7 316 个，其中 5 332 个税目的税率有不同程度的降低。目前，我国进口关税可分为从价税、从量税、复合税，其中主要是从价税。我国目前征收从量税的商品有原油、啤酒和胶卷等；征收复合税的商品有录像机、放像机、摄像机、数字照相机和摄录一体机等。

另外，《关税条例》中规定：任何国家或者地区违反与中华人民共和国签订或者共同参加的贸易协定及相关协定，对中华人民共和国在贸易方面采取禁止、限制、加征关税或者其他影响正常贸易的措施的，对原产于该国家或者地区的进口货物可以征收报复性关税，适用报复性关税税率。征收报复性关税的货物、适用国别、税率、期限和征收办法，由国务院关税税则委员会决定并公布。为应对他国对我国出口产品实施的歧视性关税或待遇，我国还应对其产品征收特别关税作为临时保障措施。特别关税是为了抵制外国对本国出口产品的歧视而对原产于该国的进口货物特别征收的一种加重关税。除此之外，1997 年 3 月 25 日，我国颁布了第一个反倾销、反补贴法规。该法规规定：进口产品若以低于其正常价值出口到我国的且对我国相关企业造成实质性损害的，则征收反倾销税。这也就是说，我国海关除了征收正常的进口关税外，还可征收报复性关税、特别关税、反倾销税、反补贴税、保障措施关税以及实施其他关税措施。例如，我国从 2001 年 8 月 16 日起，对原产于英国、美国、荷兰、德国和韩国的进口二氧甲烷征收反倾销税。

查一查：
目前我国对哪些国家、哪些产品征收除正常进口关税以外的临时性关税？

(二) 出口关税

出口关税是指我国海关以离开我国关境的货物和物品为征收对象所征收的关税。

为鼓励出口,世界各国一般不征收出口税或仅对少数商品征收出口税。征收出口关税的主要目的是限制、调控某些商品的过激、无序出口和防止重要资源和原材料的出口。例如,2005年初,在纺织品一体化刚刚开始之时,我国为了防止纺织品出口过激、其他国家找茬引发贸易争端,因此对多种纺织品征收出口关税。我国目前征收的出口关税都是从价税。

议一议:
目前我国对哪些商品征收出口关税?为什么?

二、消费税、增值税、船舶吨税

进口货物和物品在办理海关手续放行后,进入国内流通领域,与国内货物同样对待,应缴纳国内税。为了简化征税手续,进口货物和物品的一些国内税由海关代征。目前,我国海关代征的国内税有消费税和增值税。

另外,我国海关还征收船舶吨税。

(一)消费税

消费税是对一些特定消费品和消费行为征收的一种税。国务院于1993年12月13日颁布了《中华人民共和国消费税暂行条例》,财政部于1993年12月25日颁布了《中华人民共和国消费税暂行条例实施细则》,并于1994年1月1日开征消费税。消费税的纳税人是在中华人民共和国境内生产、委托加工和进口某些消费品的单位和个人。我国消费税的征税范围有:烟、酒及酒精、化妆品、护肤护发品、贵重首饰及珠宝玉石、鞭炮焰火、汽油、柴油、汽车轮胎、摩托车、小汽车等十一种商品。从2002年1月1日起,进口钻石及钻石饰品消费税改由税务部门在零售环节征收,海关不再代征;并且,从2002年6月1日起,除加工贸易外,进出口钻石统一集中到上海钻石交易所办理报关手续,其他口岸均不得进出口钻石。

(二)增值税

增值税是对销售货物或者提供加工、修理修配劳务以及进口货物的单位和个人就其实现的新增价值征收的一个税种。1993年12月13日,国务院发布了《中华人民共和国增值税暂行条例》,12月25日,财政部下发了《中华人民共和国增值税暂行条例实施细则》,于1994年1月1日起施行。增值税的纳税人是在中华人民共和国境内销售货物或者提供加工、修理修配劳务以及进口货物的单位和个人,为增值税的纳税义务人。增值税征收范围包括:货物、应税劳务和进口货物。

按照《中华人民共和国增值税暂行条例》的规定,增值税由税务机关征收,进口货物的增值税由海关征收。纳税人出口货物,税率为零。个人携带或者邮寄进境自用物品的增值税，连同关税一并计征。

(三) 船舶吨税

船舶吨税，简称吨税，是对进出我国港口的外籍船舶征收的一种税。船舶吨税为世界多数国家开征，具有使用费性质，是外国船舶因使用本国港口和助航设施而向本国缴纳的使用费。征收船舶吨税的目的是用于航道设施的建设。

我国船舶吨税的征税依据是1952年9月29日海关总署发布的《中华人民共和国船舶吨税暂行办法》。凡是在我国港口行驶的外国籍船舶、外商租用(以期租形式)的中国籍船舶、中外合营的海运企业自有或租用的中外籍船舶和我国租用(包括国外华商所有和租用的)航行国外兼营国内沿海贸易的外籍船舶，都应征收船舶吨税。对中国籍船舶征收车船牌照使用税。自1986年10月1日起，船舶吨税由交通部管理，专款专用，由海关代征。

船舶吨税以船舶注册净吨位为计税依据征收，实行定额税率，按照机动船和非机动船分别制定税额。机动船的税率划分为五级，非机动船的税率划分为三级。吨位越大，单位税额越高。每一等级的税率又分为普通吨税率与优惠吨税率，见下表。

船舶吨税税率表

船舶种类		净吨位	普通税率(元/吨)		优惠税率(元/吨)	
			90天	30天	90天	30天
机动船	轮船 汽船 拖船	500吨级以下	3.15	1.50	2.25	1.20
		501—1 500吨	4.65	2.25	3.30	1.65
		1 501—3 000吨	7.05	3.45	4.95	2.25
		3 001—10 000吨	8.10	3.90	5.85	3.00
		10 001吨以上	9.30	4.65	6.60	3.30
非机动船		30吨级以下	1.50	0.60	1.05	0.45
		31—150吨	1.65	0.90	1.35	0.60
		151吨以上	2.10	1.05	1.50	0.90

资料来源：http://www.tpclub.com/tax/content.php。

与我国订有互惠条约或约定相互给予对方海运船舶税费最惠国待遇的外国籍船舶及中国香港特别行政区、澳门特别行政区船舶，适用优惠税率征收吨税；对其他外籍船舶适用普通吨税率。对中外合营企业所有或租用的中国籍船舶，按优惠税率征税。

船舶吨税的纳税期限由纳税人申请完税时在90天期、30天期中任选一种。选择30天期纳税的，除非机动船的最高一次税额外，其他各级税额均按90天期税额减半征收。应纳吨税的船舶在到达和驶离我国港口时，均应向海关申报，交验船舶国籍和注册净吨位证书。纳税人应自吨税缴款书签发次日起 15 日内缴清税款，逾期按日征收滞纳税款一定比例(0.5‰)的滞纳金。船舶吨税是港口所在国家对船舶进出国境所征收的一种关税。凡与港口所在国政府签订有贸易、通税协定国家的船舶，根据"优惠国条款"，可享受优惠国待遇。

船舶吨税一般都是按船舶的净吨计收，但现在也有许多港口按总吨计收。船舶吨税并不一定每一个航次都要收取，可按各国规定期间收取。我国规定，经常往来我国港口的短途国际航线船舶，以每三个月为一期缴纳。

资料卡

免征船舶吨税的船舶

凡是符合下列条件的外籍船舶，可免征船舶吨税：(1)与我国建立外交关系国家的大使馆、公使馆、领事馆使用的船舶；(2)有当地港务机关证明，属于驶入我国港口避难、修理、停驶或拆毁的船舶，并且不能上下客货的；(3)专供上下客货及存货的泊定建船及浮船；(4)中央或地方人民政府征用或租用的船舶；(5)进入我国港口 24 小时或停泊港口外 48 小时以内离港，并且未装卸任何客货而不必向我国海关申报进口的国际航行船舶；(6)吨税税额不满人民币 10 元的船舶。另外，我国企业经营的从事国际航运的中国籍船舶、外国以程租方式租用的中国籍船舶、我国台湾省公私企业的船舶、我国租用专营国内沿海运输的船舶，免征船舶吨税。

三、滞纳金、滞报金

进出口商人进出口货物时，要根据贸易合同的履行情况及时报关并缴纳相应的关税，否则海关将征收滞纳金或滞报金。

（一）滞纳金

在海关监督管理中，滞纳金是指应纳税的单位或个人因在规定期限内未向海关缴纳税款而依法应缴纳的款项。按照规定，关税进口环节增值税、消费税、船舶吨税等的纳税人或其代理人，应当自海关填发税款缴款书之日起 15 日内缴纳进口税款，逾期缴纳的，海关依法在原应纳税款的基础上，按日加收滞纳税款 0.5‰ 的滞纳金。滞纳金起征额为 50 元，不足 50 元的免于征税，旅客和个人邮递物品不征滞纳金。纳税义务人确实因不可抗力或者其他非自身原因造成滞纳的，也可以按规定向海关申请减免上述滞纳金。

海关对滞纳金的征收是自缴纳期限届满次日起至进出口货物的纳税义务人缴纳税费之日止。缴款期限届满日遇星期六、星期日等休息日或者法定节假日的，应当顺延至休息日或者法定节假日之后的第一个工作日。国务院临时调整休息日与工作日的，海关应当按照调整后的情况计算缴款期限。滞纳金是海关税收管理中的一种行政强制措施。

滞纳金的计算公式是：

$$关税滞纳金金额 = 滞纳关税税额 \times 0.5‰ \times 滞纳天数$$

$$代征税滞纳金金额 = 滞纳代征税税额 \times 0.5‰ \times 滞纳天数$$

（二）滞报金

滞报金是海关对未在法定期限内向海关申报进口货物的收发货人采取的依法加收的属于经济制裁性质的款项。我国海关自 1987 年 8 月 1 日起实施滞报金制度。征收滞报金的目的是为了加速口岸疏运，加强海关对进口货物的通关管理，促进进口货物收发货人按规定时限申报。

> **资料卡**
>
> **进出口货物的报关时限**
>
> 进出口货物的报关期限在《海关法》中有明确的规定，而且出口货物报关期限与进口货物报关期限是不同的。
>
> （1）出口货物的发货人或其代理人除海关特许外，应当在装货的 24 小时以前向海关申报。做出这样的规定是为了在装货前给海关以充足的查验货物的时间，以保证海关工作的正常进行。如果在这一规定的期限之前没有向海关申报，海关可以拒绝接受通关申报。这样一来，出口货物就得不到海关的检验、征税和放行，无法装货运输，从而影响运输单据的取得，甚至导致延迟装运、违反合同。因此，应该及早地向海关办理申报手续，做到准时装运。
>
> （2）进口货物的收货人或其代理人应当自载运该货的运输工具申报进境之日起 14 天内向海关办理进口货物的通关申报手续。做出这样的规定是为了加快口岸疏运，促使进口货物早日投入使用，减少差错，防止舞弊。如果在法定的 14 天内没有向海关办理申报手续，海关将征收滞报金。进口货物的收货人自运输工具申报进境之日起超过 3 个月未向海关申报的，其进口货物由海关提取变卖处理。所得价款在扣除运输、装卸、存储等费用和税款后，尚有余款的，自货物变卖之日起一年内经收货人申请，予以发还；逾期无人申请的，上缴国库。确属误卸或者溢卸的进境货物除外。

滞报金是按日计征，以自运输工具申报进境之日起第十五日为起征日，以海关接受申报之日为截止日，起征日和截止日均计入滞报期间，另有规定的除外。计算起征日的具体规定：

（1）邮运进口货物应当以自邮政企业向海关驻邮局办事机构申报总包之日起第十五日为起征日。

(2) 转关运输货物在进境地申报的，应当以自载运进口货物的运输工具申报进境之日起第十五日为起征日；在指运地申报的，应当以自货物运抵指运地之日起第十五日为起征日。

(3) 邮运进口转关运输货物在进境地申报的，应当以自运输工具申报进境之日起第十五日为起征日；在指运地申报的，应当以自邮政企业向海关驻邮局办事机构申报总包之日起第十五日为起征日。

滞报金的日征收金额为进口货物完税价格的0.5‰，以人民币"元"为计征单位，不足人民币1元的部分免予计征。滞报金的起征点为人民币50元。

征收滞报金的计算公式为：进口货物完税价格 × 0.5‰ × 滞报天数

📝 资料卡

滞报金的减免及不予征收

2005年6月1日开始实施的《中华人民共和国海关征收进口货物滞报金办法》中规定：有下列情形之一的，进口货物收货人可以向海关申请减免滞报金。

(1) 政府主管部门有关贸易管理规定变更，要求收货人补充办理有关手续或者政府主管部门延迟签发许可证件，导致进口货物产生滞报的。

(2) 产生滞报的进口货物属于政府间或国际组织无偿援助和捐赠用于救灾、社会公益福利等方面的进口物资或其他特殊货物的。

(3) 因不可抗力导致收货人无法在规定期限内申报，从而产生滞报的。

(4) 因海关及相关执法部门工作原因致使收货人无法在规定期限内申报，从而产生滞报的。

(5) 其他特殊情况经海关批准的。

进口货物收货人申请减免滞报金的，应当自收到海关滞报金缴款通知书之日起30个工作日内，以书面形式向申报地海关提交申请书，申请书应当加盖公章。进口货物收货人提交申请材料时，应当同时提供政府主管部门或相关部门出具的相关证明材料。收货人应当对申请书及相关证明材料的真实性、合法性、有效性承担法律责任。

有下列情形之一的，海关不征收滞报金：

(1) 收货人在运输工具申报进境之日起超过三个月未向海关申报，进口货物被依法变卖处理，余款按《海关法》第三十条规定上缴国库的。

(2) 进口货物收货人在申报期限内，根据《海关法》有关规定向海关提供担保，并在担保期限内办理有关进口手续的。

(3) 进口货物收货人申报并经海关依法审核，必须撤销原电子数据报关单重新申报，因删单重报产生滞报的。

(4) 进口货物经海关批准直接退运的。

第二节 进出口货物完税价格的审定

我国海关对实行从价税的进出口货物征收关税时，必须依法确定货物应缴纳税款的价格，即经海关依法审定的完税价格。完税价格是指海关按照《海关法》、《进出口关税条例》及《中华人民共和国海关审定进出口货物完税价格办法》（以下简称《审价办法》）的有关规定，凭以计算应征关税的进出口货物的价格。进出口货物完税价格是计征进出口货物关税及进口环节税税额的基础。

一、一般进口货物的完税价格

我国海关通常认定，一般进口货物的完税价格是由该货物的成交价格、货物运抵我国境内输入地点起卸前的运输及其相关费用、保险费构成。进口货物的"成交价格"是指买方为购买该货物，并按照《审价办法》第十一条至第十五条的规定调整后的实付或应付价格。"成交价格"必须是调整后的实付或应付价格。"实付或应付价格"指买方为购买进口货物直接或间接支付的总额，即作为卖方销售进口货物的条件，由买方向卖方或向为履行卖方义务的第三方已经支付或将要支付的全部款项。因此，"成交价格"包括购买进口货物、按有关规定调整、实付或应付价格三层含义。运输及其相关费用中的"相关费用"主要是指与运输有关的费用，如装卸费、搬运费等。

> **资料卡**
>
> **《审价办法》第十一条至第十五条的规定**
>
> 第十一条 以成本价格为基础审查确定进口货物的完税价格时，未包括在该货物实付、应付价格中的下列费用或者价值应当计入完税价格：
>
> （一）由买方负担的下列费用：1. 除购货佣金以外的佣金和经纪费；2. 与该货物视为一体的容器费用；3. 包装材料费用和包装劳务费用。
>
> （二）与进口货物的生产和向中华人民共和国境内销售有关的，由买方以免费或者以低于成本的方式提供，并可以按适当比例分摊的下列货物或者服务的价值：1. 进口货物包含的材料、部件、零件和类似货物；2. 在生产进口货物过程中使用的工具、模具和类似货物；3. 在生产进口货物过程中消耗的材料；4. 在境外进行的为生产进口货物所需的工程设计、技术研发、工艺及制图等相关服务。
>
> （三）买方需向卖方或者有关方直接或者间接支付的特许权使用费，但是符合下列情形之一的除外：1. 特许权使用费与该货物无关；2. 特许权使用费的支付不构成该货物向中华人民共和国境内销售的条件。
>
> （四）卖方直接或者间接从买方对该货物进口后销售、处置或者使用所得中获得的收益。
>
> 纳税义务人应当向海关提供本条所述费用或者价值的客观量化数据资料。纳税义

务人不能提供的，海关与纳税义务人进行价格磋商后，按照本办法第六条列明的方法审查确定完税价格。

第十二条 在根据本办法第十一条第一款第(二)项确定应当计入进口货物完税价格的货物价值时，应当按照下列方法计算有关费用：

（一）由买方从与其无特殊关系的第三方购买的，应当计入的价值为购入价格；

（二）由买方自行生产或者从有特殊关系的第三方获得的，应当计入的价值为生产成本；

（三）由买方租赁获得的，应当计入的价值为买方承担的租赁成本；

（四）生产进口货物过程中使用的工具、模具和类似货物的价值，应当包括其工程设计、技术研发、工艺及制图等费用。

如果货物在被提供给卖方前已经被买方使用过，应当计入的价值为根据国内公认的会计原则对其进行折旧后的价值。

第十三条 符合下列条件之一的特许权使用费，应当视为与进口货物有关：

（一）特许权使用费是用于支付专利权或者专有技术使用权，且进口货物属于下列情形之一的：1.含有专利或者专有技术的；2.用专利方法或者专有技术生产的；3.为实施专利或者专有技术而专门设计或者制造的。

（二）特许权使用费是用于支付商标权，且进口货物属于下列情形之一的：1.附有商标的；2.进口后附上商标直接可以销售的；3.进口时已含有商标权，经过轻度加工后附上商标即可以销售的。

（三）特许权使用费是用于支付著作权，且进口货物属于下列情形之一的：1.含有软件、文字、乐曲、图片、图像或者其他类似内容的进口货物，包括磁带、磁盘、光盘或者其他类似介质的形式；2.含有其他享有著作权内容的进口货物。

（四）特许权使用费是用于支付分销权、销售权或者其他类似权利，且进口货物属于下列情形之一的：1.进口后可以直接销售的；2.经过轻度加工即可以销售的。

第十四条 买方不支付特许权使用费则不能购得进口货物，或者买方不支付特许权使用费则该货物不能以合同议定的条件成交的，应当视为特许权使用费的支付构成进口货物向中华人民共和国境内销售的条件。

第十五条 进口货物的价款中单独列明的下列税收、费用，不计入该货物的完税价格：

（一）厂房、机械或者设备等货物进口后发生的建设、安装、装配、维修或者技术援助费用，但是保修费用除外；

（二）进口货物运抵中华人民共和国境内输入地点起卸后发生的运输及其相关费用、保险费；

(三)进口关税、进口环节海关代征税及其他国内税;

(四)为在境内复制进口货物而支付的费用;

(五)境内外技术培训及境外考察的费用。

同时符合下列条件的利息费用不计入完税价格:

(一)利息费用是买方为购买进口货物而融资所产生的;

(二)有书面的融资协议的;

(三)利息费用单独列明的;

(四)纳税义务人可以证明有关利率不高于在融资当时当地此类交易通常应当具有的利率水平,且没有融资安排的相同或者类似进口货物的价格与进口货物的实付、应付价格非常接近的。

海关确定进口货物完税价格有六种估价方法:成交价格方法、相同货物成交价格方法、类似货物成交价格方法、倒扣价格方法、计算价格方法和合理方法。这六种估价方法必须依次使用,也就是说:只有在不能使用前一种估价方法的情况下,才可以顺延使用其他估价方法。如果进口货物收货人提出要求并提供相关资料,经海关同意,可以颠倒倒扣价格方法和计算价格方法的使用次序。

(一)成交价格方法

成交价格方法是海关估价中最常使用的估价方法,它是以进口货物实际发票或合同中的成交价为基础的一种估价。按照《审价办法》的规定,进口货物的成交价格应当符合下列要求:

(1)买方对进口货物的处置或使用不受限制,但国内法律、行政法规规定的限制、对货物转售地域的限制、对货物价格无实质影响的限制除外。

(2)货物的价格不得受到使该货物成交价格无法确定的条件或因素的影响。

(3)卖方不得直接或间接获得因买方转售、处置或使用进口货物而产生的任何收益,除非能够按照《审价办法》中的有关规定做出调整。

(4)卖双方之间没有特殊关系。

资料卡

买卖双方的特殊关系

有下列情形之一的,应当认定买卖双方有特殊关系:

(1)买卖双方为同一家族成员;

(2)买卖双方互为商业上的高级职员或董事;

(3)一方直接或间接地受另一方控制;

(4)买卖双方都直接或间接地受第三方控制;

(5) 买卖双方共同直接或间接地控制第三方；

(6) 一方直接或间接地拥有、控制或持有对方5%或以上公开发行的有表决权的股票或股份；

(7) 一方是另一方的雇员、高级职员或董事；

(8) 买卖双方是同一合伙的成员；

(9) 买卖双方在经营上相互有联系，一方是另一方的独家代理、经销人或受让人，如果符合前款的规定，也应当视为有特殊关系。

经过上面的分析，以成交价格法估算的进口货物的完税价格就应该是：买方向无特殊关系的卖方进口货物时，货物运抵我国境内输入地点起卸前的货物成本（包括生产成本、包装费用等）、卖方利润、运输及其相关费用、保险费。

（二）相同货物或类似货物成交价格方法

海关在使用相同或类似货物成交价格方法时，应当以与被估的进口货物同时或大约同时进口的相同或类似货物的成交价格为基础估定完税价格。"相同货物"指与进口货物在同一国家或地区生产的，在物理性质、质量和信誉等所有方面都相同的货物，但表面的微小差异允许存在。"类似货物"指与进口货物在同一国家或地区生产的，虽然不是在所有方面都相同，但却具有相似的特征、相似的组成材料、同样的功能，并且在商业中可以互换的货物。用相同货物或类似货物成交价格估算实际进口货物的完税价格时，必须满足以下条件：

(1) 应当首先使用同一生产商生产的相同或类似货物的成交价格，只有在没有同一生产商生产的相同或类似货物的成交价格的情况下，才可以使用同一生产国或地区生产的相同或类似货物的成交价格。

(2) 应当使用与该货物相同商业水平且进口数量基本一致的相同或类似货物的成交价格。

(3) 如果有多个相同或类似货物的成交价格，应当以最低的成交价格为基础估定进口货物的完税价格。

(4) 必须使用与进口货物同时或大约同时进口的相同或类似货物的成交价格。"同时或大约同时"是指在海关接受被估的进口货物申报进口之日的前后各45天以内。

(5) 必须对该货物与相同或类似货物之间由于因商业水平、进口数量、运输距离和运输方式不同而在价格、成本和其他费用方面产生的差异做出调整。

（三）倒扣价格方法

海关在使用倒扣价格方法时，应当以被估的进口货物、相同或类似进口货物在境内的销售价格为基础估定完税价格，并且按该价格销售的货物应当同时符合下列条件：

(1) 在被估货物进口时或大约同时销售；

(2) 按照进口时的状态销售；

(3) 在境内第一环节销售；

(4) 合计的货物销售总量最大；

(5) 向境内无特殊关系方的销售。

这也就是说，用倒扣法估算进口货物的完税价格时：①必须以进口货物、相同或类似进口货物按进口时的状态销售时的销售价格为基础。没有按进口时状态销售的价格，可以使用经过加工后在境内销售的销售价格作为基础，但加工增值额也应当同时扣除。②必须是以在被估货物进口时或大约同时转售给国内无特殊关系方的销售价格为基础。"进口时或大约同时"是指在进口货物接受申报之日的前后45天以内。如果找不到同时或大约同时的价格，可以采用被估货物申报之日起的90天内的价格作为倒扣价格的基础。③必须使用被估的进口货物、相同或类似进口货物以最大单位量售出的价格为基础，估算进口货物的完税价格。例如，某进口商进口200件的货物后按不同的价格分4批销售的：第一批销售60件，价格是80元；第二批销售100件，价格为70元；第三批销售20件，价格为85元；第四批销售20件，价格为85元。100件是最大销售量，其对应的价格（70元）应作为完税价格估算的基础。

另外，按倒扣价格方法估定进口货物的完税价格时，下列各项应当扣除：

(1) 该货物的同等级或同种类货物在境内销售时的利润和一般费用及通常支付的佣金；"一般费用"包括有关货物销售的直接和间接费用。

(2) 货物运抵境内输入地点之后的运费、保险费、装卸费及其他相关费用。

(3) 进口关税、进口环节税和其他与进口或销售上述货物有关的国内税。

(4) 加工增值额。加工增值额主要是指如果使用经过加工后在境内转手的价格作为倒扣基础的，必须扣除这一部分价值。加工增值额应当依据与加工成本有关的客观量化数据资料、该行业公认的标准、计算方法及其他的行业惯例计算。

（四）计算价格方法

海关在使用计算价格方法时，应当以下列各项的总和估算进口货物的完税价格：

(1) 生产该货物所使用的原材料价值和进行装配或其他加工的费用。

(2) 与向境内出口销售同等级或同种类货物的利润与一般费用相符的利润和一般费用；"一般费用"包括有关货物的生产和销售的直接和间接费用。

(3) 货物运抵境内输入地点起卸前的运输及相关费用、保险费。

按该方法估定进口货物的完税价格时，海关在征得境外生产商同意并提前通知有关国家或地区政府后，可以在境外核实该企业提供的有关资料。如果境外生产商不愿提供有关资料，则该方法不能采用。

（五）合理方法

海关在使用合理方法时，应当根据公平、统一、客观的估价原则，以在境内获得的数据资料为基础估定进口货物的完税价格。但不得使用以下价格：

(1) 境内生产的货物在境内的销售价格；

(2) 可供选择的价格中较高的价格；

(3) 货物在出口地市场的销售价格；

(4) 以《审价办法》第二十四条(计算价格估价方法)规定之外的价值或费用计算的价格；

(5) 出口到第三国或地区的货物的销售价格；

(6) 最低限价或武断、虚构的价格。

二、特殊进口货物的完税价格

特殊进口货物是指以特殊贸易方式或交易方式进口的货物，其完税价格的估定同样也可使用上述方法。现主要介绍一下几种以特殊贸易方式进口货物的价格审定的规定。

（一）加工贸易进口料件及其制成品的完税价格

(1) 进口时需征税的进料加工进口料件，以该料件申报进口时的价格估定完税价格。

(2) 内销的进料加工进口料件或其制成品(包括残次品、副产品)，以料件原进口时的价格估定完税价格。

(3) 内销的来料加工进口料件或其制成品(包括残次品、副产品)，以料件申报内销时的价格估定完税价格。

(4) 出口加工区内的加工企业内销的制成品(包括残次品、副产品)，以制成品申报内销时的价格估定完税价格。

(5) 保税区内的加工企业内销的进口料件或其制成品(包括残次品、副产品)，分别以料件或制成品申报内销时的价格估定。如果内销的制成品中含有从境内采购的料件，则以所含从境外购入的料件原进口时的价格估定完税价格。

(6) 加工贸易加工过程中产生的边角料，以申报内销时的价格估定完税价格。

（二）从保税区、保税仓库出区、出库内销的进口货物的完税价格

从保税区或出口加工区销往区外、从保税仓库出库内销的进口货物(加工贸易进口料件及其制成品除外)，以海关审定的从保税区或出口加工区销往区外、从保税仓库出库内销的价格估定完税价格。对经审核销售价格不能确定的，海关应当按照《审价办法》中的有关规定估定完税价格。如果销售价格中未包括在保税区、出口加工区或保税仓库中发生的仓储、运输及其他相关费用的，应当按照客观量化的数据资料予以

计入。

（三）出境修理货物的完税价格

运往境外修理的机械器具、运输工具或其他货物，出境时已向海关报明，并在海关规定期限内复运进境的，应当以海关审定的境外修理费和料件费以及该货物复运进境的运输及其相关费用、保险费估定完税价格。

（四）境外加工后进口货物的完税价格

运往境外加工的货物，出境时已向海关报明，并在海关规定期限内复运进境的，应当以海关审定的境外加工费和料件费以及该货物复运进境的运输及其相关费用、保险费估定完税价格。

（五）暂准进境货物的完税价格

对于经海关批准的暂时进境的货物，应当按照《审价办法》中的有关规定估定完税价格。

（六）租赁进口货物的完税价格

租赁方式进口的货物，按照下列方法估定完税价格：

(1) 以租金方式对外支付的租赁货物在租赁期间以海关审定的租金作为完税价格。

(2) 留购的租赁货物以海关审定的留购价格作为完税价格。

(3) 承租人申请一次性缴纳税款的，经海关同意，按照《审价办法》第二章的规定估定完税价格。

另外，对于境内留购的进口货样、展览品和广告陈列品，以海关审定的留购价格作为完税价格；减税或免税进口的货物需予补税时，应当以海关审定的该货物原进口时的价格，扣除折旧部分价值作为完税价格，其计算公式为：

完税价格＝海关审定的该货物原进口时的价格×(1－申请补税时实际已使用的月数/监管年限×12)

以易货贸易、寄售、捐赠、赠送等其他方式进口的货物，按照《审价办法》中的有关规定估定完税价格。

三、出口货物的完税价格

出口货物的完税价格由海关以该货物向境外销售的成交价格为基础审查确定，并应包括货物运至我国境内输出地点装载前的运输及其相关费用、保险费。但其中包含的出口关税税额应当扣除。出口货物的成交价格是指该货物出口销售到我国境外时买方向卖方实付或应付的价格。出口货物的成交价格中含有支付给境外的佣金，如果单独列明，应当扣除。

出口货物的成交价格不能确定时，完税价格由海关依次使用下列方法估定：

(1) 同时或大约同时向同一国家或地区出口的相同货物的成交价格。

(2) 同时或大约同时向同一国家或地区出口的类似货物的成交价格。

(3) 根据境内生产相同或类似货物的成本、利润和一般费用、境内发生的运输及其相关费用、保险费计算所得的价格。

(4) 按照合理方法估定的价格。

出口货物完税价格的计算公式一般为：

出口货物完税价格＝FOB价－出口关税＝FOB价/(1＋出口关税税率)

四、进出口货物完税价格中的运输及其相关费用、保险费的计算

(一) 进口货物的运输及其相关费用、保险费的计算

(1) 海运进口货物，运费及相关费用、保险费计算至该货物运抵境内的卸货口岸。如果该货物的卸货口岸是内河(江)口岸，则应当计算至内河(江)口岸。例如，某货物由某轮船载运进口，该轮船经上海港装运其他货物后继续向九江，并在九江卸下该货物。海关估价征税时，该货物的运保费应计算至九江。

(2) 陆运进口货物，运费及相关费用计算至该货物运抵境内的第一口岸。如果运输及其相关费用、保险费支付至目的地口岸，则计算至目的地口岸。

(3) 空运进口货物，运费及相关费用计算至该货物运抵境内的第一口岸。如果该货物的目的地为境内的第一口岸外的其他口岸，则计算至目的地口岸。

(4) 邮运的进口货物，应当以邮费作为运输及其相关费用、保险费。

另外，陆运、空运和海运进口货物的运费，应当按照实际支付的费用计算。如果进口货物的运费无法确定或未实际发生，海关应当按照该货物进口同期运输行业公布的运费率(额)计算。陆运、空运和海运进口货物的保险费，应当按照实际支付的费用计算。如果进口货物的保险费无法确定或未实际发生，海关应当按照"货价加运费"两者总额的3‰计算保险费。以境外边境口岸价格条件成交的铁路或公路运输进口货物，海关应当按照货价的1%计算运输及其相关费用、保险费。作为进口货物的自驾进口的运输工具，海关在审定完税价格时，可以不另行计入运费。

(二) 出口货物运输及其相关费用、保险费的处理

出口货物的销售价格如果包括离境口岸至境外口岸之间的运费、保险费的，该运费、保险费应当扣除。

五、完税价格的审定过程中海关、进出口收发货人的权利和义务

(一) 海关的权利与义务

海关为审查申报价格的真实性和准确性，可以行使下列职权：

(1) 查阅、复制权，即查阅、复制与进出口货物有关的合同、发票、账册、结付汇凭证、单据、业务函电和其他反映买卖双方关系及交易活动的书面资料和电子数据。

(2) 询问权，即向进出口货物的收发货人及与其有资金往来或有其他业务往来的公司、企业调查与进出口货物价格有关的问题。

(3) 查验、送验权，即对进出口货物进行查验或提取货样进行检验或化验。

(4) 检查权，即进入进出口货物收发货人的生产经营场所、货物存放场所，检查与进出口活动有关的货物和生产经营情况。

(5) 查询权，即向有关金融机构或税务部门查询了解与进出口货物有关的收付汇资料或缴纳国内税的情况。

但海关还应承担以下义务：

(1) 保密的义务，即对于相关当事人提供的属于商业秘密的资料予以保密。

(2) 书面告知的义务，即海关对申报价格的真实性或准确性有疑问时，或海关有理由认为买卖双方之间的特殊关系影响成交价格时，应当书面将怀疑的理由告知进出口货物的收发货人。

(3) 具保放行货物的义务，即海关为确定进出口货物的完税价格需要推迟做出估价决定时，进出口货物的收发货人可以在依法向海关提供担保后，先行提取货物。海关对于实行担保放行的货物，应当自具保之日起 90 天内核查完毕，并将核查结果通知进出口货物的收发货人。

(4) 举证的责任，即履行质疑的程序，向进出口货物的收发货人举证的责任。

(二) 进出口收发货人的权利与义务

进出口人的义务主要有：

(1) 进出口货物的收发货人应当向海关如实申报进出口货物的成交价格，提供包括发票、合同、装箱清单及其他证明申报价格真实、完整的单证、书面资料和电子数据。海关认为必要时，进出口货物的收发货人还应当向海关补充申报反映买卖双方关系和成交活动的情况以及其他与成交价格有关的资料。

(2) 当海关有疑惑时，进出口人有举证的责任，既要举证证明申报价格的真实性、完整性和准确性，或举证交易价格没有受到买卖双方之间的特殊关系的影响。

进出口人的权利主要有：

(1) 知情权，进出口货物的收发货人可以提出书面申请，要求海关就如何确定其进出口货物的完税价格做出书面说明。

(2) 要求具保放行货物的权利。

思一思：
纳税义务人若认为海关估定的进出口货物的完税价格不恰当，应该怎么办？

第三节 适用的税率及进口货物原产地的确定

海关在计征进出口货物的税费时，除了确定完税价格外，还应选择适用的税目、税率。

一、适用的税率

(一) 适用的进口关税税率

进口关税设置最惠国税率、协定税率、特惠税率、普通税率、关税配额税率等。对进口货物在一定期限内可以实行暂定税率，根据有关法律和贸易实施情况，可以实行特别关税税率和报复性关税税率。具体规定如下：

(1) 最惠国税率。原产于共同适用最惠国待遇条款的世贸组织成员的进口货物，原产于与中国签订含有相互给予最惠国待遇条款的双边贸易协定的国家或地区的进口货物，以及原产于中国境内的进口货物，适用最惠国税率。

(2) 协定税率。原产于与中国签订含有关税优惠条款的区域性贸易协定的国家或地区的进口货物，适用协定税率。例如，2007年我国对原产于韩国、印度、斯里兰卡、孟加拉和老挝的部分商品实行"亚太贸易协定"协定税率；对原产于文莱、印度尼西亚、马来西亚、新加坡、泰国、菲律宾、越南、缅甸、老挝和柬埔寨的部分商品实施中国－东盟自由贸易区协定税率；对原产于智利的部分商品实施"中国－智利自由贸易协定"协定税率；对原产于巴基斯坦的部分商品实施中国－巴基斯坦自贸区"早期收获"协定税率；对原产于中国香港的已完成原产地标准核准的产品实施零关税；对原产于中国澳门的已完成原产地标准核准的产品实施零关税。

(3) 特惠税率。原产于与中国签订含有特殊关税优惠条款的贸易协定的国家或地区的进口货物，适用特惠税率。例如，2007年我国对原产于老挝、柬埔寨、缅甸和孟加拉的部分产品实施特惠税率；对原产于安哥拉共和国、贝宁共和国、布隆迪共和国、佛得角共和国、中非共和国、科摩罗联盟、刚果民主共和国、吉布提共和国、厄立特里亚国、埃塞俄比亚联邦民主共和国、几内亚共和国、几内亚比绍共和国、莱索托王国、利比里亚共和国、马达加斯加共和国、马里共和国、毛里塔尼亚伊斯兰共和国、莫桑比克共和国、尼日尔共和国、卢旺达共和国、塞内加尔共和国、塞拉利昂共和国、苏丹共和国、坦桑尼亚联合共和国、多哥共和国、乌干达共和国、赞比亚共和国和赤道几内亚共和国等 28 个非洲最不发达国家的部分商品实施特惠税率；对原产于也门、马尔代夫、萨摩亚独立国、瓦努阿图共和国、阿富汗伊斯兰共和国等 5 个最不发达国家的部分商品实施特惠税率。

(4) 普通税率。原产于上述(1)、(2)、(3)款所列以外国家或地区的进口货物以及原产地不明的进口货物，适用普通税率。

(5) 暂定税率。根据国家需要在一定时期内实行的一种进口关税税率。适用原则是：适用最惠国税率的进口货物，有暂定税率的，应当适用暂定税率；适用协定税率、特惠税率的进口货物，有暂定税率的，应当从低适用税率；适用普通税率的进口货物，不适用暂定税率。

(6) 关税配额税率。按照国家规定实行关税配额管理的进口货物，关税配额内的，适用关税配额税率；关税配额外的，其税率的适用，按上述(1)—(5)款执行。例如，2007 年我国对小麦等 8 类 45 个税目的商品实行关税配额管理，对尿素、复合肥、磷酸氢二铵三种化肥执行 1% 的配额税率；对配额外进口的一定数量棉花实行 6%—40% 滑准税。

(7) 特别关税税率。按照有关法律、法规的规定，对进口货物采取反倾销、反倒贴、保障措施的，其关税税率的适用，按照中国反倾销条例、反倒贴条例、保障措施条例的有关规定执行。

(8) 报复性关税税率。对违反与中国签订或共同参加的贸易协定或相关协定，对中国在贸易方面采取禁止、限制、加征关税或其他影响正常贸易的措施的国家或地区，对其原产于该国家或地区的进口货物，可以征收报复性关税，适用报复性关税税率。征收报复性关税的货物，适用国别、税率、期限和征收办法，由国务院关税税制委员会决定并公布。

(二) 适用的出口关税税率

出口税率适用原则是出口暂定税率优先于出口税率。我国 2007 年出口税则中的税率保持不变，对 174 种商品(税目)实行了暂定税率。另外，自 2007 年 6 月 1 日起，调整了部分商品进出口关税税率，对 142 项"两高一资"(高耗能、高污染、资源性)产品加征出口关税。其中重点是对 80 多种钢铁产品进一步加征 5% 至 10% 的出口关税，这些产品主要包括普碳钢线材、板材、型材以及其他钢材产品。将 2006 年已经征收出口关税的钢坯、钢锭、生铁等钢铁初级产品的税率由 10% 提高至 15%。对天然石墨、稀土金属、精炼铅、氧化镝、氧化铽及部分有色金属废碎料等产品开征 10% 的出口关税；对偏钨酸铵、氧化钼、钼酸铵、钼酸钠、菱镁矿、烧镁等产品开征 5% 至 15% 的出口关税。将镍、铬、钨、锰、钼和稀土金属等金属原矿的出口关税由目前的 10% 提高至 15%；将煤焦油、部分铁合金、未锻轧锌、萤石、非针叶木木片的出口关税由目前的 5% 至 10% 提高到 10% 至 15%。

（三）进出口关税税率时间的适用

(1) 进出口货物，适用海关接受该货物申报进口或出口之日实施的税率。

(2) 进口货物到达前，经海关核准先行申报的，适用装载该货物的运输工具申报进境之日实施的税率。

(3) 转关运输货物税率的适用日期，由海关总署另行规定。

(4) 因纳税人违反规定需要追征税款的，适用该行为发生之日实施的税率；行为发生之日不能确定的，适用海关发现该行为之日实施的税率。

二、货物原产地的确定

从上面的内容来看，源于不同产地的进口货物，适用的税率不同，因此，海关在计征关税时，必须根据原产地规则，对货物的原产地进行确认。

（一）原产地规则

WTO《原产地规则协议》中将原产地规则定义为：一国(地区)为确定货物的原产地而实施的普遍适用的法律、规则和行政决定；也就是说，原产地规则就是以本国立法形式制定其鉴别货物"国籍"的标准。

原产地规则从适用目的的角度上划分，分为优惠原产地规则和非优惠原产地规则。优惠原产地规则是指一国为了实施国别优惠政策而制定的原产地规则，优惠范围以原产地为受惠国的进口产品为限。它是出于某种优惠措施的需要，制定的一些特殊原产地认定标准，而这些标准是给惠国和受惠国之间通过多边或双边协定形式制定的，所以又称"协定原产地规则"。非优惠原产地规则是指一国根据实施其海关税则和其他贸易措施的需要，由本国立法自主制定的原产地规则。它必须遵守最惠国待遇原则。2005 年我国执行的优惠原产地规则主要有"曼谷协定"、"东盟协议"、"CEPA 香港规则和 CEPA 澳门规则"等。

原产地认定标准

1. 优惠原产地认定标准

(1) 完全获得标准：

①在该国(或区域)领土或领海开采的矿产品；

②在该国(或区域)领土或领海收获或采集的植物产品；

③在该国(或区域)领土出生和饲养的活动物及其所的产品；

④在该国(或区域)领土或领海狩猎或捕捞所得的产品；

⑤由该国(或区域)船只在公海捕捞的水产品和其他海洋产品；

⑥该国(或区域)加工船加工的上项所列物品所得的产品；

⑦在该国(或区域)收集的仅适用于原材料回收的废旧物品;

⑧在该国(或区域)加工制造过程中产生的废碎料;

⑨在该国(或区域)利用上述八项所列产品加工所得的产品。

(2) 增值标准:对于非完全在某一受惠国获得或生产的货物,满足以下条件时,应以进行最后加工制造的受惠国视为有关货物的原产国(或地区):

①货物的最后加工制造工序在受惠国完成;

②用于加工制造的非原产于受惠国及产地不明的原材料、零部件等成分的价值占进口货物离岸价的比例,在不同的协议框架下,增值标准各有不同,具体列举如下表:

不同协定的增值标准

协定名称	规则标准
曼谷协定	增值部分不超过50%,原产于最不发达国家(即孟加拉国)的产品的以上比例不超过60%
东盟协议	原产于任意一东盟国家(中国—东盟自由贸易区)产品的增值成分不少于40%;原产于非自由贸易区的材料、零件或者产物的总价值不超过所生产或者获得产品FOB价的60%,并且最后生产工序在东盟国家境内完成
CEPA	我国港澳地区产品的原产地增值标准为30%

2. 非优惠原产地认定标准

(1) 在一国完全获得的产品:

①在该国领土或领海开采的矿产品;

②在该国领土上收获采集的植物产品;

③在该国领土上出生或由该国饲养的活动物及其所的产品;

④在该国领土上狩猎或捕捞所得的产品;

⑤从该国船只上卸下的海洋捕捞物以及由该国船只在海上取得的其他产品;

⑥该国加工船加工的上项所列物品所得的产品;

⑦在该国收集的只适用于再加工制造的废碎料和废旧物品;

⑧在该国完全使用上述七项所列产品加工所得的制成品。

(2) 实质性加工标准:实质性加工标准指产品加工以后发生以下"实质性改变",最后一个对货物进行经济上可以看做实质性加工的国家为有关货物的原产国(地):

①加工增值部分所占产品总值的比例已超过30%及以上的;

②在《海关进出口税则》中四位数税号一级的税则归类已经发生了改变的。

第四节　进出口税费的计算

一、进出口关税的计算

进出口税款缴纳形式为人民币。进出口货物的价格及有关费用以外币计价的，海关按照该货物所适用的计征税费的汇率折合为人民币计算完税价格。完税价格金额计算到元为止，元以下四舍五入。关税税额计算到分为止，分以下四舍五入。关税税额在人民币 50 元以下的免税。

> **资料卡**
>
> **计算关税时适用的汇率**
>
> 海关每月使用的计征税费的汇率为上一个月第三个星期三(第三个星期三为法定节假日，顺延采用第四个星期三)中国人民银行公布的外币对人民币的基准汇率；以基准汇率币种以外的外币计价的，采用同一时间中国银行公布的现汇买入价和现汇卖出价的中间值(人民币元后采用四舍五入法保留 4 位小数)。如果上述汇率发生重大波动，海关总署认为必要时，可另行规定计征汇率，并对外公布。

(一) 进口关税的计算

目前，我国对进口关税采用的计征标准有从价关税、从量关税、复合关税和反倾销税等。

1. 从价关税的计算

计算进口从价关税税款的基本公式是：

$$进口关税税额 = 完税价格 \times 进口关税税率$$

进口货物的成交价格，因有不同的成交条件而有不同的价格形式，常用的价格条款有 FOB、CFR、CIF 三种。因此，完税价格可能是：

$$完税价格 = CIF 价格$$
$$完税价格 = (FOB 价格 + 运费)/(1 - 保险费率)$$
$$完税价格 = CFR 价格/(1 - 保险费率)$$

税款计算如下：

(1) 审核申报价格，符合"成交价格"条件，确定恰当的税目、税号及使用的税率；

(2) 根据填发税款缴款书日的外汇牌价，将货价折算成人民币；

(3) 按照计算公式计算应征关税。

例 1：我国从国外进口一批中厚钢板共计 200 000 公斤，成交价格为 FOB 伦敦 2.5 英镑/公斤。已知单位运费为 0.5 英镑，保险费率为 0.25%，求应征关税税款。假设海关填发税款缴款书之日的外汇牌价：1 英镑＝11.2683 人民币元(买入价)；1 英镑＝11.8857 人民币元(卖出价)。

解：(1) 根据填发税款缴款书日的外汇牌价，将货价折算成人民币。

外汇买卖中间价＝(11.2683＋11.8857)人民币元÷2＝11.577 (人民币元)

即 1 英镑＝11.577 人民币元

(2) 计算完税价格。

因为是以 FOB 价加成交，所以其完税价格为：

完税价格＝(FOB 价＋运费)/(1－保险费率)

＝(2.5＋0.5)/(1－0.25%)＝3.0075 (英镑)≈3 (英镑)

(3) 计算关税税款。

根据税则归类，中厚钢板是日本原产货物适用于最惠国税率，最惠国税率为10%。

则：该批货物进口关税税款＝3×11.577×200 000×10%

＝6 946 200 (人民币元)

2．从量关税的计算

计算进口从量关税税款的基本公式是：

进口关税税额＝进口货物数量×使用的单位税额

例2：2005 年某贸易公司从国外购进日本的彩色胶卷 30 000 卷(1 卷为 0.05775 平方米)，规格为 135/16，税则税号为 37025410，经海关审定其成交价格为 CIF 上海 25 000 美元。若当日中国人民银行公布的基准汇率为 100 美元＝827 人民币元，计算进口关税税额。

解：进口胶卷的数量为：30 000×0.05775＝1 732.50(平方米)

由于该胶卷原产于日本，适用最惠国税率 120 元/平方米

则：进口关税税额＝1 732.50(平方米)×120 元/平方米＝207 900 人民币元

3．复合关税的计算

计算复合关税税款的基本公式为：

进口关税税额＝完税价格×进口关税税率＋进口货物数量×使用的单位税额

例3：某公司 2005 年从日本进口广播级录像机 10 台，经海关审定其成交价格为 CIF 上海 2 500 美元。若当日中国人民银行公布的基准汇率为 100 美元＝827 人民币，计算进口关税税额。

解：由于该录像机原产于日本，适用最惠国税率：每台完税价格低于或等于 2 000 美元，执行单一从价税，税率为 30%；每台完税价格高于 2 000 美元时，每台征收 4 482 元从量税，另加收 3% 的从价税。所以，该录像机的进口关税税额为：

$$(2\,500 \times 827/100 \times 3\% + 4\,482) \times 10 = 51\,022.50(人民币元)$$

4．反倾销税的计算

计算反倾销税的基本公式为：

$$反倾销税 = 完税价格 \times 反倾销税率$$

例4：2004年国内某公司从韩国购进0.7毫米的冷轧钢板200吨，成交价格为CIF天津560美元/吨，生产厂商是"韩国东部制钢株式会社"。若当日中国人民银行公布的基准汇率为100美元=820人民币元，计算应征税额。

解：根据有关规定，"韩国东部制钢株式会社"出口到我国的冷轧钢板为倾销商品，应征14%反倾销税；所以，应征税额为：反倾销税＝完税价格×反倾销税率＝(560×820/100×14%)×200＝128 576(人民币元)

(二) 出口关税税款的计算

我国仅对一小部分关系到国计民生的重要物资或特定时期针对外部环境、避免过激出口的商品征收出口关税，且计税标准是从价税。

计算出口关税的基本公式是：

$$出口关税税额 = 完税价格 \times 出口关税税率$$
$$出口货物完税价格 = FOB 价格/(1 + 出口关税税率)$$

例5：某公司出口锌砂300吨到韩国，经海关审定成交价格FOB天津为600美元/吨。锌砂的出口关税税率为30%，经国家批准按5%的税率出口。若当日中国人民银行公布的基准汇率为1美元＝8.27人民币元，计算出口关税税额。

解：出口货物完税价格＝FOB价格/(1+出口关税税率)
$$= 600 \times 8.27/(1 + 30\%) \approx 3\,817(人民币元)$$

出口关税税额＝完税价格×出口关税税率＝3 817×5%×300＝57 255(人民币元)

二、进口环节消费税的计算

我国消费税的计税依据分别采用从价和从量两种计税方法。实行从价计税办法征税的应税消费品，计税依据为应税消费品的销售额。实行从量定额办法计税时，通常以每单位应税消费品的重量、容积或数量为计税依据。

(一) 从价计征的消费税

进口应税消费品，我国实行从价定率办法计算进口消费税。计税价格由进口货物(成本加运费、保费)价格(即关税完税价格)加关税税额组成。我国消费税采用价内税的计税方法，因此，计税价格组成中包括消费税税额。其计算公式为：

$$组成计税价格 = (关税完税价格 + 关税税额) \div (1 - 消费税税率)$$

从价计征的消费税税额计算公式为：

$$应纳税额 = 组成计税价格 \times 消费税税率$$

例 6：某公司向海关申报进口一批小轿车，价格为 FOB 横滨 10 000 000 日元/辆，运费 200 000 日元/辆。若按 CIF 价投保，保险费率为 5‰，消费税税率为 8%。并假设 100 000 日元兑换人民币买卖中间价为 8 500 元，计算消费税税额。

解：关税完税价格：$(10\,000\,000 + 200\,000)/(1-5‰) = 10\,251\,256.28141$（日元），即：

$10\,251\,256.28141 \times 8\,500 \div 100\,000 = 871\,356.7839196 \approx 871\,357$（人民币元）

假设进口小轿车的关税税率为 80%，则关税税额为：

$871\,357 \times 80\% = 697\,085.6$（人民币元）

消费税计税价格：$(871\,357 + 697\,085.6)/(1-8\%) = 1\,704\,828.91$

$\approx 1\,704\,829$（人民币元）

消费税税额：$1\,704\,829 \times 8\% = 136\,386.32$（人民币元）

资料卡　除进口环节外，从价计征的消费税的计算

(1) 从价计税时，应纳税额 = 应税消费品销售额 × 适用税率

(2) 自产自用应税消费品用于连续生产应税消费品的，不纳税；用于其他方面的，有同类消费品销售价格的，按照纳税人生产的同类消费品销售价格计算纳税，没有同类消费品销售价格的，组成计税价格。

$$组成计税价格 = (成本 + 利润) \div (1 - 消费税税率)$$

$$应纳税额 = 组成计税价格 \times 适用税率$$

(3) 委托加工应税消费品的由受托方交货时代扣代缴消费税。按照受托方的同类消费品销售价格计算纳税，没有同类消费品销售价格的，组成计税价格。

$$组成计税价格 = (材料成本 + 加工费) \div (1 - 消费税税率)$$

$$应纳税额 = 组成计税价格 \times 适用税率$$

(4) 零售金银首饰的纳税人在计税时，应将含税的销售额换算为不含增值税税额的销售额。

$$金银首饰的应税销售额 = 含增值税的销售额 \div (1 + 增值税税率或征收率)$$

对于生产、批发、零售单位用于馈赠、赞助、集资、广告、样品、职工福利、奖励等方面或未分别核算销售的按照组成计税价格计算纳税。

$$组成计税价格 = 购进原价 \times (1 + 利润率) \div (1 - 金银首饰消费税税率)$$

$$应纳税额 = 组成计税价格 \times 金银首饰消费税税率$$

(二)从量计征的消费税

从量计征的消费应税货物有黄酒、啤酒、汽油、柴油四种,实行定额征收。黄酒每吨人民币240元,啤酒每吨人民币220元,汽油每升人民币0.2元,柴油每升人民币0.1元。

从量计征的消费税税额计算公式为:

$$应纳税额 = 单位税额 \times 进口数量$$

> **资料卡**
>
> **按从量税计征消费税的货品计量单位的换算标准**
>
> 啤酒1吨=988升,黄酒1吨=962升,汽油1吨=1 388升,柴油1吨=1 176升。

例7:某公司进口1 000箱啤酒,每箱24听,每听净重335ml,价格为CIF上海USD48/箱。假设100美元兑换人民币824元。关税普通税率7.5元/升,消费税税率220元/吨,计算消费税税额。

解:进口啤酒数量:$335 \times 24 \times 1\,000 \div 1\,000 = 8\,040$(升)$= 8.1377$(吨)

关税税额:$7.5 \times 8\,040 = 60\,300$(人民币元)

消费税税额:$220 \times 8.1377 = 1\,790.29$(人民币元)

(三)复合计征的消费税

复合计征的消费税的计算公式为:

$$应纳税额 = 从价部分的消费税额 + 从量部分的消费税额$$
$$= 组成计税价格 \times 消费税税率 + 单位税额 \times 进口数量$$
$$组成计税价格 = (关税完税价格 + 关税税额) \div (1 - 消费税税率)$$

三、进口环节增值税的计算

> **资料卡**
>
> **我国增值税简介**
>
> 我国增值税税率分为三档:基本税率17%、低税率13%和零税率。增值税应税货物全部从价定率计征,其基本税率为17%,但对于一些关系到国计民生的重要物资,其增值税税率较低,为13%。
>
> 下列各类货物增值税税率为13%:(1)粮食、食用植物油;(2)自来水、暖气、冷气、热水、煤气、石油液化气、天然气、沼气、居民用煤炭制品;(3)图书、报纸、杂志;(4)饲料、化肥、农药、农机、农膜;(5)金属矿和非金属矿等产品(不包括金粉、锻造金,它们为零税率);(6)国务院规定的其他货物。
>
> 增值税的计税依据是:纳税人销售货物或提供应税劳务的计税依据为其销售额。

其纳税额的计算分别如下：
(1) 一般纳税人的应纳税额＝当期销项税额－当期进项税额。
(2) 小规模纳税人的应纳税额＝含税销售额÷(1＋征收率)×征收率。

进口环节增值税按组成计税价格计征，分为两种情况。
(一) 应征消费税的进口货物增值税的计算
增值税税额计算公式：
$$应纳税额＝组成计税价格×增值税税率$$
$$组成计税价格＝关税完税价格＋关税税额＋消费税税额$$

例8：某公司从日本进口女摩托车100台，成交价格为CIF上海100 000日元/台。经海关审定，该摩托车的适用关税税率为34.2%，增值税率为17%，消费税率为10%。假设汇率为100日元＝6.8531元人民币，计算进口环节的增值税额。

解：关税完税价格＝100 000×100×6.8531/100＝685 310(人民币元)
应征关税税额＝685 310×34.2%＝234 376.02(人民币元)
消费税组成计税价格＝(关税完税价格＋关税税额)÷(1－消费税税率)
　　　　　　　　　＝(685 310＋234 376.02)÷(1－10%)≈1 021 873(人民币元)
消费税税额＝消费税组成计税价格×消费税税率
　　　　　＝1 021 873×10%＝102 187.30(人民币元)
增值税组成计税价格＝关税完税价格＋关税税额＋消费税税额
　　　　　　　　　＝685 310＋234 376.02＋102 187.30≈1 021 873(人民币元)
应纳增值税额＝1 021 873×17%＝173 718.41(人民币元)

(二) 不征消费税的进口货物增值税的计算
增值税税额计算公式：
$$应纳税额＝组成计税价格×增值税税率$$
$$组成计税价格＝关税完税价格＋关税税额$$

例9：进口一台价值1万美元的某种机器(CIF天津)，该机器根据海关税则，税号是84131100进口关税税率是12%，增值税税率是17%。那么进口这台机器需要缴多少税款？假设填发海关专用缴款书的日期当天的汇率是USD1＝RMB8.2785。

解：进口关税的税款金额＝进口关税的完税价格×进口关税税率
　　　　　　　　　　　＝82 785×12%＝9 934.20(人民币元)

在征收进口关税的同时，海关还要代征增值税，这台机器的增值税率是17%。请注意，要交的增值税不是82 785×17%，因为代征增值税的完税价格不是进口关税的完税价格。

代征增值税的完税价格＝进口关税的完税价格＋进口关税的税款金额
$$=82\,785+9\,934.20=92\,719(人民币元)$$
代征增值税的税款金额＝代征增值税的完税价格×增值税税率
$$=92\,719\times17\%=15\,762.23(人民币元)$$
所以，进口这台机器一共要缴的税款
$$=9\,934.20+15\,762.23=25\,696.43(人民币元)$$

例10：某外贸公司代某手表厂进口瑞士产数控铣床一台，每台FOBAntwerp-SFr223 343，运费为每台RMB42 240。若按CIF价投保，保险费率0.3%，填发海关代征税缴款书之日瑞士法郎对人民币外汇市场买卖中间价为SFR100＝RMB387.055，计算增值税税额。

解：关税完税价格：$223\,343\times387.055\div100=864\,460.24865$（人民币元）

$(864\,460.24865+42\,240)/(1-0.3\%)=909\,428.5342528$（人民币元）
$$\approx909\,429(人民币元)$$

假设数控铣床的税率为15%，则其应征关税税额为：

$909\,429\times15\%=136\,414.35$（人民币元）

增值税组成计税价格：

$909\,429+136\,414.35=1\,045\,843.35$（人民币元）

应征增值税税额：$1\,045\,843\times17\%=177\,793.31$（人民币元）

四、船舶吨税的计算

我国船舶吨税按船舶净吨位计征的，其计算公式为：

$$应征船舶吨税＝净吨位\times船舶吨税率$$
$$净吨位＝船舶有效容积\times吨/立方米$$

船舶净吨位的尾数按四舍五入计算。

例11：某年一我国香港特别行政区籍船舶停靠在我国内地某港口，纳税人自行选择90天期缴纳吨税。该轮船总吨位为15 000吨，注册净吨位为9 000吨。经查《船舶吨税税率表》：3001—10 000吨的机动船舶，90天期限的优惠吨税为5.85元/吨。

解：应征船舶吨税＝净吨位×船舶吨税率＝$9\,000\times5.85=52\,650$（元）

五、滞纳金的计算

按规定，关税、进口环节的消费税和增值税、船舶吨税的纳税人或其代理人应在规定的期限内缴纳税款，逾期者应照章缴纳滞纳金。滞纳金的计算公式为：

关税滞纳金金额＝滞纳关税税额×0.5‰×滞纳天数

代征税滞纳金金额＝滞纳代征税税额×0.5‰×滞纳天数

资料卡

滞纳天数的确定

海关对滞纳金的征收是自缴纳期限届满次日起至进出口货物的纳税义务人缴纳税费之日止。缴款期限届满日遇星期六、星期日等休息日或者法定节假日的，应当顺延至休息日或者法定节假日之后的第一个工作日。国务院临时调整休息日与工作日的，海关应当按照调整后的情况计算缴款期限。

例如2005年6月5日至7月30日的日历如下表所示。

周日	周一	周二	周三	周四	周五	周六
6月5日	6	7	8	9	10	11
12	13	14	15	16	17	18
19	20	21	22	23	24	25
26	27	28	29	30	7月1日	2
3	4	5	6	7	8	9
10	11	12	13	14	15	16
17	18	19	20	21	22	23
24	25	26	27	28	29	30

如果海关于2005年6月30日(周四)填发税款缴款书，则纳税人最迟应当于2005年7月15日(周五)缴纳税款。若纳税人于2005年7月19日(周二)才缴纳，则滞纳天数为4天。

如果海关于2005年6月10日(周五)填发税款缴款书，则纳税人最迟应当于2005年6月27日(周一)缴纳税款。若纳税人于2005年6月28日(周二)才缴纳，则滞纳天数为1天。

例12：某公司进口货物应缴纳关税80 000元、消费税70 000元、增值税100 000元，海关于2005年6月30日(周四)填发税款缴款书，该公司于2005年7月25日(周一)缴纳税款。计算海关应征的滞纳金。

解：根据已知条件及日历，滞纳天数确定如下：

2005年6月30日(周四)填发税款缴款书，纳税人最迟应当于2005年7月15日(周五)缴纳税款。7月16日之后为滞纳天数，7月16日至7月25日共10天。则滞纳金为：(80 000＋70 000＋100 000)×0.5‰×10＝1 250 (元)

六、滞报金的计算

滞报金的计算公式为：滞报金＝进口货物完税价格×0.5‰×滞报天数

滞报金的征收日的规定详见本章第一节的有关内容。

例13：载有进出口 A 企业从国外购买的进口货物的某海轮于2005年6月14日(周二)向天津海关申报进境，但 A 企业于2005年7月7日(周四)才向海关申报该批进口货物。该批货物的 CIF 天津价格是150 000 美元。假设当时中国人民银行公布的基准率为1 美元＝8.27 人民币元。求 A 企业应缴纳的滞报金。

解：由于 A 企业应最迟于2005年6月28日(周二)向海关申报进口货物，而实际申报日期是2005年7月7日(周四)，所以滞报期为9天，则：

滞报金＝进口货物完税价格×0.5‰×滞报天数
　　　＝150 000×8.27×0.5‰×9≈5 582(人民币元)

第五节　进出口货物税款的减征与免征

一、进出口货物税款的减免

(一)法定减免税

法定减免税是指进出口货物按照《海关法》、《关税条例》、《海关征税管理办法》和其他法律、行政法规的规定，对进出口货物、物品实施减免关税的优惠。

法定免征关税进出口税的货物有：(1)关税、进口环节增值税或者消费税税额在人民币50元以下的一票货物；(2)无商业价值的广告品和货样；(3)外国政府、国际组织无偿赠送的物资；(4)在海关放行前损失的货物；(5)进出境运输工具装载的途中必需的燃料、物料和饮食用品；(6)暂时进出境货物暂不征税；(7)规定税额以内的物品；(8)退回货物不征税，即因品质或者规格原因，进口货物或出口货物自出口放行之日起1年内原状退货复运出境或进境的，不予征收进口关税和进口环节海关代征税；(9)补偿或更换相同货物不征税，即因残损、短少、品质不良或者规格不符原因，由进出口货物的发货人、承运人或者保险公司免费补偿或更换的相同货物，进出口时不征收关税；但是，被免费更换的原进口货物不退运出境或者原出口货物不退运进境的，应对原进出口货物重新按照规定征收关税；(10)中华人民共和国缔结或者参加的国际条约规定减征、免征关税的货物、物品；(11)法律规定的其他货物减免税，即法律规定的其他免征或者减征关税的货物，海关根据规定予以免征或者减征。

> 📝 **资料卡**

暂时进出境、暂不征税的货物

经海关批准，暂时进出境的货物，并自进境或者出境之日起 6 个月内复运出境或复运进境的，在进境或出境时纳税人向海关缴纳相当于应纳税款的保证金或提供其他担保的，可暂不缴纳关税。这些货物包括：

(1) 在展览会、交易会、会议及类似活动中展示或者使用的货物；

(2) 文化、体育交流活动中使用的表演、比赛用品；

(3) 进行新闻报道或者摄制电影、电视节目使用的仪器、设备及用品；

(4) 开展科研教学、医疗活动使用的仪器、设备及用品；

(5) 在上述(1)—(4)项所列活动中使用的交通工具及特种车辆；

(6) 货样；

(7) 供安装、调试、检测设备时使用的仪器、工具；

(8) 盛装货物的容器；

(9) 其他用于非商业目的的货物。

需要注意的是，法定免征进口关税的货物，也免征进口环节增值税和消费税。

（二）特定减免税

特定减免税是指特定地区、特定企业或者有特定用途的进出口货物减征或免征关税，以及临时减征或免征关税，也称政策性减免税。

特定地区、特定企业或者有特定用途的特定减免税进口货物，应当接受海关监管。特定减免税进口货物的监管年限为：(1) 船舶、飞机为 8 年；(2) 机动车辆为 6 年；(3) 其他货物为 5 年。监管年限自货物进口放行之日起计算。在监管年限内，纳税义务人应当自减免税货物放行之日起每年一次向主管海关报告减免税货物的状况；除经海关批准转让给其他享受同等税收优惠待遇的项目单位外，纳税义务人在补缴税款并办理解除监管手续后，方可转让或者进行其他处置。

目前，我国实施特定减免税的货物、物品主要有：(1) 科教用品。(2) 残疾人用品。(3) 境外非官方组织和个人捐赠的救灾物资。(4) 加工贸易物资。(5) 保税区物资。(6) 进口的抗艾滋病药品。(7) 第 29 届奥运会接受外国政府和国际组织捐赠进口物资，即对外国政府和国际组织无偿捐赠用于第 29 届奥运会的进口物资，免征进口环节增值税和关税。(8) 第 29 届奥运会进口设备，即对以一般贸易方式进口，用于第 29 届奥运会的体育场馆建设所需设备中与体育场馆设施固定不可分离的设备以及直接用于奥运会比赛用的消耗品(如比赛用球等)，免征进口环节增值税和关税。(9) 第 29 届奥运会进口物品，即对国际奥委会、国际单项体育组织和其他社会团体等从国外邮寄进口且不流入国内市场的以及与第 29 届奥运会有关的非贸易性文件、书籍、音像、光盘，在合理数量范围内，免征进口环节增值税和关税。对奥运会场馆建设所需进口的模型、图纸、图板、电子文件光盘、设计说明及缩印本等非贸易性规划设计方案，免征进口环节增值税和关税等等。

(三) 临时减免税

临时减免税是指法定减免税和特定减免税以外的其他减免税，是由国务院根据某个单位、某类商品、某个时期或某批货物的特殊情况，按照规定给予特别的临时性的减免税优惠。临时性减免税具有集权性、临时性、局限性、特殊性的特点，一般一案一批。

二、滞纳金、滞报金的减免

滞纳金是海关对纳税义务人由于不能按海关规定的期限缴清税款而征收的罚款；滞报金是海关对纳税义务人由于不在海关规定的期限办理清关手续而征收的罚款。但这两种罚款在特定的情况下可以减免，详见本章第一节的有关内容。

第六节 进出口税费的缴纳与退补

一、进出口货物税费的缴纳

目前我国纳税义务人向海关缴纳税款的方式主要有在进出口地纳税和属地纳税两种方式。进出口地纳税是指货物在设有海关的进出口地纳税；属地纳税是指进出口货物应缴纳的税款由纳税人向其所在地的海关申报纳税。无论以何种方式纳税，其程序一般如下。

(一) 申报与审核

纳税义务人进出口货物时应当依法向海关办理申报手续，如实申报进出口货物的商品名称、税则号列(商品编号)、规格型号、价格、运保费及其他相关费用、原产地、数量等。并按照规定提交有关单证。进出口减免税货物的，纳税义务人还应当提交主管海关签发的《进出口货物征免税证明》(以下简称《征免税证明》)(但《海关征税管理办法》第七十二条所列减免税货物除外)。

海关接到纳税人的申报后，应当按照法律、行政法规和海关规章的规定，对纳税义务人申报的进出口货物商品名称、规格型号、税则号列、原产地、价格、成交条件、数量等进行审核。海关为审核确定进出口货物的商品归类、完税价格及原产地等，可以对进出口货物进行查验，组织化验、检验或者对相关企业进行核查。海关审核确定后，应当书面通知纳税义务人，并在货物实际进出口时予以认可。

(二) 税款的缴纳

海关根据进出口货物的税则号列、完税价格、原产地、适用的税率和汇率(详见本章第三、四节的相关内容)计算纳税义务人应征的税款，并在完成海关现场接单审核工作之后及时填发税款缴款书给予纳税义务人。纳税义务人收到税款缴款书后应当办理签收手续，并在自海关填发税款缴款书之日起15日内，到指定银行缴纳税款或向签有协议的银行办理电子交付税费的手续。纳税义务人向银行缴纳税款后，应当及时将盖有证明银行已收讫税款的业务印章的税款缴款书送交填发海关验核，海关据此办理核注手续。

> **资料卡**
>
> **海关税款缴款书**
>
> 海关税款缴款书一式六联，第一联(收据)由银行收款签章后交缴款单位或者纳税义务人；第二联(付款凭证)由缴款单位开户银行作为付出凭证；第三联(收款凭证)由收款国库作为收入凭证；第四联(回执)由国库盖章后退回海关财务部门，第五联(报查)国库收款后，关税专用缴款书退回海关，海关代征税专用缴款书送当地税务机关；第六联(存根)由填发单位存查。
>
> 纳税义务人缴纳税款前不慎遗失税款缴款书的，可以向填发海关提出补发税款缴款书的书面申请。海关应当自接到纳税义务人的申请之日起2个工作日内审核确认并重新予以补发。海关补发的税款缴款书内容应当与原税款缴款书完全一致。纳税义务人缴纳税款后遗失税款缴款书的，可以自缴纳税款之日起1年内向填发海关提出确认其已缴清税款的书面申请，海关经审查核实后，应当予以确认，但不再补发税款缴款书。

二、进出口货物税费的退还与补征

(一) 进出口货物税费的退还

海关若发现多征税款的，应当立即通知纳税义务人办理退税手续。纳税义务人应当自收到海关通知之日起3个月内办理有关退税手续。纳税义务人发现多缴纳税款的，自缴纳税款之日起1年内，可以向海关申请退还多缴的税款并加算银行同期活期存款利息。

> **资料卡**
>
> **纳税义务人向海关申请退还税款时提交的材料**
>
> 退税的原因不同，提交的材料也不同。
>
> (1) 纳税义务人向海关申请退还多缴的税款并加算银行同期活期存款利息时的材料有：
>
> ①《退税申请书》；
>
> ②原税款缴款书和可以证明应予退税的材料。

(2) 已缴纳税款的进口货物，因品质或者规格原因原状退货复运出境的，纳税义务人自缴纳税款之日起1年内，可以向海关申请退税。纳税义务人向海关申请退税时，应当提交下列材料：

①《退税申请书》；

②原进口报关单、税款缴款书、发票；

③货物复运出境的出口报关单；

④收发货人双方关于退货的协议。

(3) 已缴纳出口关税的出口货物，因品质或者规格原因原状退货复运进境，并已重新缴纳因出口而退还的国内环节有关税收的，纳税义务人自缴纳税款之日起1年内，可以向海关申请退税。纳税义务人向海关申请退税时，应当提交下列材料：

①《退税申请书》；

②原出口报关单、税款缴款书、发票；

③货物复运进境的进口报关单；

④收发货人双方关于退货的协议和税务机关重新征收国内环节税的证明。

(4) 已缴纳出口关税的货物，因故未装运出口申报退关的，纳税义务人自缴纳税款之日起1年内，可以向海关申请退税。纳税义务人向海关申请退税时，应当提交下列材料：

①《退税申请书》；

②原出口报关单和税款缴款书。

(5) 散装进出口货物发生短装并已征税放行的，如果该货物的发货人、承运人或者保险公司已对短装部分退还或者赔偿相应货款，纳税义务人自缴纳税款之日起1年内，可以向海关申请退还进口或者出口短装部分的相应税款。纳税义务人向海关申请退税时，应当提交下列材料：

①《退税申请书》；

②原进口或者出口报关单、税款缴款书、发票；

③具有资质的商品检验机构出具的相关检验证明书；

④已经退款或者赔款的证明文件。

(6) 进出口货物因残损、品质不良、规格不符等原因，或者发生(5)条规定以外的货物短少的情形，由进出口货物的发货人、承运人或者保险公司赔偿相应货款的，纳税义务人自缴纳税款之日起1年内，可以向海关申请退还赔偿货款部分的相应税款。纳税义务人向海关申请退税时，应当提交下列材料：

①《退税申请书》；

②原进口或者出口报关单、税款缴款书、发票；

③已经赔偿货款的证明文件。

海关收到纳税义务人的退税申请后应在申请之日起 30 日内查实并通知纳税义务人办理退税手续或者不予退税的决定。纳税义务人应当自收到海关准予退税的通知之日起 3 个月内办理有关退税手续。

(二)进出口货物税费的补征

进出口货物放行后,海关若发现少征税款的,应当自缴纳税款之日起 1 年内,向纳税义务人补征税款;海关发现漏征税款的,应当自货物放行之日起 1 年内,向纳税义务人补征税款。

因纳税义务人违反规定造成少征税款的,海关应当自缴纳税款之日起 3 年内追征税款;因纳税义务人违反规定造成漏征税款的,海关应当自货物放行之日起 3 年内追征税款。海关除依法追征税款外,还应当自缴纳税款或者货物放行之日起至海关发现违规行为之日止按日加收少征或者漏征税款 0.5‰ 的滞纳金。因纳税义务人违反规定造成海关监管货物少征或者漏征税款的,海关应当自纳税义务人应缴纳税款之日起 3 年内追征税款,并自应缴纳税款之日起至海关发现违规行为之日止按日加收少征或者漏征税款 0.5‰ 的滞纳金。

海关补征或者追征税款,应当制发《海关补征税款告知书》。纳税义务人应当自收到《海关补征税款告知书》之日起 15 日内到海关办理补缴税款的手续。

本章小结

进出口货物进出境时需要办理清关手续,其收发货人或其代理人要缴纳进出口税费,这些税费包括关税、进口环节的增值税和消费税及船舶吨税。如果纳税义务人没有按期办理清关手续或没有在规定的时间内缴清关税,海关要向其征收滞纳金或滞报金。各种税费的征收依据、征收范围见下表。

税费种类	主要征收依据	征收范围	计算公式	备注
关税	《中华人民共和国海关法》、《中华人民共和国进出口条例》、《中华人民共和国海关进出口货物征税管理办法》等	准许进出我国关境的应税货物和物品	1. 进口关税: 其中: 从价税税额＝完税价格×进口关税税率 从量税税额＝进口货物数量×使用的单位税额 复合税税额＝完税价格×进口关税税率＋进口货物数量×使用的单位税额 2. 出口关税: 应征税额＝完税价格×出口关税税率	由海关计征

(续表)

税费种类	主要征收依据	征收范围	计算公式	备注
进口环节的消费税	《中华人民共和国消费税暂行条例》、相关行政法规	在我国境内生产、委托加工和进口《消费税暂行条例》规定的消费品（即"应税消费品"）的单位和个人	1. 从价计征的消费税： 应纳税额＝组成计税价格×消费税税率 组成计税价格＝（关税完税价格＋关税税额）÷（1－消费税税率） 2. 从量计征的消费税： 应纳税额＝单位税额×进口数量 3. 复合计征的消费税： 应纳税额＝从价部分的消费税额＋从量部分的消费税额＝组成计税价格×消费税税率＋单位税额×进口数量 组成计税价格＝（关税完税价格＋关税税额）÷（1－消费税税率）	由海关代征
进口环节的增值税	《中华人民共和国增值税暂行条例》、相关行政法规	在我国境内销售货物或者提供加工、修理修配劳务以及进口货物的单位和个人	1. 应征消费税的增值税： 应纳税额＝组成计税价格×增值税税率 组成计税价格＝关税完税价格＋关税税额＋消费税税额 2. 不征消费税的增值税： 应纳税额＝组成计税价格×增值税税率 组成计税价格＝关税完税价格＋关税税额	由海关代征
船舶吨税	《中华人民共和国船舶吨税暂行条例》、相关行政法规	在我国港口行使的外国籍船舶和外商租用（程租除外）的中国籍船舶以及中外合营海运企业自有或租用的中、外国籍船舶；我国租用的外国籍国际航行船舶	应征船舶吨税＝净吨位×船舶吨税率 净吨位＝船舶有效容积×吨/立方米	海关计征

(续表)

税费种类	主要征收依据	征收范围	计算公式	备注
滞纳金、滞报金	《中华人民共和国海关法》、《中华人民共和国海关征收进口货物滞报金办法》等	1. 纳税义务人没有在规定的时间内缴清税款 2. 进出口货物的收发货人或其代理人未在规定的期限内办理货物的清关手续	1. 滞纳金金额＝滞纳税税额×0.5‰×滞纳天数 2. 滞报金金额＝进口货物完税价格×0.5‰×滞报天数	海关计征

我国海关在计征进出口货物的税费时要审定进出口货物的完税价格。一般货物完税价格的审定方法有五种，即成交价格法、相同货物或类似成交价格法、倒扣价格法、计算价格法和合理价格法。特殊货物按照《审价方法》中的具体规定审定其完税价格。在完税价格审定过程中，海关和纳税义务人要相互配合，遵守各自的义务。

我国海关在计征进出口货物的税费要根据货物的原产地规则选用适用的税率。目前我国适用的税率有最惠国税率、协定税率、特惠税率、普通税率、关税配额税率等，分别适用于不同产地的货物。

另外，我国海关对一些货物或物品，在特定的情况下，实施减免税。

案例分析

不服海关估价征税复议案

2000 年 2—7 月间，当事人上海嘉荣医疗器材有限公司(以下简称上海嘉荣)委托苏州进出口集团公司向太仓海关报关进口输液泵、注射泵 5 批，申报单价均为 USD400。同年 7 月，太仓海关在价格核查时发现：输液泵、注射泵不同规格间性能存在着较大差异，单价相同不合理；进口报关价与国内售价相差悬殊；其他厂商进口的同类产品，性能低于当事人进口的产品但申报价却高于其产品；且当事人以其母公司香港嘉荣医疗器材有限公司(以下简称香港嘉荣)为交易对家。太仓海关由此推断上述 5 批进口货物申报的成交价格存在问题。8 月 10 日，申请人第 6 次向太仓海关申报进口输液泵一批，申报单价仍为 USD400。太仓海关遂对此票货物连同前 5 批货物展开审价，并敦促申请人交保办理手续，但申请人始终未缴纳保证金并办理相应海关手续。2001 年 5 月 25 日，太仓海关以西安机场海关受理的单票同期进口相同货物成交价格为依据，估定申请人进口货物的单价为 1 500 美元/台，并依此对以上第 6 批货物开列征税税单，对前 5 批货物开出补税税单。

申请人不服太仓海关估价征税行为，于 2001 年 6 月 14 日向苏州海关提起行政复议。苏州海关复议机构经审查认为，太仓海关估价征税的理由是成立的，但在具体估价过程中，仅以西安机场海关受理的单票进口货物成交价格为依据，未考虑因商业水平、运输方式不同所带来的价格差异，因而依据不足，决定撤销太仓海关作出的征、补税款行为，由太仓海关重新做出相应的征、补税款行为。

经进一步取证，太仓海关获取了相同货物从同一出口国出口时的离岸价格，同时发现申请人上海嘉荣与交易方香港嘉荣之间存在着特殊的经济关系，这种特殊经济关系已对申请人与香港嘉荣间的成交价格产生影响。本着合理原则，太仓海关于 2001 年 12 月 17 日重新对申请人做出了估价征税决定。

申请人仍然不服，于 2001 年 12 月 28 日对太仓海关的重新征、补税款行为再次提起行政复议，并要求海关对滞留在港货物的相关损失和费用予以赔偿。苏州海关再次受理后，经审理确认：申请人上海嘉荣与交易方香港嘉荣之间存在着特殊的经济关系已对二者交易的成交价格产生影响；太仓海关基于上述理由进行估价并作出相应的征、补税款行为，事实清楚、证据确凿、适用依据正确、程序合法、内容适当；本案在港的进口货物未办理相关海关手续，太仓海关对因此而滞留在港货物的损失及费用不应承担责任。为此，2002 年 2 月 26 日，苏州海关作出决定，维持太仓海关于 2001 年 12 月 17 日作出的估价征税行为，对申请人就滞留在港货物相关损失和费用提出的赔偿请求不予支持。当事人接受了这一决定，未提出异议，此案终结。

资料来源：http://www.chinaport.gov.cn。

思考与练习

一、单项选择

1. 我国不属于海关征收的税种有（　　）。
   A．营业税　　B．关税　　C．进口环节增值税、消费税　　D．船舶吨税

2. 我国征收船舶吨税的税率设立一般吨税税率和优惠吨税税率两种，优惠税率适用于与我国签订有协定或条约，规定对船舶的税费相互给予最惠国待遇的国家的船舶。这里所指的船舶国籍一般是指（　　）。
   A．船舶的注册国籍　　B．船舶的建造国籍
   C．船舶的租用国籍　　D．船舶的所有国籍

3. 出口货物海关审定的完税价格是（　　）。
   A．FOB　　B．CIF　　C．FOB−出口税　　D．CIF−出口税

4. 应按下列哪种吨位征收船舶吨税（　　）。
   A．注册载重吨位　　B．注册排水量吨位　　C．注册净吨位　　D．注册总吨位

5. 因收发货人或其代理人违反规定造成的少征或者漏征税费的，海关可在(   )内追征。

　　A. 1年　　B. 2年　　C. 3年　　D. 6个月

二、简答题

1. 我国海关计征进口关税的方式有哪几种？分别是什么？目前我国海关计征进口关税适用的税率有哪几种？
2. 我国海关审定进口货物的完税价格的方法有哪几种？
3. 简述完税价格审定中货物收发人的权利和义务。
4. 简述法定减免税的范围。
5. 简述进出口税费的缴纳程序。

三、计算题

1. 上海某公司从德国购进一批轿车，成交价格共 FOB 100 000.00 美元，另付港商佣金 FOB 3%(非买方佣金)，运费 6 000.00 美元，保险费率 3‰，经查该汽车的税则号列应归 8703.2314，适用税率为 50%。计算进口关税(外汇中间价折合率 1 美元 = 8.27 人民币元)。

2. 某公司从德国进口钢铁盘条 100 000 千克，其成交价格为 CIF 天津新港 125 000 美元，应征关税税款是多少？已知海关填发税款缴款书之日的外汇牌价：100 美元 = 827.26 人民币元(买入价)；100 美元 = 830.18 人民币元(卖出价)。

3. 某进出口公司从日本进口硫酸镁 1 000 吨，进口申报价格 FOB 横滨 USD500 000，运费总价为 USD10 000，保险费率 3‰，当时的外汇牌价为 USD100 = 827。经查，硫酸镁的税则号列为 2833.2100，税率为 10%。计算应纳关税额。

4. 某进口货物成交价格为每公斤 FOB 汉城 100 美元，总运费为 5 500 美元，净重 1 000 公斤，保险费率为 3‰，汇率为 1 美元 = 8.27 人民币元，关税税率为 15%。分别计算关税完税价格和关税税额。

5. 某贸易公司从日本进口了 1 000 箱啤酒，规格为 24 支 × 330 毫升/箱，申报价格为 FOB 神户 USD10/箱，发票列明：运费为 USD5 000，保险费率为 0.3%，经海关审查属实。该啤酒的最惠国税率为 3.5 元/升，消费税税额为 220 元/吨(1 吨 = 988 升)，增值税税率为 17%，外汇牌价为 100 美元 = 827 人民币元。求该批啤酒的应纳关税、消费税和增值税额。

技能实训

结合实际案例分析和熟悉征收税费的相关概念和环节。

第六章

进出口货物报关单的填制

【导读】给进出口货物进行报关时，报关员必须填制各种报关单据。本章重点介绍了报关单据的种类及各联的用途，介绍了各种单据填写的规范，以使读者熟悉进口货物报关单和出口货物报关单的各个栏目，掌握各个栏目填制的基本要求及注意事项。

第一节　进出口货物报关单及填写的基本要求

进出口货物报关单是进出口货物的收发货人或其代理人向海关报告其进出口货物情况，申报海关审查、放行货物的必要法律文书，是对进出口货物进行全面监控处理的主要依据，是海关统计的原始资料。

一、进出口货物报关单的含义

进出口货物报关单是指进出口货物的收发货人或代理人，按照海关规定的格式对进出口货物的实际情况做出书面说明，申请海关对其货物按适用的海关制度办理通关手续的法律文书。进出口货物报关单主要通过商品名称、数量、价格、进出口口岸、贸易方式、成交方式及运输方式等栏目对进出口货物进行说明。报关人要对这些项目认真填写。海关进行审查、核实后，按照所申报的情况，适用相应的法律实施不同的管理。

进出口货物报关单在对外经济贸易活动中具有十分重要的法律效力。它既是海关对进出口货物进行监管、征税、统计以及开展稽查的主要依据，又是加工贸易核销、出口退税和外汇管理的重要凭证，也是海关处理进出口货物走私、违规案件的重要书证。因此，申报人对所填报的进出口报关单的真实性和准确性要承担法律后果。

二、进出口报关单的类别

根据不同的标准将报关单分成以下类别：

（一）按进出口状态分

报关单可分为中华人民共和国进口货物报关单和中华人民共和国出口货物报关单。

进出口报关单

中华人民共和国海关进口货物报关单

预录入编号：　　　　　　　　　　　　　海关编号：

进口口岸		备案号		进口日期		申报日期	
经营单位		运输方式		运输工具名称		提运单号	
收货单位		贸易方式		征免性质		征税比例	
许可证号		起运国(地区)		装货港		境内目的地	
批准文号		成交方式		运费		保费		杂费	

(续表)

合同协议号	件数	包装种类	毛重(公斤)	净重(公斤)
集装箱号	随附单据		用途	
标记唛码及备注				

项号	商品编号	商品名称、规格型号	数量及单位	原产国(地区)	单价	总价	币制	征免

税费征收情况	

录入员 录入单位	兹声明以上申报无讹并承担法律责任	海关审批注及放行日期(签章)
		审单 审价
报关员	申报单位(签章)	征税 统计
单位地址	填制日期	
邮编 电话		查验 放行

以上是《进口货物报关单》(进料加工专用 粉红色)的表格样本

中华人民共和国海关出口货物报关单

预录入编号：　　　　　　　　　　　　　海关编号：

出口口岸	备案号		出口日期	申报日期
经营单位	运输方式		运输工具名称	提运单号
发货单位	贸易方式		征免性质	结汇方式
许可证号	运抵国(地区)		指运港	境内货源地
批准文号	成交方式	运费	保费	杂费
合同协议号	件数	包装种类	毛重(公斤)	净重(公斤)
集装箱号	随附单据			生产厂家

标记唛码及备注

项号	商品编号	商品名称	规格型号	数量及单位	最终目的国(地区)	单价	总价	币制	征免

税费征收情况

录入员 录入单位	兹声明以上申报无讹并承担法律责任	海关审批注及放行日期(签章)	
		审单	审价

(续表)

录入员 录入单位	兹声明以上申报无讹并承担法律责任	海关审批注及放行日期(签章)	
报关员		审单	审价
单位地址：	申报单位(签章)	征税	统计
邮编： 电话： 填制日期：		查验	放行

(二)按表现形式分

报关单分为纸质报关单和电子(EDI)报关单。电子报关单与纸制报关单具有同等法律效力。

(三)按使用性质分

报关单分为进料加工进出口货物报关单(粉红色)、来料加工及补偿贸易进出口货物报关单(浅绿色)、外商投资企业进出口货物报关单(浅蓝色)、一般贸易及其他贸易进出口货物报关单(白色)和需国内退税的出口货物报关单(浅黄色)。

(四)按用途分

报关单可分为报关单录入凭证、预录入报关单、电子数据报关单和报关单证明联。报关单录入凭证是指申请单位按海关规定的格式填写的凭证，用作报关单与录入的依据(可将现行报关单放大后使用)；预录入报关单是指预录入公司录入、打印并联网将录入数据传递到海关，由申请单位向海关申报的报关单，是海关监管的依据；电子数据报关单(EDI)是指申请报关单位采用电子数据方式向海关申报的电子形式的报关及事后打印、补交备核的书面报关单，是海关监管的依据；报关单证明联是指海关在证实货物已实际入、出境后打印的报关退税联或核销联，用作企业向税务、外汇管理部门办结有关手续的证明文件。

三、填制报关单的一般要求

申报人在填制报关单时应当依法如实向海关申报，对申报内容的真实性、准确性、完整性和规范性承担相应的责任。因此：

(1)报关人必须按照《中华人民共和国海关法》、《中华人民共和国海关进出口货物报关单填制规范》等有关规定和要求，向海关如实申报。

(2)报关单的填写必须真实，不得出现差错，更不能伪报、瞒报和虚报，一定要做到两个相符：一是单证相符，即报关单与合同、发票、装箱单、提运单等单据相符；二是单货相符，即报关单中所包内容与实际进出口货物情况相符。

(3) 报关单的填写要准确、齐全、完整、清楚，报关单各栏目内容要逐项详细准确填写。

(4) 不同合同、不同运输工具的名称、不同征税性质、不同许可证号的货物不能填写在同一份报关单上，不同贸易方式的货物须用不同颜色的报关单填写。一张报关单上最多不能超过5项海关统计商品种类的货物。

(5) 向海关递交报关单后又发现填报内容与实际进出口货物不相符时，要立即填写报关单更正单，向海关提出更正申请，经海关核准后可对原填报的内容进行更改或撤销。

第二节　进出口货物报关单填制的规范

申报人填制报关单要根据海关总署制定的《中华人民共和国海关进出口货物报关单填制规范》(以下简称《填制规范》)进行填制。为保证报关单数据质量，各栏目符合规定，申报人要掌握《填制规范》的具体内容。

一、预录入编号

预录入编号是指申报单位或预录入单位对该单位填制录入的报关单的编号，用于该单位与海关之间引用其申报后尚未批准放行的报关单。

报关单预录入凭单的编号规则由申报单位自行决定。预录入报关单及EDI报关单的预录入编号由接受申报的海关决定编号规则，计算机自动打印。

二、海关编号

海关编号是指海关接受申报时给予报关单的编号，要标识在报关单的每一联上。

报关单海关编号为九位数码，其中前两位为分关(办事处)编号，第三位由各关自定义，后六位为顺序编号。各直属海关对进口报关单和出口报关单分别编号。

三、进口口岸／出口口岸

进口口岸／出口口岸是指货物实际进(出)我国关境口岸海关的名称。

本栏目应根据货物实际进(出)口的口岸海关选择填报《关区代码表》中相应的口岸海关名称及代码。

《关区代码表》

代码	海关名称	代码	海关名称	代码	海关名称	代码	海关名称
100	北京关区	101	机场单证	102	京监管处	103	京关展览
104	京一处	105	京二处	106	京关关税	107	机场库区
108	京通关处	109	机场旅检	110	平谷海关	111	京五里店
112	京邮办处	113	京中关村	114	京国际局	115	京东郊站
116	京信	117	京开发区	118	十八里店	119	机场物流
124	北京站	125	西客站	126	京加工区	127	京快件
200	天津关区	201	天津海关	202	新港海关	203	津开发区
204	东港海关	205	津塘沽办	206	津驻邮办	207	津机场办
208	津保税区	209	蓟县海关	210	武清海关	220	津关税处
400	石家庄区	401	石家庄关	402	秦皇岛关	403	唐山海关
404	秦关廊办	405	保定海关	500	太原海关	600	满洲里关
601	海拉尔关	602	额尔古纳	603	满十八里	604	满赤峰办
605	满通辽办	606	满哈沙特	607	满室韦	608	满互贸区
609	满铁路	700	呼特关区	701	呼和浩特	702	二连海关
703	包头海关	704	呼关邮办	705	二连公路	800	沈阳关区
801	沈阳海关	802	锦州海关	803	沈驻邮办	804	沈驻抚顺
805	沈开发区	806	沈驻辽阳	807	沈机场办	808	沈集装箱
809	沈阳东站	810	葫芦岛关	900	大连海关	901	大连码头
902	大连机场	903	连开发区	904	连加工区	906	连保税区
907	大连新港	908	连大窑湾	909	大连邮办	930	丹东海关
940	营口海关	950	鲅鱼圈关	960	大东港关	980	鞍山海关
1500	长春关区	1501	长春海关	1502	长开发区	1503	长白海关
1504	临江海关	1505	图们海关	1506	集安海关	1507	珲春海关
1508	吉林海关	1509	延吉海关	1511	长春机办	1515	图们车办
1516	集海关村	1517	珲长岭子	1519	延吉三合	1521	一汽场站

(续表)

代码	海关名称	代码	海关名称	代码	海关名称	代码	海关名称
1525	图们桥办	1526	集安青石	1527	珲春圈河	1529	延吉南坪
1531	长春东站	1537	珲沙坨子	1539	延开山屯	1549	延吉城里
1591	长春邮办	1593	长白邮办	1595	图们邮办	1596	集安邮办
1900	哈尔滨区	1901	哈尔滨关	1902	绥关铁路	1903	黑河海关
1904	同江海关	1905	佳木斯关	1906	牡丹江关	1907	东宁海关
1908	逊克海关	1909	齐齐哈尔	1910	哈大庆办	1911	密山海关
1912	虎林海关	1913	富锦海关	1914	抚远海关	1915	漠河海关
1916	萝北海关	1917	嘉荫海关	1918	饶河海关	1919	哈内陆港
1920	哈开发区	1922	哈关邮办	1923	哈关车办	1924	哈关机办
1925	绥关公路	2200	上海海关	2201	浦江海关	2202	吴淞海关
2203	沪机场关	2204	闵开发区	2205	沪车站关	2206	沪邮局办
2207	沪稽查处	2208	宝山海关	2209	龙吴海关	2210	浦东海关
2211	卢湾监管	2212	奉贤海关	2213	莘庄海关	2214	漕河泾发
2215	虹桥开发	2216	沪金山办	2217	嘉定海关	2218	外高桥关
2219	杨浦监管	2220	金山海关	2221	松江海关	2222	青浦海关
2223	南汇海关	2224	崇明海关	2225	外港海关	2226	贸易网点
2227	普陀区站	2228	长宁区站	2229	航交办	2230	徐汇区站
2232	船监管处	2233	浦东机场	2234	沪钻交所	2235	松江加工
2241	沪业一处	2242	沪业二处	2243	沪业三处	2244	上海快件
2300	南京海关	2301	连云港关	2302	南通海关	2303	苏州海关
2304	无锡海关	2305	张家港关	2306	常州海关	2307	镇江海关
2308	新生圩关	2309	盐城海关	2310	扬州海关	2311	徐州海关
2312	江阴海关	2313	张保税区	2314	苏工业区	2315	淮安海关
2316	泰州海关	2317	禄口机办	2318	南京现场	2321	常溧阳办
2322	镇丹阳办	2324	苏常熟办	2325	苏昆山办	2326	苏吴江办
2327	苏太仓办	2328	苏吴县办	2329	通启东办	2330	扬泰兴办
2331	锡宜兴办	2332	锡锡山办	2333	南通关办	2335	昆山加工

（续表）

代码	海关名称	代码	海关名称	代码	海关名称	代码	海关名称
2336	苏园加工	2337	连开发办	2900	杭州关区	2901	杭州海关
2903	温州海关	2904	舟山海关	2905	海门海关	2906	绍兴海关
2907	湖州海关	2908	嘉兴海关	2909	杭经开关	2910	杭关机办
2911	杭关邮办	2912	杭关萧办	2918	杭关余办	2919	杭富阳办
2920	金华海关	2931	温关邮办	2932	温经开关	2933	温关机办
2934	温关鳌办	2981	嘉关乍办	3100	宁波关区	3101	宁波海关
3102	镇海海关	3103	甬开发区	3104	北仑海关	3105	甬保税区
3106	大榭海关(筹备)	3107	甬驻余办	3108	甬驻慈办	3109	甬机场办
3300	合肥海关	3301	芜湖海关	3302	安庆海关	3303	马鞍山关
3304	黄山海关	3305	蚌埠海关	3306	铜陵海关	3307	阜阳海关
3310	合肥现场	3500	福州关区	3501	马尾海关	3502	福清海关
3503	宁德海关	3504	三明海关	3505	福保税区	3506	莆田海关
3507	福关机办	3508	福榕通办	3509	福关邮办	3510	南平海关
3511	武夷山关	3513	福保税处	3518	福监管处	3519	福关马港
3700	厦门关区	3701	厦门海关	3702	泉州海关	3703	漳州海关
3704	东山海关	3705	石狮海关	3706	龙岩海关	3710	厦特区处
3711	厦东渡办	3712	厦海沧办	3713	厦行邮处	3714	象屿保税
3715	厦机场办	3716	厦同安办	3717	东办集司	3718	东办同益
3720	泉州货征	3721	泉紫帽山	3730	漳州货征	3731	漳州角美
3732	漳州石码	3740	东山货征	3741	漳浦办	3742	诏安监管
3750	石狮货征	3760	龙岩业务	3777	厦稽查处	3788	厦侦查局
4000	南昌关区	4001	南昌海关	4002	九江海关	4003	赣州海关
4004	景德镇关	4005	吉安海关	4200	青岛海关	4201	烟台海关
4202	日照海关	4203	龙口海关	4204	威海海关	4205	济南海关
4206	潍坊海关	4207	淄博海关	4208	青开发区	4209	石岛海关
4210	青保税区	4211	济宁海关	4212	泰安海关	4213	临沂海关
4214	青前湾港	4215	青菏泽办	4216	东营海关	4217	青枣庄办

(续表)

代码	海关名称	代码	海关名称	代码	海关名称	代码	海关名称
4218	青岛大港	4219	蓬莱海关	4220	青机场关	4221	烟机场办
4222	莱州海关	4223	青邮局办	4224	龙长岛办	4225	威开发区
4226	青聊城办	4227	青关查验	4228	烟关快件	4229	德州海关
4231	烟开发区	4232	日岚山办	4233	济机场办	4234	济洛口办
4235	济邮局办	4240	青保税处	4600	郑州关区	4601	郑州海关
4602	洛阳海关	4603	南阳海关	4604	郑州机办	4605	郑州邮办
4700	武汉海关	4701	宜昌海关	4702	荆州海关	4703	襄樊海关
4704	黄石海关	4705	武汉沌口	4706	宜三峡办	4707	鄂加工区
4708	武关江办	4710	武关货管	4711	武关江岸	4712	武关机场
4713	武关邮办	4900	长沙关区	4901	衡阳海关	4902	岳阳海关
4903	衡关郴办	4904	常德海关	4905	长沙海关	4906	湘株洲办
4907	韶山海关	5100	广州海关	5101	广州新风	5102	新风罗冲
5103	清远海关	5104	清远英德	5105	新风白云	5106	小虎码头
5107	肇庆封开	5108	肇庆德庆	5109	新风窖心	5110	南海海关
5111	南海官窑	5112	南海九江	5113	南海北村	5114	南海平洲
5115	南海盐步	5116	南海业务	5117	南海车场	5118	平洲旅检
5119	南海三山	5120	广州内港	5121	内港芳村	5122	内港洲嘴
5123	内港四仓	5124	内石榴岗	5125	从化海关	5126	内港赤航
5127	内大干围	5130	广州石牌	5131	花都海关	5132	花都码头
5134	穗保税处	5135	穗稽查处	5136	穗统计处	5137	穗价格处
5138	穗调查局	5139	穗监管处	5140	穗关税处	5141	广州机场
5142	民航快件	5143	广州车站	5144	穗州头咀	5145	广州邮办
5146	穗交易会	5147	穗邮办监	5148	穗大郎站	5149	大铲海关
5150	顺德海关	5152	顺德食出	5153	顺德车场	5154	北窖车场
5155	顺德旅检	5158	顺德勒流	5160	番禺海关	5161	沙湾车场
5162	番禺旅检	5163	番禺货柜	5164	番禺船舶	5165	南沙旅检
5166	南沙货柜	5167	南沙货港	5168	沙湾联运	5170	肇庆海关

(续表)

代码	海关名称	代码	海关名称	代码	海关名称	代码	海关名称
5171	肇庆高要	5172	肇庆车场	5173	肇庆保税	5174	肇庆旅检
5175	肇庆码头	5176	肇庆四会	5177	肇庆三榕	5178	云浮海关
5179	罗定海关	5180	佛山海关	5181	高明海关	5182	佛山澜石
5183	三水码头	5184	佛山窖口	5185	佛山石湾	5186	佛山保税
5187	佛山车场	5188	佛山火车	5189	佛山新港	5190	韶关海关
5191	韶关乐昌	5192	三水海关	5193	三水车场	5194	三水港
5195	审单中心	5196	云浮六都	5197	机场旅检	5199	穗技术处
5200	黄埔关区	5201	埔老港办	5202	埔新港办	5203	新塘海关
5204	东莞海关	5205	太平海关	5206	惠州海关	5207	凤岗海关
5208	埔开发区	5209	埔保税区	5210	埔红海办	5211	河源海关
5212	新沙海关	5213	埔长安办	5214	常平办事处	5300	深圳海关
5301	皇岗海关	5302	罗湖海关	5303	沙头角关	5304	蛇口海关
5305	上步业务	5306	笋岗海关	5307	南头海关	5308	沙海关
5309	布吉海关	5310	惠州港关	5311	深关车站	5312	深监管处
5313	深调查局	5314	深关邮办	5315	惠东办	5316	大鹏海关
5317	深关机场	5318	梅林海关	5319	同乐海关	5320	文锦渡关
5321	福保税关	5322	沙保税关	5323	深审单处	5324	深审价办
5325	深综合处	5326	深数统处	5327	深监控处	5328	深规范处
5329	深保税处	5330	盐保税关	5331	三门岛办	5332	深财务处
5333	深侦查局	5334	深稽查处	5335	深技术处	5336	深办公室
5337	大亚湾核	5338	淡水办	5700	拱北关区	5701	拱稽查处
5710	拱关闸办	5720	中山海关	5721	中山港	5724	中石岐办
5725	坦洲货场	5727	中小揽办	5730	拱香洲办	5740	湾仔海关
5750	九洲海关	5760	拱白石办	5770	斗门海关	5771	斗井岸办
5772	斗平沙办	5780	高栏海关	5790	拱监管处	5792	拱保税区
5793	万山海关	5795	横琴海关	5799	拱行监处	6000	汕头海关
6001	汕关货一	6002	汕关货二	6003	汕关行邮	6004	汕关机场

(续表)

代码	海关名称	代码	海关名称	代码	海关名称	代码	海关名称
6006	汕关保税	6007	汕关业务	6008	汕保税区	6009	汕关邮包
6011	榕城海关	6012	汕关普宁	6013	外砂海关	6014	广澳海关
6015	南澳海关	6018	汕关惠来	6019	汕关联成	6020	汕关港口
6021	潮州海关	6022	饶平海关	6028	潮阳海关	6031	汕尾海关
6032	汕关海城	6033	汕关陆丰	6041	梅州海关	6042	梅州兴宁
6400	海口关区	6401	海口海关	6402	三亚海关	6403	八所海关
6404	洋浦海关	6405	海保税区	6406	清澜海关	6407	美兰机场
6700	湛江关区	6701	湛江海关	6702	茂名海关	6703	徐闻海关
6704	湛江南油	6705	湛江水东	6706	湛江吴川	6707	湛江廉江
6708	湛江高州	6709	湛江信宜	6710	东海岛组	6711	霞山海关
6712	湛江霞海	6713	湛江机场	6800	江门关区	6810	江门海关
6811	江门高沙	6812	江门外海	6813	江门旅检	6817	江门保税
6820	新会海关	6821	新今古洲	6822	新西河口	6823	新会车场
6824	新会旅检	6827	新会稽查	6830	台山海关	6831	台公益港
6832	台烽火角	6833	台山旅检	6837	台山稽查	6840	三埠海关
6841	三埠码头	6842	三埠水口	6843	三埠旅检	6847	三埠稽查
6850	恩平海关	6851	恩平车场	6852	恩平港	6857	恩平稽查
6860	鹤山海关	6861	鹤山车场	6862	鹤山码头	6863	鹤山旅检
6867	鹤山稽查	6870	阳江海关	6871	阳江码头	6872	阳江车场
6873	阳江港	6874	阳江东平	6875	阳江闸坡	6876	阳江溪头
6877	阳江稽查	6878	阳江沙扒	7200	南宁关区	7201	南宁海关
7202	北海海关	7203	梧州海关	7204	桂林海关	7205	柳州海关
7206	防城海关	7207	东兴海关	7208	凭祥海关	7209	贵港海关
7210	水口海关	7211	南靖西办	7212	钦州海关	7213	桂林机办
7900	成都关区	7901	成都海关	7902	成关机办	7903	乐山海关
7904	攀枝花关	7905	绵阳海关	7906	成关邮办	7907	成都自贡
8000	重庆关区	8001	重庆海关	8002	南坪开发	8003	重庆机办

(续表)

代码	海关名称	代码	海关名称	代码	海关名称	代码	海关名称
8004	重庆邮办	8005	万县海关	8006	重庆东站	8007	九龙坡港
8300	贵阳海关	8301	贵阳总关	8600	昆明关区	8601	昆明海关
8602	畹町海关	8603	瑞丽海关	8604	章凤海关	8605	盈江海关
8606	孟连海关	8607	南伞海关	8608	孟定海关	8609	打洛海关
8610	腾冲海关	8611	沧源海关	8612	勐腊海关	8613	河口海关
8614	金水河关	8615	天保海关	8616	田蓬海关	8617	大理海关
8618	芒市海关	8619	保山监管	8620	昆明机场	8621	昆明邮办
8622	西双版纳	8623	昆丽江办	8624	思茅海关	8800	拉萨海关
8801	聂拉木关	8802	日喀则关	8803	狮泉河关	8804	拉萨机办
8805	拉萨现场	9000	西安关区	9001	西安海关	9002	咸阳机场
9003	宝鸡海关	9400	乌关区	9401	乌鲁木齐	9402	霍尔果斯
9403	吐尔朵特	9404	阿拉山口	9405	塔城海关	9406	伊宁海关
9407	吉木乃办	9408	喀什海关	9409	红其拉甫	9411	塔克什肯
9412	乌拉斯太	9413	老爷庙	9414	红山嘴	9415	伊尔克什
9500	兰州关区	9501	兰州海关	9502	青监管组	9600	银川海关
9700	西宁关区						

资料来源：亿通网。

加工贸易合同项下的货物报关单必须在海关核发的《登记手册》中限定或指定口岸海关名称及代码。限定或指定口岸与货物实际进出境口岸不符的，应向合同备案主管海关办理变更手续后填报。

进口转关运输货物应填报货物进境地海关名称及代码；出口转关运输货物应填报货物出境地海关名称及代码。按转关运输方式监管的跨关区深加工结转货物，出口报关单填报转出地海关名称及代码，进口报关单填报转入地海关名称及代码。

其他未实际进出境的货物，填报接受申报的海关名称及代码。

四、备案号

备案号是指进出口企业在海关办理加工贸易合同备案或征减、免、税审批备案等手续时，海关给予《进料加工登记手册》、《来料加工及中小型补偿贸易登记手册》、《外商投资企业履行产品出口合同进口料件及加工出口成品登记手册》（以下均简称《登记手册》)、《进出口货物征免税证明》(以下简称《征免税证明》)或其他有关备案审批文件的编号。

一份报关单只允许填报一个备案号。具体填报要求如下：

(1) 加工贸易合同项下货物，除少量低价值辅料按规定不使用《登记手册》外，必须在报关单备案号栏目填报《登记手册》的 12 位编码。

加工贸易成品凭《征免税证明》转为享受减免税进口货物的，进口报关单填报《征免税证明》编号，出口报关单填报《登记手册》编号。

加工贸易合同的备案号长度为 12 位，其中：第 1 位是标记代码（A 为进口备料手册；B 为来料加工手册；C 为进料加工手册；D 为进口设备手册）；第 2—5 位关区代码（手册备案主管海关。如中山海关 5720；香洲办事处 5730……）；第 6 位是年份；第 7 位是合同性质（1 为国营、2 为合作、3 为合资、4 为独资）；第 8—12 位为手册顺序号。

(2) 凡涉及减免税备案审批的报关单，本栏目填报《征免税证明》编号，不得为空。《征免税证明》备案号长度为 12 位，由以下几部分组成：第 1 位标记代码 Z；第 2—3 位直属海关关区代码；第 4—5 位分关关区代码；第 6 位是审批年份；第 7 位是归档标志（A 为外商投资；B 为国内投资；C 为科教用品；D 为国批减免；E 为内部暂定；F 为远洋渔业；G 为其他）；第 8—12 为顺序号。

(3) 无备案审批文件的报关单，本栏目免予填报。

备案号的标记代码必须与"贸易方式"及"征免性质"栏目相协调，例如，贸易方式为来料加工，征免性质也应当是来料加工，备案号的标记代码应为"B"。

五、进口日期／出口日期

进口日期是指运载所申报货物的运输工具申报进境的日期。本栏目填报的日期必须与相应的运输工具进境日期一致。

出口日期是指运载所申报货物的运输工具办结出境手续的日期。本栏目供海关打印报关单证明联用。预录入报关单及 EDI 报关单均免于填报。

无实际进出境的报关单填报办理申报手续的日期。

本栏目为 6 位数，顺序为年、月、日各 2 位。例如，进口日期填写"06.01.20"。

六、申报日期

申报日期是指海关接受进(出)口货物的收、发货人或其代理人申请办理货物进(出)口手续的日期。

预录入及 EDI 报关单填报向海关申报的日期，与实际情况不符时，由审单关员按实际日期修改批注。

本栏目为6位数,顺序为年、月、日各2位;并且需要注意:除特殊情况外,进口货物申报日期不得早于进口日期;出口货物的申报日期不得晚于出口日期。

七、经营单位

经营单位是指对外签订并执行进出口贸易合同的中国境内企业或单位。

本栏目应填报经营单位名称及经营单位编码。

特殊情况下确定经营单位的原则如下:

(1) 援助、赠送、捐赠的货物,填报直接接受货物的单位。

(2) 进出口企业之间相互代理进出口,或没有进出口经营权的企业委托有进出口经营权的企业代理进出口的,填报代理方。

(3) 外商投资企业委托外贸企业进口投资设备、物品的,填报外商投资企业。

经营单位编码是进出口企业在所在地主管海关办理注册登记手续时,海关给企业设置的注册登记编码。该编码为10位数字,规则如下:

第1—4位为行政区域代码,其中第1—2位表示省(自治区、中央直辖市)。例如,北京市为"11",广东省为"44"。第3—4位表示省辖市(地区、省直辖行政单位),包括省会城市、计划单列城市、沿海开放城市。例如,北京市为"1100",广东省珠海市为"4404",广东省其他未列名地区为"4499"。

第5位表示市内经济区域:1——经济特区;2——经济技术开发区;3——高新技术开发区;4——保税区;9——其他未列名地区。例如,珠海经济特区为"44041",珠海市其他地区为"44049",中山市高新技术开发区为"44203",中山市其他地区为"44209"。

第6位表示企业性质:1——国有企业(包括外贸专业公司、工贸公司及其他有进出口经营权的国有企业);2——中外合作企业;3——中外合资企业;4——外商独资企业;5——有进出口经营权的集体企业;6——有进出口经营权的个体企业;8——有报关权而无进出口经营权的企业;9——其他(包括外商企业驻华机构和临时有外贸经营权的企业,外国驻华使领馆等机构)。

第7—10位为顺序号。

对已在海关注册、有进出口经营权的企业(包括三资企业),由主管海关分别设置代码,使每家企业有一个在全国范围内唯一的、始终不变的代码标志。

八、运输方式

运输方式是指载运货物进出关境所使用的运输工具的分类。

本栏目应根据实际运输方式,按海关规定的《运输方式代码表》选择填报相应的运输方式。

✏️ 资料卡

运输方式名称	非保税区	监管仓库	江海运输	铁路运输	汽车运输	航空运输	邮件运输	保税区	保税仓库	其他运输	出口加工
运输方式代码	0	1	2	3	4	5	6	7	8	9	z

特殊情况下运输方式的填报原则如下:

(1) 非邮政方式进出口的快递货物,按实际运输方式填报。

(2) 进出境旅客随身携带的货物,按旅客所乘运输工具填报。

(3) 进口转关运输货物,按载运货物抵达进境地的运输工具填报;出口转关运输货物,按载运货物驶离出境地的运输工具填报。

(4) 无实际进出境的,根据实际情况选择填报《运输方式代码表》中的运输方式"0"(非保税区运入保税区和保税区退仓)、"1"(境内存入出口监管仓库和出口监管仓库退仓)、"7"(保税区运往非保税区)、"8"(保税仓库转内销)或"9"(其他运输)。

九、运输工具名称

运输工具名称指载运货物进出境的运输工具的名称或运输工具编号。
本栏目填制内容应与运输部门向海关申报的载货清单所列相应内容一致。
一份报关单只允许填报一个运输工具名称。
具体填报要求如下:

(1) 江海运输填报船舶呼号(来往港澳小型船舶为监管簿编号+"/"+航次号)。

(2) 汽车运输填报该跨境运输车辆的国内行驶车牌号码+"/"+进出境日期(8位数字,即年年年年月月日日,下同)。

(3) 铁路运输填报车次(或车厢号)+"/"+进出境日期。

(4) 航空运输填报航班号+进出境日期+"/"+总运单号。

(5) 邮政运输填报邮政包裹单号+"/"+进出境日期。

(6) 进口转关运输填报转关标志"@"+转关运输申报单编号;出口转关运输只需填报转关运输标志"@"。

(7) 其他运输填报具体运输方式名称，例如管道、驮畜等。

(8) 无实际进出境的加工贸易报关单按以下要求填报：加工贸易深加工结转及料件结转货物，应先办理结转进口报关，并在结转出口报关单本栏目填报转入方关区代码（前两位）及进口报关单号，即"转入 XX（关区代码）XXXXXXXXX（进口报关单号）"。按转关运输货物办理结转手续的，按上列第(6)项规定填报。

加工贸易成品凭《征免税证明》转为享受减免税进口货物的，应先办理进口报关手续，并在出口报关单本栏目填报进口方关区代码（前两位）及进口报关单号。

上述规定以外无实际进出境的，本栏目为空。

十、提运单号

提运单号指进出口货物提单或运单的编号。

本栏目填报的内容应与运输部门向海关申报的载货清单所列相应内容一致。

一份报关单只允许填报一个提运单号，一票货物对应多个提运单时，应分单填报。

具体填报要求如下：

(1) 江海运输填报进口提单号或出口运单号；

(2) 汽车运输免于填报；

(3) 铁路运输填报运单号；

(4) 航空运输填报分运单号，无分运单的填报总运单号；

(5) 邮政运输免于填报；

(6) 无实际进出境的，本栏目为空。

进出口转关运输免于填报。

十一、收货单位／发货单位

收货单位是指已知的进口货物在境内的最终消费、使用单位，包括自行从境外进口货物的单位、委托有外贸进出口经营权的企业进口货物的单位。

发货单位是指出口货物在境内的生产或销售单位，包括自行出口货物的单位、委托有外贸进出口经营权的企业出口货物的单位。

本栏目应填报收、发货单位的中文名称或其海关注册编码。

加工贸易报关单的收、发货单位应与《登记手册》的"货主单位"一致。

十二、贸易方式（监管方式）

本栏目应根据实际情况，并按海关规定的《贸易方式代码表》选择填报相应的贸易方式简称或代码。

📝 资料卡

《贸易方式代码表》

贸易方式代码	贸易方式简称	贸易方式全称
110	一般贸易	一般贸易
130	易货贸易	易货贸易
139	旅游购物商品	用于旅游者5万美元以下的出口小批量订货
200	料件放弃	主动放弃交由海关处理的来料或进料加工料件
214	来料加工	来料加工装配贸易进口料件及加工出口货物
245	来料料件内销	来料加工料件转内销
255	来料深加工	来料深加工结转货物
258	来料余料结转	来料加工余料结转
265	来料料件复出	来料加工复运出境的原进口料件
300	来料料件退换	来料加工料件退换
314	加工专用油	国营贸易企业代理来料加工企业进口柴油
320	不作价设备	加工贸易外商提供的不作价进口设备
345	来料成品减免	来料加工成品凭征免税证明转减免税
400	成品放弃	主动放弃交由海关处理的来料及进料加工成品
420	加工贸易设备	加工贸易项下外商提供的进口设备
444	保区进料成品	按成品征税的保税区进料加工成品转内销货物
445	保区来料成品	按成品征税的保税区来料加工成品转内销货物
446	加工设备内销	加工贸易免税进口设备转内销
456	加工设备结转	加工贸易免税进口设备结转
466	加工设备退运	加工贸易免税进口设备退运出境
500	减免设备结转	用于监管年限内减免税设备的结转
513	补偿贸易	补偿贸易
544	保区进料料件	按料件征税的保税区进料加工成品转内销货物
545	保区来料料件	按料件征税的保税区来料加工成品转内销货物
615	进料对口	进料加工(对口合同)

(续表)

贸易方式代码	贸易方式简称	贸易方式全称
642	进料以产顶进	进料加工成品以产顶进
644	进料料件内销	进料加工料件转内销
654	进料深加工	进料深加工结转货物
657	进料余料结转	进料加工余料结转
664	进料料件复出	进料加工复运出境的原进口料件
700	进料料件退换	进料加工料件退换
715	进料非对口	进料加工(非对口合同)
744	进料成品减免	进料加工成品凭征免税证明转减免税
815	低值辅料	低值辅料
844	进料边角内销	进料加工项下边角转内销
845	来料边角内销	来料加工项下边角内销
864	进料边角料复出	进料加工项下边角料复出口
865	来料边角料复出	来料加工项下边角料复出口
1139	国轮油物料	中国籍运输工具境内添加的保税油料、物料
1200	保税间货物	海关保税场所及保税区域之间往来的货物
1215	保税工厂	保税工厂
1233	保税仓库货物	保税仓库进出境货物
1234	保税区仓储转口	保税区进出境仓储转口货物
1300	修理物品	进出境修理物品
1427	出料加工	出料加工
1500	租赁不满一年	租期不满一年的租赁贸易货物
1523	租赁贸易	租期在一年及以上的租赁贸易货物
1616	寄售代销	寄售、代销贸易
1741	免税品	免税品
1831	外汇商品	免税外汇商品
2025	合资合作设备	合资合作企业作为投资进口设备物品
2225	外资设备物品	外资企业作为投资进口的设备物品

(续表)

贸易方式代码	贸易方式简称	贸易方式全称
2439	常驻机构公用	外国常驻机构进口办公用品
2600	暂时进出货物	暂时进出口货物
2700	展览品	进出境展览品
2939	陈列样品	驻华商业机构不复运出口的进口陈列样品
3010	货样广告品A	有经营权单位进出口的货样广告品
3039	货样广告品B	无经营权单位进出口的货样广告品
3100	无代价抵偿	无代价抵偿进出口货物
3339	其他进出口免费	其他进出口免费提供货物
3410	承包工程进口	对外承包工程进口物资
3422	对外承包出口	对外承包工程出口物资
3511	援助物资	国家和国际组织无偿援助物资
3611	无偿军援	无偿军援
3612	捐赠物资	进出口捐赠物资
3910	有权军事装备	直接军事装备(有经营权)
3939	无权军事装备	直接军事装备(无经营权)
4019	边境小额	边境小额贸易(边民互市贸易除外)
4039	对台小额	对台小额贸易
4200	驻外机构运回	我驻外机构运回旧公用物品
4239	驻外机构购进	我驻外机构境外购买运回国的公务用品
4400	来料成品退换	来料加工成品退换
4500	直接退运	直接退运
4539	进口溢误卸	进口溢卸、误卸货物
4561	退运货物	因质量不符、延误交货等原因退运进出境货物
4600	进料成品退换	进料成品退换
5000	料件进出区	用于区内外非实际进出境货物
5015	区内加工货物	加工区内企业从境外进口料件及加工出口成品
5033	区内仓储货物	加工区内仓储企业从境外进口的货物

(续表)

贸易方式代码	贸易方式简称	贸易方式全称
5100	成品进出区	用于区内外非实际进出境货物
5200	区内边角调出	用于区内外非实际进出境货物
5300	设备进出区	用于区内外非实际进出境货物
5335	境外设备进区	加工区内企业从境外进口的设备物资
5361	区内设备退运	加工区内设备退运境外
6033	物流中心进出货	保税物流中心与境外之间进出仓储货物
9639	海关处理货物	海关变卖处理的超期未报货物，走私违规货物
9700	后续补税	无原始报关单的后续补税
9739	其他贸易	其他贸易
9800	租赁征税	租赁期一年及以上的租赁贸易货物的租金
9839	留赠转卖物品	外交机构转售境内或国际活动留赠放弃特批货
9900	其他	其他

资料来源：http://www.jctrans.com/tg/code/list1.asp。

一份报关单只允许填报一种贸易方式。

加工贸易报关单特殊情况下填报要求如下：

(1) 少量低值辅料(即5 000美元以下，78种以内的低值辅料)按规定不使用《登记手册》的，辅料进口报关单填报"低值辅料"。使用《登记手册》的，按《登记手册》上的贸易方式填报。

(2) 三资企业按内外销比例为加工内销产品而进口的料件或进口供加工内销产品的料件，进口报关单填报"一般贸易"。

三资企业为加工出口产品全部使用国内料件的出口合同，成品出口报关单填报"一般贸易"。

(3) 加工贸易料件结转或深加工结转货物，按批准的贸易方式填报。

(4) 加工贸易料件转内销货物(及按料件补办进口手续的转内销成品)应填制进口报关单，本栏目填报"(来料或进料)料件内销"；加工贸易成品凭《征免税证明》转为享受减免税进口货物的，应分别填制进、出口报关单，本栏目填报"(来料或进料)成品减免"。

(5) 加工贸易出口成品因故退运进口及复出口以及复出境的原进口料件退换后复运进口的，填报与《登记手册》备案相应的退运(复出)贸易方式简称或代码。

(6) 备料《登记手册》中的料件结转入加工出口《登记手册》的，进出口报关单均填报为"进料余料结转"。

(7) 保税工厂加工贸易进出口货物，根据《登记手册》填报相应的来料或进料加工贸易方式。

十三、征免性质

征免性质是指海关对进出口货物实施征、减、免税管理的性质类别。

本栏目应按照海关核发的《征免税证明》中批注的征免性质填报，或根据实际情况按海关规定的《征免性质代码表》选择填报相应的征免性质简称或代码。

> **资料卡**
>
> 《征免性质代码表》
>
> | 代码 | 方式 | 代码 | 方式 | 代码 | 方式 |
> | --- | --- | --- | --- | --- | --- |
> | 1 | 照章征税 | 2 | 折半征税 | 3 | 全免 |
> | 4 | 特案 | 5 | 征免性质 | 6 | 保证金 |
> | 7 | 保函 | 8 | 折半补税 | 9 | 全额退税 |
>
> 资料来源：http://www.jctrans.com/tg/code/list2.asp。

加工贸易报关单本栏目应按照海关核发的《登记手册》中批注的征免性质填报相应的征免性质简称或代码。特殊情况下填报要求如下：

(1) 保税工厂经营的加工贸易，根据《登记手册》填报"进料加工"或"来料加工"。

(2) 三资企业按内外销比例为加工内销产品而进口料件，填报"一般征税"或其他相应征免性质。

(3) 加工贸易转内销货物，按实际应享受的征免性质填报（如一般征税、科教用品、其他法定等）。

(4) 料件退运出口、成品退运进口货物填报"其他法定"。

(5) 加工贸易结转货物本栏目为空。

一份报关单只允许填报一种征免性质。

十四、征免比例／结汇方式

征免比例仅用于"非对口合同进料加工"贸易方式下（代码"0715"）进口料、件的进口报关单，填报海关规定的实际应征税比率，例如5%填报5，15%填报15。

出口报关单应填报结汇方式，即出口货物的发货人或其代理人收结外汇的方式。本栏目应按海关规定的《结汇方式代码表》选择填报相应的结汇方式名称或代码。

资料卡

《结汇方式代码表》

代码	方式	代码	方式	代码	方式
1	信汇	2	电汇	3	票汇
4	付款交单	5	承兑交单	6	信用证
7	先出后结	8	先结后出	9	其他

资料来源：http://www.jctrans.com/tg/code/list8.asp。

十五、许可证号

实行进(出)口许可证管理的货物，必须在此栏目填报商务部及其授权发证机关签发的进(出)口货物许可证的编号，不得为空。

一份报关单只允许填报一个许可证号。

十六、起运国（地区）/运抵国（地区）

起运国(地区)指进口货物起始发出的国家(地区)。

运抵国(地区)指出口货物直接运抵的国家(地区)。

对发生运输中转的货物，如中转地未发生任何商业性交易，则起、抵地不变。如中转地发生商业性交易，则以中转地作为起运/运抵国(地区)填报。

本栏目应按海关规定的《国别(地区)代码表》选择填报相应的起运国(地区)或运抵国(地区)中文名称或代码。

无实际进出境的，本栏目填报"中国"(代码"142")。

 资料卡

《国别(地区)代码表》

代码	中文	英文	代码	中文	英文
101	阿富汗	Afghanistan	102	巴林	Bahrian
103	孟加拉国	Bangladesh	104	不丹	Bhutan
105	文莱	Brunei	106	缅甸	Myanmar
107	柬埔寨	Cambodia	108	塞浦路斯	Cyprus
109	朝鲜	Korea, DPR	110	中国香港	Hong Kong
111	印度	India	112	印度尼西亚	Indonesia

（续表）

代码	中文	英文	代码	中文	英文
113	伊朗	Iran	114	伊拉克	Iraq
115	以色列	Israel	116	日本	Japan
117	约旦	Jordan	118	科威特	Kuwait
119	老挝	Laos，PDR	120	黎巴嫩	Lebanon
121	中国澳门	Macau	122	马来西亚	Malaysia
123	马尔代夫	Maldives	124	蒙古	Mongolia
125	尼泊尔	Nepal	126	阿曼	Oman
127	巴基斯坦	Pakistan	128	巴勒斯坦	Palestine
129	菲律宾	Philippines	130	卡塔尔	Qatar
131	沙特阿拉伯	Saudi Arabia	132	新加坡	Singapore
133	韩国	Korea Rep.	134	斯里兰卡	Sri Lanka
135	叙利亚	Syrian	136	泰国	Thailand
137	土耳其	Turkey	138	阿联酋	United Arab Emirates
139	也门共和国	Republic of Yemen	141	越南	Vietnam
142	中国	China	143	中国台澎金马关税区	Taiwan prov.
144	东帝汶	East Timor	145	哈萨克斯坦	Kazakhstan
146	吉尔吉斯斯坦	Kirghizia	147	塔吉克斯坦	Tadzhikistan
148	土库曼斯坦	Turkmenistan	149	乌兹别克斯坦	Uzbekstan
199	亚洲其他国家(地区)	Oth．Asia nes	200	非洲	Africa
201	阿尔及利亚	Algeria	202	安哥拉	Angora
203	贝宁	Benin	204	博茨瓦那	Botswana
205	布隆迪	Burundi	206	喀麦隆	Cameroon
207	加那利群岛	Canary Is	208	佛得角	Cape Vrde
209	中非共和国	Central African Rep.	210	塞卜泰	Ceuta
211	乍得	Chad	212	科摩罗	Comoros
213	刚果	Congo	214	吉布提	Djibouti

(续表)

代码	中文	英文	代码	中文	英文
215	埃及	Egypt	216	赤道几内亚	Eq. Guinea
217	埃塞俄比亚	Ethiopia	218	加蓬	Gabon
219	冈比亚	Gambia	220	加纳	Ghana
221	几内亚	Guinea	222	几内亚（比绍）	Guinea Bissau
223	科特迪瓦	Cote d'lvoir	224	肯尼亚	Kenya
225	利比里亚	Liberia	226	利比亚	Libyan Arab Jm
227	马达加斯加	Madagascar	228	马拉维	Malawi
229	马里	Mali	230	毛里塔尼亚	Mauritania
231	毛里求斯	Mauritius	232	摩洛哥	Morocco
233	莫桑比克	Mozambique	234	纳米比亚	Namibia
235	尼日尔	Niger	236	尼日利亚	Nigeria
237	留尼汪	Reunion	238	卢旺达	Rwanda
239	圣多美和普林西比	Sao Tome & Principe	240	塞内加尔	Senegal
241	塞舌尔	Seychelles	242	塞拉利昂	Sierra Leone
243	索马里	Somalia	244	南非	S. Africa
245	西撒哈拉	Western Sahara	246	苏丹	Sudan
247	坦桑尼亚	Tanzania	248	多哥	Togo
249	突尼斯	Tunisia	250	乌干达	Uganda
251	布基纳法索	Burkina Faso	252	民主刚果	Congo，DR
253	赞比亚	Zambia	254	津巴布韦	Zimbabwe
255	莱索托	Lesotho	256	梅利利亚	Melilla
257	斯威士兰	Swaziland	258	厄立特里亚	Eritrea
259	马约特岛	Mayotte	299	非洲其他国家(地区)	Oth. Afr. nes
300	欧洲	Europe	301	比利时	Belgium
302	丹麦	Denmark	303	英国	United Kingdom
304	德国	Germany	305	法国	France

(续表)

代码	中文	英文	代码	中文	英文
306	爱尔兰	Ireland	307	意大利	Italy
308	卢森堡	Luxembourg	309	荷兰	Netherlands
310	希腊	Greece	311	葡萄牙	Portugal
312	西班牙	Spain	313	阿尔巴尼亚	Albania
314	安道尔	Andorra	315	奥地利	Austria
316	保加利亚	Bulgaria	318	芬兰	Finland
320	直布罗陀	Gibraltar	321	匈牙利	Hungary
322	冰岛	Iceland	323	列支敦士登	Liechtenstein
324	马耳他	Malta	325	摩纳哥	Monaco
326	挪威	Norway	327	波兰	Poland
328	罗马尼亚	Romania	329	圣马力诺	San Marino
330	瑞典	Sweden	331	瑞士	Switzerland
334	爱沙尼亚	Estonia	335	拉脱维亚	Latvia
336	立陶宛	Lithuania	337	格鲁吉亚	Georgia
338	亚美尼亚	Armenia	339	阿塞拜疆	Azerbaijan
340	白俄罗斯	Byelorussia	341	哈萨克斯坦	Kazakhstan
342	吉尔吉斯斯坦	Kirghizia	343	摩尔多瓦	Moldavia
344	俄罗斯联邦	Russia	345	塔吉克斯坦	Tadzhikistan
346	土库曼斯坦	Turkmenistan	347	乌克兰	Ukraine
348	乌兹别克斯坦	Uzbekstan	349	南斯拉夫	Yugoslavia FR
350	斯洛文尼亚	Slovenia Rep	351	克罗地亚	Croatia Rep
352	捷克共和国	Czech Rep	353	斯洛伐克	Slovak Rep
354	马其顿	Macedonia Rep	355	波斯尼亚-黑塞哥维那共和国	Bosnia&Hercegovina
356	梵蒂冈城国	Vatican City State	399	欧洲其他国家(地区)	Oth. Eur. nes
400	拉丁美洲	Latin America	401	安提瓜和巴布达	Antigua & Barbuda
402	阿根廷	Argentina	403	阿鲁巴岛	Aruba

（续表）

代码	中文	英文	代码	中文	英文
404	巴哈马	Bahamas	405	巴巴多斯	Barbados
406	伯利兹	Belize	408	玻利维亚	Bolivia
409	博内尔	Bonaire	410	巴西	Brazil
411	开曼群岛	Cayman Is	412	智利	Chile
413	哥伦比亚	Colombia	414	多米尼亚共和国	Dominica
415	哥斯达黎加	Costa Rica	416	古巴	Cuba
417	库腊索岛	Curacao	418	多米尼加共和国	Dominican Rep.
419	厄瓜多尔	Ecuador	420	法属圭亚那	French Guyana
421	格林纳达	Grenada	422	瓜德罗普	Guadeloupe
423	危地马拉	Guatemala	424	圭亚那	Guyana
425	海地	Haiti	426	洪都拉斯	Honduras
427	牙买加	Jamaica	428	马提尼克	Martinique
429	墨西哥	Mexico	430	蒙特塞拉特	Montserrat
431	尼加拉瓜	Nicaragua	432	巴拿马	Panama
433	巴拉圭	Paraguay	434	秘鲁	Peru
435	波多黎各	Puerto Rico	436	萨巴	Saba
437	圣卢西亚	Saint Lucia	438	圣马丁岛	Saint Martin Is
439	圣文森特和格林纳丁斯	Saint Vincent & Grenadines	440	萨尔瓦多	El Salvador
441	苏里南	Suriname	442	特立尼达和多巴哥	Trinidad & Tobago
443	特克斯和凯科斯群岛	Turks & Caicos Is	444	乌拉圭	Uruguay
445	委内瑞拉	Venezuela	446	英属维尔京群岛	Br. Virgin Is
447	圣其茨－尼维斯	St. Kitts-Nevis	448	圣皮埃尔和密克隆	St. Pierre and Miquelon
449	荷属安地列斯群岛	the Netherlands Antilles	499	拉丁美洲其他国家(地区)	Oth. L. Amer. nes
500	北美洲	North America	501	加拿大	Canada
502	美国	United States	503	格陵兰	Greenland

(续表)

代码	中文	英文	代码	中文	英文
504	百慕大	Bermuda	599	北美洲其他国家(地区)	Oth. N. Amer. nes
600	大洋洲	Oceania	601	澳大利亚	Australia
602	库克群岛	Cook Is	603	斐济	Fiji
604	盖比群岛	Gambier Is	605	马克萨斯群岛	Marquesas Is
606	瑙鲁	Nauru	607	新喀里多尼亚	New Caledonia
608	瓦努阿图	Vanuatu	609	新西兰	New Zealand
610	诺福克岛	Norfolk Is	611	巴布亚新几内亚	Papua New Guinea
612	社会群岛	Society Is	613	所罗门群岛	Solomon Is
614	汤加	Tonga	615	土阿莫土群岛	Tuamotu Is
616	土布艾群岛	Tubai Is	617	萨摩亚	Samoa
618	基里巴斯	Kiribati	619	图瓦卢	Tuvalu
620	密克罗尼西亚联邦	Micronesia Fs	621	马绍尔群岛	Marshall Is Rep
622	帕劳共和国	Palau	623	法属波利尼西亚	French Polynesia
624	新喀里多尼亚	New Caledonia	625	瓦利斯和浮图纳	Wallis and Futuna
699	大洋洲其他国家(地区)	Oth. Ocean. nes	701	国(地)别不详的	Countries(reg.) unknown
702	联合国及机构和国际组织	UN and other interational	999	中性包装原产国别	
100	亚洲	Asia			

资料来源：世纪物流网。

十七、装货港／指运港

装货港是指进出口货物在运抵我国关境前的最后一个境外装运港。

指运港是指出口货物运往境外的最终目的港；最终目的港不可预知的，可按尽可能预知的目的港填报。

本栏目应根据实际情况按海关规定的《港口航线代码表》选择填报相应的港口中文名称或代码。

无实际进出境的，本栏目填报"中国境内"（代码"0142"）。

十八、境内目的地／境内货源地

境内目的地是指已知的进口货物在国内的消费、使用地或最终运抵地。

境内货源地是指出口货物在国内的产地或原始发货地。

本栏目应根据进口货物的收货单位、出口货物生产厂家或发货单位所属国内地区，并按海关规定的《国内地区代码表》选择填报相应的国内地区名称或代码。

资料卡

《国内地区代码表》

地区代码	地区简称	地区代码	地区简称	地区代码	地区简称	地区代码	地区简称
11019	北京市东城区	11029	西城区	11039	崇文区	11049	宣武区
11053	北京电子城科技园区	11059	朝阳区	11063	北京丰台科技园区	11069	丰台区
11079	石景山	11083	北京海淀科技园区	11089	海淀区其他	11099	门头沟
11109	房山	11115	北京天竺出口加工区	11119	顺义	11123	北京昌平科技园区
11129	昌平	11132	北京经济技术开发区	11133	北京亦庄科技园区	11139	大兴其他
11149	通县	11159	怀柔	11169	平谷	11179	延庆
11189	密云	11909	北京其他	12019	和平区	12029	河东区
12039	河西区	12043	天津新技术产业园区	12049	南开区其他	12059	河北区
12069	红桥区	12072	天津经济技术开发区	12074	天津港保税区	12075	天津出口加工区
12079	塘沽区其他	12089	汉沽区	12099	大港区	12109	东丽区
12119	西青区	12129	津南区	12139	北辰区	12149	宁河县
12159	武清县	12169	静海县	12179	宝坻县	12189	蓟县
12909	天津其他	13013	石家庄高新技术产业开	13019	石家庄其他	13029	唐山
13032	秦皇岛经济技术开发区	13039	秦皇岛其他	13049	邯郸	13059	邢台
13063	保定高新技术产业开发	13069	保定其他	13079	张家口	13089	承德

(续表)

地区代码	地区简称	地区代码	地区简称	地区代码	地区简称	地区代码	地区简称
13099	沧州	13109	廊坊	13119	衡水	13129	武安
13909	河北其他	14013	太原高新技术产业开发	14019	太原其他	14029	大同
14039	阳泉	14049	长治	14059	晋城	14069	朔州
14079	雁北	14089	忻州	14099	吕梁	14109	晋中
14119	临汾	14129	运城	14139	古交	14909	山西其他
15019	呼和浩特	15023	包头高新技术产业开发	15029	包头其他	15039	乌海
15049	赤峰	15059	二连	15069	满洲里	15079	呼伦贝尔盟
15089	哲里木盟	15099	兴安盟	15109	乌兰察布盟	15119	巴彦淖尔盟
15129	伊克昭盟	15139	阿拉善盟	15149	锡林郭勒盟	15909	内蒙古其他
21012	沈阳经济技术开发区	21013	沈阳南湖科技开发区	21019	沈阳其他	21022	大连经济技术开发区
21023	大连高新技术产业园区	21024	大连大窑湾保税区	21025	辽宁大连出口加工区	21029	大连其他
21033	鞍山高新技术产业开发	21039	鞍山其他	21049	抚顺	21059	本溪
21069	丹东	21079	锦州	21089	营口	21099	阜新
21109	辽阳	21119	盘锦	21129	铁岭	21139	朝阳
21149	锦西	21159	瓦房店	21169	海城	21179	兴城
21189	铁法	21199	北票	21209	开源	21909	辽宁其他
22012	长春经济技术开发区	22013	长春南湖-南岭新技术	22019	长春其他	22023	吉林高新技术产业开发
22029	吉林其他	22039	四平	22049	辽源	22059	通化
22069	浑江	22075	吉林珲春出口加工区	22079	珲春	22089	图们
22099	白城	22109	延边	22119	公主岭	22129	梅河口
22139	集安	22149	桦甸	22159	九台	22169	蛟河

(续表)

地区代码	地区简称	地区代码	地区简称	地区代码	地区简称	地区代码	地区简称
22909	吉林其他	23012	哈尔滨经济技术开发区	23013	哈尔滨高技术开发区	23019	哈尔滨其他
23029	齐齐哈尔	23039	鸡西	23049	鹤岗	23059	双鸭山
23063	大庆高新技术产业开发	23069	大庆其他	23079	伊春	23089	佳木斯
23099	七台河	23109	牡丹江	23119	黑河	23129	绥芬河
23139	松花江	23149	绥化	23159	大兴安岭	23169	阿城
23179	同江	23189	富锦	23199	铁力	23209	密山
23909	黑龙江其他	31019	黄浦	31029	南市	31039	卢湾
31043	上海漕河泾新兴技术开	31049	徐汇其他	31052	上海经济技术开发区	31059	长宁
31069	静安	31079	普陀	31089	闸北	31099	虹口
31109	杨浦	31112	上海闵行经济技术开	31119	闵行其他	31129	宝山
31149	嘉定	31159	川沙	31169	南汇	31179	奉贤
31185	上海松江出口加工区	31189	松江	31199	金山	31209	青浦
31219	崇明	31222	上海浦东新区	31224	上海外高桥保税区	31229	浦东其他
31909	上海其他	32013	南京浦口高新技术外向	32019	南京其他	32023	无锡高新技术产业开发
32029	无锡其他	32039	徐州	32043	常州高新技术产业开发	32049	常州其他
32052	苏州工业园区	32053	苏州高新技术产业开发	32055	苏州工业园区加工区	32059	苏州其他
32062	南通经济技术开发区	32069	南通其他	32072	连云港经济技术开发区	32079	连云港其他
32089	淮阴	32099	盐城	32109	扬州	32119	镇江
32129	泰州	32139	仪征	32149	常熟	32154	江苏张家港保税区

(续表)

地区代码	地区简称	地区代码	地区简称	地区代码	地区简称	地区代码	地区简称
32159	张家港其他	32169	江阴	32179	宿迁	32189	丹阳
32199	东台	32209	兴化	32219	淮安	32229	宜兴
32235	江苏昆山出口加工区	32239	昆山	32249	启东	32259	吴江市
32269	太仓市	32909	江苏其他	33012	杭州经济技术开发区	33013	杭州高新技术产业开发
33015	浙江杭州出口加工区	33019	杭州其他	33022	宁波经济技术开发区	33024	宁波北仑港保税区
33029	宁波其他	33032	温州经济技术开发区	33039	温州其他	33049	嘉兴
33059	湖州	33069	绍兴	33079	金华	33089	衢州
33099	舟山	33109	丽水	33119	台州	33129	余姚
33139	海宁	33149	兰溪	33159	瑞安	33169	萧山
33179	江山	33189	义乌	33199	东阳	33209	慈溪
33219	奉化	33229	诸暨	33239	黄岩	33909	浙江其他
34013	合肥科技工业园	34019	合肥其他	34022	芜湖经济技术开发区	34029	芜湖其他
34039	蚌埠	34049	淮南	34059	马鞍山	34069	淮北
34079	铜陵	34089	安庆	34099	黄山	34109	阜阳
34119	宿州	34129	滁州	34139	六安	34149	宣城
34159	巢湖	34169	池州	34179	亳州	34909	安徽其他
35012	福州经济技术开发区	35013	福州市科技园区	35014	福建马尾保税区	35019	福州其他
35021	厦门特区	35023	厦门火炬高技术产业开	35024	厦门象屿保税区	35025	厦门杏林出口加工区
35029	厦门其他	35039	莆田	35049	三明	35059	泉州
35069	漳州	35079	南平	35089	宁德	35099	龙岩
35109	永安	35119	石狮	35909	福建其他	36013	南昌高新技术产业开发

(续表)

地区代码	地区简称	地区代码	地区简称	地区代码	地区简称	地区代码	地区简称
36019	南昌其他	36029	景德镇	36039	萍乡	36049	九江
36059	新余	36069	鹰潭	36079	赣州	36089	宜春
36099	上饶	36109	吉安	36119	抚州	36129	瑞昌
36909	江西其他	37013	济南高技术产业开发区	37019	济南其他	37022	青岛经济技术开发区
37023	青岛高新技术产业开发	37024	青岛保税区	37029	青岛其他	37033	淄博高新技术产业开发
37039	淄博	37049	枣庄	37059	东营	37062	烟台经济技术开发区
37065	山东烟台出口加工区	37069	烟台其他	37073	潍坊高新技术产业开发	37079	潍坊其他
37089	济宁	37099	泰安	37103	威海火炬高技术产业开	37105	山东威海出口加工区
37109	威海其他	37119	日照	37129	惠民	37139	德州
37149	聊城	37159	临沂	37169	菏泽	37179	青州
37189	龙口	37199	曲阜	37209	莱芜	37219	新泰
37229	胶州	37239	诸城	37249	莱阳	37259	滕州
37269	文登	37279	荣城	37289	即墨	37299	平度
37909	山东其他	41013	郑州高技术开发区	41019	郑州其他	41029	开封
41033	洛阳高新技术产业开发	41039	洛阳其他	41049	平顶山	41059	安阳
41069	鹤壁	41079	新乡	41089	焦作	41099	濮阳
41109	许昌	41119	漯河	41129	三门峡	41139	商丘
41149	周口	41159	驻马店	41169	南阳	41179	信阳
41189	义马	41199	汝州	41209	济源	41219	禹州
41229	卫辉	41239	辉县	41249	泌阳	41909	河南其他
42012	武汉经济技术开发区	42013	武汉东湖新技术开发区	42015	湖北武汉出口加工区	42019	武汉其他
42029	黄石	42039	十堰	42049	沙市	42059	宜昌

(续表)

地区代码	地区简称	地区代码	地区简称	地区代码	地区简称	地区代码	地区简称
42063	襄樊高新技术产业开发	42069	襄樊其他	42079	鄂州	42089	荆门
42099	黄冈	42109	孝感	42119	咸宁	42129	荆州
42139	郧阳	42149	鄂西	42159	随州	42169	老河口
42179	枣阳	42189	神农架	42909	湖北其他	43013	长沙科技开发区
43019	长沙其他	43023	株州高新技术产业开发	43029	株州其他	43039	湘潭
43049	衡阳	43059	邵阳	43069	岳阳	43079	常德
43089	大庸	43099	益阳	43109	娄底	43119	郴州
43129	零陵	43139	怀化	43149	湘西	43159	醴陵
43169	湘乡	43179	来阳	43189	汨罗	43199	津市
43909	湖南其他	44012	广州经济技术开发区	44013	广州天河高新技术产业	44014	广州保税区
44015	广东广州出口加工区	44019	广州其他	44029	韶关	44031	深圳特区
44033	深圳科技工业园	44034	福田盐田沙头角保税区	44035	广东深圳出口加工区	44039	深圳其他
44041	珠海特区	44043	珠海高新技术产业开发	44044	珠海保税区	44049	珠海其他
44051	汕头特区	44054	汕头保税区	44059	汕头其他	44063	佛山高新技术产业开发
44069	佛山其他	44079	江门	44082	湛江经济技术开发区	44089	湛江其他
44099	茂名	44129	肇庆	44133	惠州高新技术产业开发	44139	惠州其他
44149	梅州	44159	汕尾	44169	河源	44179	阳江
44189	清远	44199	东莞	44203	中山火炬高技术产业开	44209	中山其他
44219	潮州	44229	顺德	44239	番禺	44249	揭阳

(续表)

地区代码	地区简称	地区代码	地区简称	地区代码	地区简称	地区代码	地区简称
44289	南海	44909	广东其他	45013	南宁高新技术产业开发	45019	南宁其他
45029	柳州	45033	桂林高新技术产业开发	45039	桂林其他	45049	梧州
45059	北海	45069	玉林	45079	百色	45089	河池
45099	钦州	45109	凭祥	45119	东兴	45909	广西其他
46011	海口	46013	海南国际科技园区	46014	海南海口保税区	46021	三亚
46901	海南其他	46902	海南洋浦经济技术开发	50019	万州区	50029	涪陵区
50039	渝中区	50049	大渡口区	50059	江北区	50069	沙坪坝区
50073	重庆高新技术产业开发	50079	九龙坡区	50082	重庆经济技术开发区	50089	南岸区
50099	北碚区	50109	万盛区	50119	双桥区	50129	渝北区
50139	巴南区	50219	长寿县	50229	綦江县	50239	潼南县
50249	铜梁县	50259	大足县	50269	荣昌县	50279	璧山县
50289	梁平县	50299	城口县	50309	丰都县	50319	垫江县
50329	武隆县	50339	忠县	50349	开县	50359	云阳县
50369	奉节县	50379	巫山县	50419	秀山土家族苗族自治县	50429	酉阳土家族苗族自治县
50439	彭水苗族土家族自治县	50819	江津市	50829	合川市	50839	永川市
50849	南川市	51012	成都经济技术开发区	51013	成都高新技术产业开发	51015	四川成都出口加工区
51019	成都其他	51022	重庆经济技术开发区	51023	重庆高新技术产业开发	51029	重庆其他
51039	自贡	51049	攀枝花	51059	泸州	51069	德阳
51073	绵阳高新技术产业开发	51079	绵阳其他	51089	广元	51099	遂宁
51109	内江	51119	乐山	51129	万县	51139	涪陵

(续表)

地区代码	地区简称	地区代码	地区简称	地区代码	地区简称	地区代码	地区简称
51149	宜宾	51159	南充	51169	达县	51179	雅安
51189	阿坝	51199	甘孜	51209	凉山	51219	黔江
51229	广汉	51239	江油	51249	都江堰	51259	峨嵋山
51909	四川其他	52013	贵阳高新技术产业开发	52019	贵阳其他	52029	六盘山
52039	遵义	52049	铜仁	52059	黔西南	52069	毕节
52079	安顺	52089	黔东南	52099	黔南	52909	贵州其他
53013	昆明高新技术产业开发	53019	昆明其他	53029	东川	53039	昭通
53049	曲靖	53059	楚雄	53069	玉溪	53079	红河
53089	文山	53099	思茅	53109	西双版纳	53119	大理
53129	保山	53139	德宏	53149	丽江	53159	怒江
53169	迪庆	53179	临沧	53189	畹町	53199	瑞丽
53209	河口	53909	云南其他	54019	拉萨	54029	昌都
54039	山南	54049	日喀则	54059	那曲	54069	阿里
54079	林芝	54909	西藏其他	61013	西安新技术产业开发区	61019	西安其他
61029	铜川	61033	宝鸡高新技术产业开发	61039	宝鸡其他	61049	咸阳
61059	渭南	61069	汉中	61079	安康	61089	商洛
61099	延安	61109	榆林	61909	陕西其他	62013	兰州宁卧庄新技术产业
62019	兰州其他	62029	嘉峪关	62039	金昌	62049	白银
62059	天水	62069	酒泉	62079	张掖	62089	武威
62099	定西	62109	陇南	62119	平凉	62129	庆阳
62139	临夏	62149	甘南	62909	甘肃其他	63019	西宁
63029	海东	63039	海北	63049	黄南	63059	海南

(续表)

地区代码	地区简称	地区代码	地区简称	地区代码	地区简称	地区代码	地区简称
63069	果洛	63079	玉树	63089	海西	63909	青海其他
64019	银川	64029	石嘴山	64039	银南	64049	固原
64909	宁夏其他	65012	乌鲁木齐经济技术开发	65013	乌鲁木齐高新技术产业	65019	乌鲁木齐其他
65029	克拉玛依	65039	博乐	65049	巴音	65059	阿克苏
65069	克孜	65079	喀什	65089	和田	65099	伊宁
65109	塔城	65119	阿勒泰	65129	石河子	65219	吐鲁番
65229	哈密	65239	昌吉回族自治州	65909	新疆其他		

资料来源：www.nbedi.com/para/zhguoneidq.asp。

十九、批准文号

批准文号是指进口付汇核销单编号和出口收汇核销单编号。因此，进口报关单本栏目用于填报《进口付汇核销单》编号；出口报关单本栏目用于填报《出口收汇核销单》编号。

二十、成交方式

本栏目应根据实际成交价格条款，按海关规定的《成交方式代码表》选择填报相应的成交方式代码。

无实际进出境的，进口填报 CIF 价，出口填报 FOB 价。

📝 资料卡

《成交方式代码表》

成交方式代码	成交方式名称	成交方式代码	成交方式名称
1	CIF	4	C&I
2	CFR/CNF/C&F	5	市场价
3	FOB	6	垫仓

资料来源：亿通网。

二十一、运费

本栏目用于成交价格中不包含运费的进口货物或成交价格中含有运费的出口货物,应填报该份报关单所含全部货物的国际运输费用。可按运费单价、总价或运费率三种方式之一填报,同时注明运费标记,并按海关规定的《货币代码表》选择填报相应的币种代码。

📝 资料卡

《货币代码表》

货币代码	货币符号	货币名称
110	HKD	港币
116	JPY	日本元
121	MOP	澳门元
129	PHP	菲律宾比索
132	SGD	新加坡元
136	THB	泰国铢
142	CNY	人民币
300	EUR	欧元
302	DKK	丹麦克朗
303	GBP	英镑
326	NOK	挪威克朗
330	SEK	瑞典克朗
331	CHF	瑞士法郎
501	CAD	加拿大元
502	USD	美元
601	AUD	澳大利亚元
609	NZD	新西兰元

资料来源:http://www.nbedi.com/para/zhcurr.asp。

运保费合并计算的,运保费填报在本栏目。

运费标记"1"表示运费率,"2"表示每吨货物的运费单价,"3"表示运费总价。例如:5%的运费率填报为5;24美元的运费单价填报为502/24/2;7 000美元的运费总价填报为 502/7000/3。

二十二、保费

本栏目用于成交价格中不包含保险费的进口货物或成交价格中含有保险费的出口货物，应填报该份报关单所含全部货物国际运输的保险费用。可按保险费总价或保险费率两种方式之一填报，同时注明保险费标记，并按海关规定的《货币代码表》选择填报相应的币种代码。

运保费合并计算的，运保费填报在运费栏目中。

保险费标记"1"表示保险费率，"3"表示保险费总价。例如：3‰的保险费率填报为0.3；10 000港元保险费总价填报为110/10000/3。

二十三、杂费

杂费是指成交价格以外的、应计入完税价格或应从完税价格中扣除的费用，如手续费、佣金、回扣等，可按杂费总价或杂费率两种方式之一填报，同时注明杂费标记，并按海关规定的《货币代码表》选择填报相应的币种代码。

应计入完税价格的杂费填报为正值或正率，应从完税价格中扣除的杂费填报为负值或负率。

杂费标记"1"表示杂费率，"3"表示杂费总价。例如：应计入完税价格的1.5%的杂费率填报为1.5；应从完税价格中扣除的1%的回扣率填报为-1；应计入完税价格的500英镑杂费总价填报为303/500/3。

二十四、合同协议号

本栏目应填报进(出)口货物合同(协议)的全部字头和号码。

二十五、件数

本栏目应填报有外包装的进(出)口货物的实际件数。特殊情况下填报要求如下：
(1) 舱单件数为集装箱(TEU)的，填报集装箱个数；
(2) 舱单件数为托盘的，填报托盘数。

本栏目不得填报为零，裸装货物填报为1。

二十六、包装种类

本栏目应根据进(出)口货物的实际外包装种类，按海关规定的《包装种类代码表》选择填报相应的包装种类代码。

📝 **资料卡**

《包装种类代码表》

包装方式代码	包装方式名称	包装方式代码	包装方式名称
1	木箱	5	托盘
2	纸箱	6	包
3	桶装	7	其他
4	散装		

资料来源：http://www.nbedi.com/para/zhbaozhuang.asp。

二十七、毛重（公斤）

毛重是指货物及其包装材料的重量之和。

本栏目填报进（出）货物实际毛重，计量单位为公斤，不足一公斤的填报为1。

二十八、净重（公斤）

净重是指货物的毛重减去外包装材料后的重量，即商品本身的实际重量。

本栏目填报进（出）口货物的实际净重，计量单位为公斤，不足一公斤的填报为1。

二十九、集装箱号

集装箱号是在每个集装箱箱体两侧标示的全球唯一的编号。

本栏目用于填报和打印集装箱编号及数量。集装箱数量四舍五入填报整数，非集装箱货物填报为0。

填报格式为一个集装箱号+"*"+集装箱数+"（折合标准集装箱数）"。

例如：TBXU3605231*1(1)表示1个标准集装箱；

TBXU3605231*2(3)表示2个集装箱，折合为3个标准集装箱，其中一个箱号为TBXU3605231。

在多于一个集装箱的情况下，其余集装箱编号打印在备注栏或随附清单上。

三十、随附单据

随附单据是指随进（出）口货物报关单一并向海关递交的单证或文件，合同、发票、装箱单、许可证等的必备的随附单证不在本栏目填报。

本栏目应按海关规定的《监管证件名称代码表》选择填报相应证件的代码。

《监管证件名称代码表》

代码	证件名称	代码	证件名称
1	进口许可证	2	进口许可证(轿车用)
4	出口许可证	5	定向出口商品许可证
6	旧机电产品禁止进口	7	自动进口许可证或重要工业品证明
8	禁止出口商品	9	禁止进口商品
A	入境货物通关单	B	出境货物通关单
C	入境货物通关单(民用商品验证)	D	出/入境货物通关单(毛坯钻石用)
F	濒危物种进出口允许证	G	被动出口配额证
I	精神药物进(出)口准许证	J	金产品出口证或人总行进口批件
N	机电产品进口许可证	O	自动进口许可证(新旧机电产品)
P	进口废物批准证书	Q	进口药品通关单
S	进出口农药登记证明	T	银行调运外币现钞进出境许可证
U	白银进口准许证	W	麻醉药品进出口准许证
X	有毒化学品环境管理放行通知单	Z	进口音像制品批准单或节目提取单
a	请审核预核签章	r	预归类标志
s	适用ITA税率商品用途认定证明	t	关税配额证明
u	进口许可证(加工贸易,保税)	y	出口许可证(所有监管方式)

资料来源：http://www.nbedi.com/para/suifudanjiu.asp。

三十一、用途/生产厂家

进口货物填报用途应根据进口货物的实际用途按海关规定的《用途代码表》选择填报相应的用途代码，如"以产顶进"填报"13"。

《用途代码表》

代码	名称	代码	名称
01	一般贸易进口货物	08	境外客商免费提供进口或国内客商免费提供出口的货物
03	三资企业以一般贸易进口货物	09	外商作价提供进口货物

(续表)

代码	名称	代码	名称
04	企业进口的设备、办公用品	10	货样、广告品
05	加工企业加工出口成品而进口的原料、零部件等和出口成品	11	除以上所列以外的其他进出口货物
06	借用的设备、办公用品，到期归还	13	以产顶进
07	征收保证金的进出口货物		

资料来源：亿通网。

生产厂家是指出口货物的境内生产企业，本栏目供必要时手工填写。

三十二、标记唛码及备注

本栏目上部用于打印以下内容：
(1) 标记唛码中除图形以外的文字、数字。
(2) 受外商投资企业委托代理其进口投资设备、物品的外贸企业名称。
(3) 加工贸易结转货物及凭《征免税证明》转内销货物，其对应的备案号应填报在本栏目，即"转至(自)×××…手册"。
(4) 其他申报时必须说明的事项。

本栏目下部供填报随附单据栏中监管证件的编号，具体填报要求为：监管证件代码+"："+监管证件号码。一份报关单多个监管证件的，连续填写。

一票货物多个集装箱的，在本栏目打印其余的集装箱号(最多160字节，其余集装箱号手工抄写)。

三十三、项号

本栏目分两行填报及打印。第一行打印报关单中的商品排列序号；第二行专用于加工贸易等已备案的货物，填报和打印该项货物在《登记手册》中的项号。

加工贸易合同项下进出口货物，必须填报与《登记手册》一致的商品项号，所填报项号用于核销对应项号下的料件或成品数量。特殊情况下填报要求如下：
(1) 深加工结转货物，分别按照《登记手册》中的进口料件项号和出口成品项号填报。
(2) 料件结转货物，出口报关单按照转出《登记手册》中进口料件的项号填报；进口报关单按照转进《登记手册》中进口料件的项号填报。
(3) 料件复出货物，出口报关单按照《登记手册》中进口料件的项号填报。
(4) 成品退运货物，退运进境报关单和复运出境报关单按照《登记手册》原出口成品的项号填报。

（5）加工贸易料件转内销货物（及按料件补办进口手续的转内销成品）应填制进口报关单，本栏目填报《登记手册》进口料件的项号。

（6）加工贸易成品凭《征免税证明》转为享受减免税进口货物的，应先办理进口报关手续。进口报关单本栏目填报《征免税证明》中的项号，出口报关单本栏目填报《登记手册》原出口成品项号，进、出口报关单货物数量应一致。

三十四、商品编号

商品编号是指按海关规定的商品分类编码规则确定的进（出）口货物的商品编号。
加工贸易《登记手册》中商品编号与实际商品编号不符的，应按实际商品编号填报。

三十五、商品名称、规格型号

本栏目分两行填报及打印。第一行打印进（出）口货物规范的中文商品名称；第二行打印规格型号，必要时可加注原文。具体填报要求如下：

（1）商品名称及规格型号应据实填报，并与所提供的商业发票相符。

（2）商品名称应当规范，规格型号应当足够详细，以能满足海关归类、审价以及监管的要求为准。禁止、限制进出口等实施特殊管制的商品，其名称必须与交验的批准证件上的商品名称相符。

（3）加工贸易等已备案的货物，本栏目填报录入的内容必须与备案登记中同项号下货物的名称与规格型号一致。

三十六、数量及单位

数量及单位是指进（出）口商品的实际数量及计量单位。

本栏目分三行填报及打印。具体填报要求如下：

（1）进出口货物必须按海关法定计量单位填报。法定第一计量单位及数量，打印在本栏目第一行。

（2）凡海关列明第二计量单位的，必须报明该商品第二计量单位及数量，打印在本栏目第二行。无第二计量单位的，本栏目第二行为空。

（3）成交计量单位与海关法定计量单位不一致时，还需填报成交计量单位及数量，打印在商品名称、规格型号栏下方（第三行）。成交计量单位与海关法定计量单位一致时，本栏目第三行为空。

加工贸易等已备案的货物，成交计量单位必须与备案登记中同项号下货物的计量单位一致，不相同时必须修改备案或转换一致后填报。

三十七、原产国（地区）／最终目的国（地区）

原产国(地区)是指进出口货物的生产、开采或加工制造国家(地区)。

最终目的国(地区)是指已知的出口货物的最终实际消费、使用或进一步加工制造国家(地区)。

本栏目应按海关规定的《国别(地区)代码表》选择填报相应的国家(地区)名称或代码。

加工贸易报关单特殊情况下填报要求如下：

(1) 料件结转货物，出口报关单填报"中国"(代码"142")，进口报关单填报原料件生产国。

(2) 深加工结转货物，进出口报关单均填报"中国"(代码"142")。

(3) 料件复运出境货物，填报实际最终目的国；加工出口成品因故退运境内的，填报"中国"(代码"142")，复运出境时填报实际最终目的国。

三十八、单价

本栏目填报同一项号下进(出)口货物实际成交的商品单位价格。实际成交的商品单位价格在这里通常填报发票单价金额。

无实际成交价格的，本栏目填报货值。

三十九、总价

本栏目应填报同一项号下进(出)口货物实际成交的商品总价。

无实际成交价格的，本栏目填报货值。

四十、币制

币制是指进(出)口货物实际成交价格的币种。

本栏目应根据实际成交情况按海关规定的《货币代码表》选择填报相应的货币名称或代码，如《货币代码表》中无实际成交币种，需转换后填报。

四十一、征免

征免是指海关对进(出)口货物进行征税、减税、免税或特案处理的实际操作方式。

本栏目应按照海关核发的《征免税证明》或有关政策规定，对报关单所列每项商品选择填报海关规定的《征减免税方式代码表》中相应的征减免税方式。

📝 **资料卡**

《征减免税方式代码表》

代码	方式	代码	方式	代码	方式
1	照章征税	2	折半征税	3	全免
4	特案	5	征免性质	6	保证金
7	保函	8	折半补税	9	全额退税

资料来源：http://www.nbedi.com/para/zhzhenmiangd.asp。

加工贸易报关单应根据《登记手册》中备案的征免规定填报。

四十二、税费征收情况

本栏目供海关批注进(出)口货物税费征收及减免情况。

四十三、录入员

本栏目用于预录入和EDI报关单，打印录入人员的姓名。

四十四、录入单位

本栏目用于预录入和EDI报关单，打印录入单位名称。

四十五、申报单位

本栏目指报关单左下方用于填报申报单位有关情况的总栏目。

申报单位指对申报内容的真实性直接向海关负责的企业或单位。自理报关的，应填报进(出)口货物的经营单位名称及代码；委托代理报关的，应填报经海关批准的专业或代理报关企业名称及代码。

本栏目还包括报关单位地址、邮编和电话等分项目，由申报单位的报关员填报。

四十六、填制日期

指报关单的填制日期。预录入和EDI报关单由计算机自动打印。

本栏目为6位数，顺序为年、月、日，各2位。

四十七、海关审单批注栏

本栏目指供海关内部作业时签注的总栏目，由海关关员手工填写在预录入报关单上。

其中"放行"栏填写海关对接受申报的进出口货物做出放行决定的日期。

第三节 进出口报关单的修改和撤销

由于种种原因,报关单位填写报关单向海关申请报关后,或许需要修改报关单,或许需要撤销报关单。为了加强对进出口货物报关单修改和撤销的管理,规范进出口货物收发货人或者其代理人的申报行为,我国海关总署根据《中华人民共和国海关法》以及有关行政法规的规定,制定并于 2006 年 2 月 1 日实施了《中华人民共和国海关进出口货物报关单修改和撤销管理办法》(以下简称《管理办法》)。

《管理办法》中规定:海关接受进出口货物申报后,电子数据和纸质的进出口货物报关单不得修改或者撤销;确有正当理由的或根据海关要求需要对进出口货物报关单进行修改或者撤销的,经海关审核批准,可以修改或者撤销。进出口货物报关单修改或者撤销后,纸质报关单和电子数据报关单应当一致。

一、进出口货物报关单修改或者撤销的前提条件

进出口货物收发货人或者其代理人确有如下正当理由的,可以向原接受申报的海关申请修改或者撤销进出口货物报关单:

(1) 由于报关人员操作或者书写失误造成所申报的报关单内容有误,并且未发现有走私违规或者其他违法嫌疑的;

(2) 出口货物放行后,由于装运、配载等原因造成原申报货物部分或者全部退关、变更运输工具的;

(3) 进出口货物在装载、运输、存储过程中因溢短装、不可抗力的灭失、短损等原因造成原申报数据与实际货物不符的;

(4) 根据贸易惯例先行采用暂时价格成交、实际结算时按商检品质认定或者国际市场实际价格付款方式需要修改申报内容的;

(5) 由于计算机、网络系统等方面的原因导致电子数据申报错误的;

(6) 其他特殊情况经海关核准同意的。

如果海关已经决定布控、查验以及涉案的进出口货物的报关单在办结前不得修改或者撤销。

二、进出口货物报关单修改或者撤销需提交的单证

进出口货物收发货人或者其代理人申请修改或者撤销进出口货物报关单的,应当提交下列有关单证:

(1)《进出口货物报关单修改/撤销申请表》;

(2) 可以证明进出口实际情况的合同、发票、装箱单等相关单证;

(3) 外汇管理、国税、检验检疫、银行等有关部门出具的单证;

(4) 应税货物的海关专用缴款书、用于办理收付汇和出口退税的进出口货物报关单证明联等海关出具的相关单证。

资料卡

《进出口货物报关单修改/撤销申请表》

进出口货物报关单修改／撤销申请表

编号：××海关〔××××年〕　　　　　　　　　××××号

报关单编号		报关单类别	□进口	□出口
经营单位名称		申请事项	□修改	□撤销
报关单位名称				
修改/撤销内容				

	报关单数据项(进口/出口)	原填报内容	应当填报内容
需按审查程序办理的项目	商品编号		
	商品名称及规格型号		
	币制		
	单价		
	总价		
	原产国(地区)/最终目的国(地区)		
	贸易方式(监管方式)		
	成交方式		
其他项目			

修改或者撤销原因：

兹声明以上申请理由和申请内容无讹，随附证明资料真实有效，如有虚假，愿承担法律责任。
申请人签字：　　　　　申请日期：　　　　　申请单位(公章)：

海关批注：

经审查，上述申请符合/不符合《中华人民共和国海关进出口货物报关单修改和撤销管理办法》第　条第　款的规定，我关同意/不同意 修改/撤销。

　　　　海关印章：　　　　　年　月　日

三、申请修改或者撤销进出口货物报关单的办理程序

《管理办法》中规定，进口货物放行后或者出口货物办结海关手续后提出申请的，或申请修改或者撤销的内容涉及进出口货物报关单的商品编号、商品名称及规格型号、币制、单价、总价、原产国（地区）、最终目的国（地区）、贸易方式（监管方式）、成交方式之一的，可按下列方法办理：

（1）申请材料齐全的，由海关向进出口货物收发货人或者其代理人制发《进出口货物报关单修改/撤销申请受理决定书》。如果能够当场做出审查决定，就应当场按照规定制发准予或者不予修改、撤销的决定书，而不再制发《进出口货物报关单修改/撤销申请受理决定书》。

（2）申请材料存在错误可以当场更正的，应当允许进出口货物收发货人或者其代理人当场更正。

（3）申请材料不齐全或者不符合法定形式的，应当告知进出口货物收发货人或者其代理人需要补正的全部内容，并向进出口货物收发货人或者其代理人制发《进出口货物报关单修改/撤销申请告知书》。

（4）申请人不属于有关进出口货物的收发货人或者其代理人的，由海关向申请人制发《进出口货物报关单修改/撤销申请不予受理决定书》。

海关决定受理进出口货物报关单的修改或者撤销申请的，应当及时对申请材料进行审查。除可以当场决定的外，海关应当自受理进出口货物报关单修改或者撤销申请之日起20日内做出决定并完成相关操作。特殊情况下，海关审查时限可以延长10日。

经审查决定予以修改或者撤销的，应当向进出口货物收发货人或者其代理人制发《准予修改/撤销进出口货物报关单决定书》，并完成相关操作；经审查决定不予修改或者撤销的，应当向进出口货物收发货人或者其代理人制发《不予修改/撤销进出口货物报关单决定书》。

《管理办法》中还规定：海关发现进出口货物报关单需要进行修改或者撤销，但进出口货物收发货人或者其代理人未提出申请的，海关应当通知进出口货物的收发货人或者其代理人。而进出口货物收发货人或者其代理人应当填写《进出口货物报关单修改/撤销确认书》，对进出口货物报关单修改或者撤销的内容进行确认。确认后，海关完成对进出口货物报关单的修改或者撤销。

因修改或者撤销进出口货物报关单导致需要变更、补办进出口许可证件的，进出口货物收发货人或者其代理人应当向海关提交相应的进出口许可证件。

中华人民共和国　　　　海关
进出口货物报关单修改／撤销申请受理决定书

_____××海关撤改(××××)××××号

_____：

你(单位)关于进出口货物报关单修改/撤销的申请(申请表编号为：　　　)，我关于　年　月　日收悉。经审查，根据《中华人民共和国海关法》、《中华人民共和国行政许可法》和《中华人民共和国海关进出口货物报关单修改和撤销管理办法》的规定，我关予以受理。

特此通知。

(印)

年　月　日

中华人民共和国　　　　海关
进出口货物报关单修改／撤销申请告知书

_____××海关撤改(××××)××××号

_____：

你(单位)关于进出口货物报关单修改/撤销的申请(申请表编号：　　　)，我关于　年　月　日收悉。经审查，有下列第　项情形，

(1) 申请材料不齐全；

(2) 申请材料不符合法定形式。

根据《中华人民共和国海关法》、《中华人民共和国行政许可法》和《中华人民共和国海关进出口货物报关单修改和撤销管理办法》的规定，(以下写明具体告知事项)。

特此告知。

(印)

年　月　日

(续表)

中华人民共和国　　　海关
进出口货物报关单修改／撤销申请不予受理决定书

_____××海关撤改(××××)××××号

_____：

　　你(单位)关于进出口货物报关单修改/撤销的申请(申请表编号为：　　　　　)，我关于　　年　　月　　日收悉。经审查，(以下写明属于哪种不应受理的情形)。

　　根据《中华人民共和国海关法》、《中华人民共和国行政许可法》和《中华人民共和国海关进出口货物报关单修改和撤销管理办法》的规定，我关决定不予受理。

　　你(单位)对本决定不服，可以自收到本《不予受理决定书》之日起60日内向　　海关(海关总署)申请行政复议，也可以自收到本《不予受理决定书》之日起3个月内向中级人民法院起诉。

(印)

年　月　日

中华人民共和国　　　海关
准予修改／撤销进出口货物报关单决定书

_____××海关撤改(××××)××××号

_____：

　　你(单位)关于进出口货物报关单修改/撤销的申请(申请表编号为：　　　　　)，我关于　　年　　月　　日受理。经审查，根据《中华人民共和国海关法》、《中华人民共和国行政许可法》和《中华人民共和国海关进出口货物报关单修改和撤销管理办法》的规定，我关决定准予修改/撤销。

(印)

年　月　日

（续表）

中华人民共和国　　　　海关
不予修改／撤销进出口货物报关单决定书

_____××海关撤改（××××）××××号

_____：

  你(单位)关于进出口货物报关单修改／撤销的申请(申请表编号为：　　　　)，我关于　　年　　月　　日受理。经审查，(以下写明不予修改／撤销报关单的理由)。

  根据《中华人民共和国海关法》、《中华人民共和国行政许可法》和《中华人民共和国海关进出口货物报关单修改和撤销管理办法》的规定，我关决定不予修改／撤销。

  你(单位)对本决定不服，可以自收到本《不予修改／撤销进出口货物报关单决定书》之日起60日内向海关(海关总署)申请行政复议，也可以自收到本《不予修改／撤销进出口货物报关单决定书》之日起3个月内向中级人民法院起诉。

（印）

年　　月　　日

进出口货物报关单修改／撤销确认书

编号：××海关〔××××年〕××××号

报关单编号		申报日期	
经营单位名称		报关单位名称	
修改或撤销原因			
原填报内容			
修改内容			

(续表)

经营单位或报关单位确认：
同意××海关对上述报关单内容进行修改/撤销。 报关员卡号：　报关人员签名：   经营单位或报关单位：(公章)   日期：

本章小结

进出口货物报关单是指进出口货物的收发货人或代理人，按照海关规定的格式对进出口货物的实际情况做出书面说明，申请海关对其货物按适用的海关制度办理通关手续的法律文书。进出口货物报关单主要通过商品名称、数量、价格、进出口口岸、贸易方式、成交方式及运输方式等栏目对进出口货物进行说明。报关人员要按照规范要求，认真填写这些项目。

进出口货物收发货人或者其代理人在合理的情形下、在海关的要求下，可以申请修改或者撤销进出口货物报关单，但需要提交有关单证。海关接到申请修改或者撤销进出口货物报关单申请时，根据实际情况，及时处理并做出准许或不准许的决定。

思考与练习

1. 进出口报关单有哪几种分类方式？
2. 进出口报关单填写的基本要求是什么？
3. 进出口报关单填写规范中对哪些栏目做出了详细的规定？
4. 在什么情景下可以修改或撤销报关单？

5．进出口货物收发货人或者其代理人申请修改或者撤销进出口货物报关单时应当提交哪些有关单证？

案例分析

案例一：

大连××国际物流有限公司(2102980×××，A类管理企业)受大连新世纪进出口有限公司(2102250×××，A类管理企业)的委托，凭"C"字头备案号的登记手册向大连机场海关申报进口已鞣未缝制兰狐皮1 000张及辅料一批，以履行兰狐皮大衣的出口合同。货物进口后，交由大连伟达服饰有限公司(2102930×××，B类管理企业)。加工合同执行期间，因加工企业生产规模有限，经与境外订货商协商后更改出口合同，故兰狐皮耗用数量减为600张。经批准，剩余的400张兰狐皮中的300张结转至另一加工贸易合同项下；100张售予沈阳华亿服装有限公司(2101940×××，C类管理企业)用以生产内销产品。根据上述案例，选择回答下列问题：

1．上述报关活动中涉及的各家企业，属于报关活动相关人的是：
   A．大连新世纪进出口有限公司。
   B．大连伟达服饰有限公司。
   C．大连××国际物流有限公司。
   D．沈阳华亿服装有限公司。

2．根据加工贸易银行保证金台账制度的规定，1 000张进口兰狐皮应：
   A．设台账，但无需缴付保证金。
   B．设台账，按进口料件应征税款的50%缴付保证金。
   C．设台账，按进口料件应征税款全额缴付保证金。
   D．不设台账，亦无需缴付保证金。

3．300张兰狐皮结转至另一加工贸易合同项下，须符合下列规定：
   A．必须由同一经营单位经营。
   B．必须是同一贸易方式。
   C．必须由同一加工企业加工。
   D．必须生产同一产品。

4．100张兰狐皮转为内销，须符合下列规定：
   A．应经对外贸易主管部门批准。
   B．应由国内购买单位办理内销料件的正式进口手续。

C. 除应缴纳进口税外，还须交付缓税利息。

D. 如属进口许可证件管理的，应按规定向海关补交进口许可证件。

5. 在加工过程中产生的边角料，企业可以按照下列方式处理：

A. 放弃交海关处理。

B. 内销，按申报内销时的实际状态纳税。

C. 内销，按料件原进口状态纳税。

D. 自行销毁。

案例二：

江苏某港口机械制造股份有限公司(中外合资经营企业)向香港飞翼船务有限公司出口40′集装箱半挂车5辆，总价HKD608 000。经海关批准，该批货物运抵启运地海关监管现场前，先向该海关录入出口货物报关单电子数据。货物运至海关监管现场后，转关至上海吴淞口岸装运出境。上述货物出口后，其中1辆因质量不良被香港飞翼船务有限公司拒收而退运进口，整批货物因此未能收汇。

根据上述案例，选择回答下列问题：

1. 该批货物出口申报应符合下列海关规定：

A. 应同时以电子数据报关单和纸质报关单向海关申报，然后由海关进行电子审单。

B. 应先向海关提交纸质报关单，由海关预审，再以电子数据报关单向海关正式申报。

C. 应以电子数据报关单向海关申报，海关审结后，再向海关提交纸质报关单并随附其他单证。

D. 由发货人或其代理人选择使用电子数据报关单或纸质报关单向海关申报。

2. 该批货物从起运地运至上海吴淞口岸，在上海吴淞海关监管下装运出境，其转关运输采用的是：

A. 提前报关方式。

B. 直转方式。

C. 中转方式。

D. 直通方式。

3. 该批货物申报时，除出口货物报关单以外，还应向海关提交下列随附单证：

A. 商业发票。

B. 出口货物许可证。

C. 出口装货单据。

D．出口收汇核销单。
4．该批出口货物报关单"贸易方式"与"征免性质"两栏目分别填报为：
   A．一般贸易，一般征税。
   B．一般贸易，中外合资。
   C．合资合作设备，一般征税。
   D．合资合作设备，中外合资。
5．关于退运进口的集装箱半挂车，下列表述符合海关规定：
   A．向进境地海关申报。
   B．提供原货物出口报关单、外汇核销单证、报关单退税联等单证。
   C．须向海关提供担保。
   D．1年内原状退运进口，经海关核实不予征税。

技能实训

根据以下资料，填制一份出口货物报关单。

资料1：

上海兰圣股份有限公司编码为：3109915020；生产、发货单位为上海服装厂，货源地为上海虹口区；该货物于2005年10月26日向上海浦江海关办理海关手续，于10月28日离境，核销单为：2346386；HSCODE 62114300；计量单位：件/千克；出口配额证号：1019453；代码为G；预录入号：527677365。

资料2：

INVOICE

TO: M/S   发票号码
NORMA CREATION GMBH & CO.KG   INVOICE NO: OOSA0145
AM REHMENGRABEN 10   日期：
315821 HAMBURG GERMANY   DATE: October 26, 2005
PAYMENT: L/C   合同号：
VESSEL: HANJIN DALIAN/014E   S/C NO.: SBG342834

FROM SHANGHAI TO HAMBURG BY VESSEL

MARKS & NUMBERS	QUANTITIES AND DESCRIPIONS	UNIT PRICE	AMOUNT
唛头及号数	数量及品名	单价	总价
	化纤女背心	FOBSHANGHAI	
NORMA	LADIE'S VEST 1734PCS	@USD9.10	USD15779.40
CARTON NO.	100%POLYESTER		
S/C N			
ORDER NO.	TOTAL: 173PCS		USD15779.40
STYLE NO.			
	PACKED IN 22 CTNS		

SAY U. S. DOLLARS FIFTEEN THOUSAND SEVEN HUNDRED AND SEVENTY-NINE & CENTS FORTY ONLY.

上海兰圣股份有限公司
SHANGHAI LANDSHENG, CO., LTD

ADDRESS: NO. 2 STANDARD BUILDING CHINA TEXTILE INT, SCI & TECH
INDUSTRY CITY. HONGKOU. SHANGHAI. CHINA

企业编码：3109915020

AUTHORIZED SIGNATURE

资料3：

PACKING LIST

B/L NO. KOSHE867431

日期
DATE: October 26. 2005
发票号码
INVOICE NO: OOSA0145
合同号
S/C NO.: SBG342834
TO: NORMA CREATION GMBH & CO.KG
   AM REHMENGRABEN 10
   315821 HAMBURG GERMANY

PAYMENT TERM: L/C

DESCRIPIONS	QUANTITIE	PACKAGE	G.W(KGS)	N.W(KGS)	MEASUREMENT
LADIE'S VEST	1734PCS	22CTNS	@14KGS	@10KGS	3388M3

TOTAL: 1734.00PCS 22CTNS   308.00KGA   220.00KGS   3388M3

ADDRESS: NO. 2STANDARD BUILDING CHINA　　上海兰圣股份有限公司
TEXTILE INT, SCI&TECH　　　　　　　　SHANGHAI LANDSHENG, CO., LTD
INDUSTRY CITY. HONGKOU. SHANGHAI. CHINA AUTHORIZED SIGNATURE

附录
协调制度的类章目录

第一类　活动物；动物产品

第 1 章　活动物
第 2 章　肉及食用杂碎
第 3 章　鱼、甲壳动物、软体动物及其他水生无脊椎动物
第 4 章　乳品；蛋品；天然蜂蜜；其他食用动物产品
第 5 章　其他动物产品

第二类　植物产品

第 6 章　活树及其他活植物；鳞茎、根及类似品；插花及装饰用簇叶
第 7 章　食用蔬菜、根及块茎
第 8 章　食用水果及坚果；柑桔属水果或甜瓜的果皮
第 9 章　咖啡、茶、马黛茶及调味香料
第 10 章　谷物
第 11 章　制粉工业产品；麦芽；淀粉；菊粉；面筋
第 12 章　含油子仁及果实；杂项子仁及果实；工业用或药用植物；稻草、秸秆及饲料
第 13 章　虫胶；树胶、树脂及其他植物液、汁
第 14 章　编结用植物材料；其他植物产品

第三类　动、植物油、脂及其分解产品；精制的食用油脂；动、植物蜡

第 15 章　动、植物油、脂及其分解产品；精制的食用油脂；动、植物蜡

第四类　食品；饮料、酒及醋；烟草、烟草及烟草代用品的制品

第 16 章　肉、鱼、甲壳动物、软体动物及其他水生无脊椎动物的制品
第 17 章　糖及糖食
第 18 章　可可及可可制品
第 19 章　谷物、粮食粉、淀粉或乳的制品；糕饼点心
第 20 章　蔬菜、水果、坚果或植物其他部分的制品
第 21 章　杂项食品
第 22 章　饮料、酒及醋

第23章　食品工业的残渣及废料；配制的动物饲料

第24章　烟草、烟草及烟草代用品的制品

第五类　矿产品

第25章　盐；硫磺；泥土及石料；石膏料、石灰及水泥

第26章　矿砂、矿渣及矿灰

第27章　矿物燃料、矿物油及其蒸馏产品；沥青物质；矿物蜡

第六类　化学工业及其相关工业的产品

第28章　无机化学品；贵金属、稀土金属、放射性元素及其同位素的有机及无机化合物

第29章　有机化学品

第30章　药品

第31章　肥料

第32章　鞣料浸膏及染料浸膏；鞣酸及其衍生物；染料、颜料及其他着色料；油漆及清漆；油灰及其他胶粘剂；墨水、油墨

第33章　精油及香膏；芳香料制品及化妆盥洗品

第34章　肥皂、有机表面活性剂、洗涤剂、润滑剂、人造蜡、调制蜡、光洁剂、蜡烛及类似品、塑型用膏、"牙科用蜡"及牙科用熟石膏制剂

第35章　蛋白类物质；改性淀粉；胶；酶

第36章　炸药；烟火制品；火柴；引火合金；易燃材料制品

第37章　照相及电影用品

第38章　杂项化学产品

第七类　塑料及其制品；橡胶及其制品

第39章　塑料及其制品

第40章　橡胶及其制品

第八类　生皮、皮革、毛皮及其制品；鞍具及挽具；旅行用品、手提包及类似品；动物肠线制品

第41章　生皮（毛皮除外）及皮革

第42章　皮革制品；鞍具及挽具；旅行用品、手提包及类似容器；动物肠线（蚕

胶丝除外）制品

第 43 章　毛皮、人造毛皮及其制品

第九类　木及木制品；木炭；软木及软木制品；稻草、秸秆、针茅或其他编结材料制品；篮筐及柳条编结品

第 44 章　木及木制品；木炭
第 45 章　软木及软木制品
第 46 章　稻草、秸秆、针茅或其他编结材料制品；篮筐及柳条编结品

第十类　木浆及其他纤维素浆，回收纸或纸板、纸、纸板及其制品

第 47 章　木浆及其他纤维状纤维素浆；纸及纸板的废碎品
第 48 章　纸及纸板；纸浆、纸或纸板制品
第 49 章　书籍、报纸、印刷图画及其他印刷品；手稿、打字稿及设计图纸

第十一类　纺织原料及纺织制品

第 50 章　蚕丝
第 51 章　羊毛、动物细毛或粗毛；马毛纱线及其机织物
第 52 章　棉花
第 53 章　其他植物纺织纤维；纸纱线及其机织物
第 54 章　化学纤维长丝
第 55 章　化学纤维短纤
第 56 章　絮胎、毡呢及无纺织物；特种纱线；线、绳、索、缆及其制品
第 57 章　地毯及纺织材料的其他铺地制品
第 58 章　特种机织物；簇绒织物；花边；装饰毯；装饰带；刺绣品
第 59 章　浸渍、涂布、包覆或层压的织物；工业用纺织制品
第 60 章　针织物及钩编织物
第 61 章　针织或钩编的服装及衣着附件
第 62 章　非针织或非钩编的服装及衣着附件
第 63 章　其他纺织制成品；成套物品；旧衣着及旧纺织品；碎织物

第十二类　鞋、帽、伞、杖、鞭及其零件；已加工的羽毛及其制品；人造花；人发制品

第 64 章　鞋靴、护腿和类似品及其零件

第 65 章　帽类及其零件

第 66 章　雨伞、阳伞、手杖、鞭子、马鞭及其零件

第 67 章　已加工羽毛、羽绒及其制品；人造花；人发制品

第十三类　石料、石膏、水泥、石绵、云母及类似的材料制品；陶瓷产品；玻璃及其制品

第 68 章　石料、石膏、水泥、石棉、云母及类似材料的制品

第 69 章　陶瓷产品

第 70 章　玻璃及其制品

第十四类　天然或养殖珍珠、宝石或半宝石、贵金属、包贵金属及其制品；仿首饰、硬币

第 71 章　天然或养殖珍珠、宝石或半宝石、贵金属、包贵金属及其制品；仿首饰；硬币

第十五类　贱金属及其制品

第 72 章　钢铁

第 73 章　钢铁制品

第 74 章　铜及其制品

第 75 章　镍及其制品

第 76 章　铝及其制品

第 78 章　铅及其制品

第 79 章　锌及其制品

第 80 章　锡及其制品

第 81 章　其他贱金属、金属陶瓷及其制品

第 82 章　贱金属工具、器具、利口器、餐匙、餐叉及其零件

第 83 章　贱金属杂项制品

第十六类　机器、机械器具、电气设备及其零件；录音机及放声机、电视图像、声音的录制和重放设备及其零件、附件

第 84 章　核反应堆、锅炉、机器、机械器具及其零件

第 85 章　电机、电气设备及其零件；录音机及放声机、电视图像、声音的录制和重放设备及其零件、附件

第十七类　车辆、航空器、船舶及有关运输设备

第 86 章　铁道及电车道机车、车辆及其零件；铁道及电车道轨道固定装置及其零件、附件；各种机械(包括电动机械)交通信号设备

第 87 章　车辆及其零件、附件，但铁道及电车道车辆除外

第 88 章　航空器、航天器及其零件

第 89 章　船舶及浮动结构体

第十八类　光学、照相、电影、计量、检验、医疗或外科用仪器及设备、精密仪器及设备；钟表；乐器；上述物品的零件、附件

第 90 章　光学、照相、电影、计量、检验、医疗或外科用仪器及设备、精密仪器及设备；上述物品的零件、附件

第 91 章　钟表及其零件

第 92 章　乐器及其零件、附件

第十九类　武器、弹药及其零件、附件

第 93 章　武器、弹药及其零件、附件

第二十类　杂项制品

第 94 章　家具；寝具、褥垫、弹簧床垫、软坐垫及类似的填充制品；未列名灯具及照明装置；发光标志、发光铭牌及类似品；活动房屋

第 95 章　玩具、游戏品、运动用品及其零件、附件

第 96 章　杂项制品

第二十一类　艺术品、收藏品及古物

第 97 章　艺术品、收藏品及古物

参考资料

1. 郑俊田主编：《中国海关通关实务》，中国对外经济贸易出版社2002年版。
2. 海关总署报关员资格考试委员会办公室编：《历届报关员资格全国统一考试试题解析新编》，中国海关出版社2004年版。
3. 海关总署报关员资格考试教材编委会：《报关员资格全国统一考试教材》，中国海关出版社2004年版。
4. 海关总署报关员资格考试教材编委员：《报关员资格全国统一考试辅导教材》，中国海关出版社2004年版。
5. 海关总署报关员资格考试教材编委会：《进出口商品名称与编码》，中国海关出版社2004年版。
6. 郭燕编著：《中国海关实务》，中国对外经济贸易出版社2001年版。
7. 王斌义主编：《报关员业务操作指引》，对外经济贸易大学出版社2004年版。
8. 谢国娥编：《海关报关实务习题精解》，华东理工大学出版社2002年版。
9. 姜维、陈柯妮编著：《报关业务实战教程》，立信会计出版社2005年版。
10. 张晓芬主编：《现代海关通关实务》，东北大学出版社2004年版。
11. 黄熠主编：《海关通关管理》，中国海关出版社2002年版。
12. 阎景棠、鲁培勇、张英林编：《通关实务》，中国海关出版社2002年版。
13. 郑俊田主编：《历届报关员资格全国统一考试全真试题及试题评析》，中国对外经济贸易出版社2003年版。

教师反馈及课件申请表

　　北京大学出版社以"教材优先、学术为本、创建一流"为目标，主要为广大高等院校师生服务。为更有针对性地为广大教师服务，提升教学质量，在您确认将本书作为指定教材后，请您填好以下表格并经系主任签字盖章后寄回，我们将免费向您提供相应教学课件。

书号/书名	
所需要的教学资料	教学课件
您的姓名	
系	
院/校	
您所讲授的课程名称	
每学期学生人数	_____人　　_____年级　　学时_____
您目前采用的教材	作者：_____　　出版社：_____ 书名：_____
您准备何时用此书授课	
您的联系地址	
邮政编码	联系电话（必填）
E-mail（必填）	
您对本书的建议：	系主任签字 盖章

我们的联系方式：

北京大学出版社经济与管理图书事业部

北京市海淀区成府路 205 号，100871

联 系 人： 石会敏

电　　话： 010-62767312 / 62752926

传　　真： 010-62556201

电子邮件： shm@pup.pku.edu.cn　　em@pup.pku.edu.cn

网　　址： http://www.pup.cn